Borderless Literature and Memory
From a 9/11 Prelude to a 3/11 Prologue

記憶と共生する
ボーダレス文学

9.11 プレリュードから 3.11 プロローグへ

臼井 雅美
Masami Usui

英宝社

目　次

序　文　3

第1章　ヴァージニア・ウルフからの手紙……………………………………9
　　──『ダロウェイ夫人』におけるダブル・ミッション

第2章　カズオ・イシグロが語る現代の寓話………………………………37
　　──『日の名残り』におけるホロコーストの影

第3章　津島佑子と優生学をめぐる対話……………………………………67
　　──『ヤマネコ・ドーム』、『ジャッカ・ドフニ』と『狩りの時代』

第4章　ジョセフ・オニールが描くディアスポラ…………………………99
　　──『ネザーランド』におけるボーダーを超えていく声たち

第5章　エイミー・ウォルドマンの新アメリカ庭園学……………………135
　　──『サブミッション』における遺構という記憶するグラウンドゼロ

第6章　カズオ・イシグロの暴力のルーツを探る神話再構築…………165
　　──『忘れられた巨人』の中に生きる私達

第7章　村上春樹の心の闇への旅……………………………………………195
　　──『騎士団長殺し』に生きるメタファー

あとがき　231
参考文献　235

記憶と共生するボーダレス文学
9.11 プレリュードから 3.11 プロローグへ

Borderless Literature and Memory: From a 9/11 Prelude to a 3/11 Prologue

序　文

　グローバル文学への扉はすでに多くの作家たちによって開き放たれ、この一瞬一瞬においても、時代と空間を超えて作家たちは自分の意思を文字に思い巡らせようとしている。

　21世紀は世界を震撼させる地球規模の大惨事が連鎖して起こっている時代であり、私達は毎日のようにインターネット上に映し出されるテロ事件、大災害、民族抗争、核問題、ヘイト・スピーチ、略奪、拉致、強姦など様々な暴力に慣れてしまっていると言えよう。テレビの映像に加えて次々にネット上にあげられる無数の視覚的情報が常に周囲に溢れかえっており、フェイクニュースなどその真価が問われるものも少なくない。何が事実で、何が真実なのか？という問いに現代社会に住む私たちは常に自問自答しなければならないのだ。この様な時代に生きる現代の作家たちはこのジレンマをどのように解消しなければならないのであろうか？また、文学という形態の中でどのように表現できるのか？文学作品のテーマや背景がグローバル化する中で、作家たちは常に現在を熟知し、過去の事象を探求し、そしてその上で未来を見つめなければならないのである。

　人類の歴史は暴力の歴史と言っても過言ではない。そして文学もまた、その軌跡を追ってきたとも言えよう。特に20世紀から21世紀にかけての地球規模の大惨事や大規模災害は、長い間かけて人類が造り上げてしまった暴力の連鎖であり、次々に発明される軍事技術や形を変えて破壊行為をもたらす武器、さらにはそれを使う人間を誰も制止することができない。カズオ・イシグロの『忘れられた巨人』において寓話化されているように、平和という概念がどの時代にもまして必要なものであるにも関わらず、現代は歴史的事情の教訓から学ぶことをせず、記録は形だけのものと

なり、記憶は忘却となり、集合的忘却が世界に蔓延し、その結果新たな暴力を生み出すのである。一体なぜに、人間はこのように暴力の中で生きていくのか？

　現代に生きる私たちにとって、暴力を体系的にそして概念的に考えるようになったのは、おそらく20世紀に始まった世界大戦によるところが大きいであろう。20世紀初頭から中葉に始まった第一次世界大戦と第二次世界大戦は、それまで人間が信じてきた価値観を大きく覆す大量殺人を可能とし、暴力により世界地図が塗り替えられていくだけでなく、人間性を極限にまで追い込めていく恐怖の時代が到来することになった。

　20世紀の到来は、文学だけでなく様々な芸術分野や精神分析学などの新しい学問領域に大きな変革をもたらした。19世紀後半から、それ以前の芸術や科学、既成概念を覆していく動きが起こってきていた。そして、その時代を待っていたかのように、二つの大戦によって引き起こされた人間の内的葛藤が表面に出てきたのである。文学の世界では、ジェームズ・ジョイス、ヴァージニア・ウルフ、マルセール・プルースト、ウィリアム・フォークナーなどのモダニストたちが、国や民族というボーダーを超えて、「内的独白」や「意識の流れ手法」を用いて、人間精神の深淵にせまり、現代社会批判を行った。

　絵画においては、1905年のパリ、サロンド・ドートンヌでの発表を皮切りにフォーヴィズムが紹介されると、アンリ・マティスやアンドレ・ドランによって確立されていく。ほぼ同時期に、パブロ・ピカソと彼に共鳴したジョルジュ・ブラックがキュービズムを打ち立てて、現代芸術を大きく変える。その中には、伝統を破り、新たなものを再構築するという姿勢が見られる。村上春樹が『騎士団長殺し』の中で後に日本画に転向した高名な画家が、1936年、日本もすでに軍国主義一色になっていた時期にオーストリアに留学するのであるが、それ以前はキュービズムの洗礼を受けていたということから、現代芸術が伝統に真っ向から対峙していた若き日の芸術家の姿がうかがえる。フォーヴィズムは、後期印象派の流れを組む鮮明な色彩の革命と言われ、キュービズムは多角的視点により対象を再構築する形態の革命と言われている。発表当時には対立したフォーヴィズムとキュービズムは、両方ともルネッサンス以降の西洋美術の中枢であった単

序　文

一焦点による遠近法を放棄して、写実から抽象および具象へ、平面から立体へ、単一から多角へ、そして知性から感性へ、現象から心象へという変遷においては同じであった。これらの絵画における革命は、その後の様々な芸術に影響を与え、現代芸術が発展する基盤を構築した。しかし、この西洋中心の芸術に対して、エイミー・ウォルドマンの『サブミッション』に提示されているイスラム庭園の歴史的深さと美学的意義は、現代芸術に欠落していた点である。

　この芸術革命の中で最も重要な点は、人間の心をどのように理解するか、あるいは表現するかということであった。19世紀後半、すでにヨーロッパで確立していた神経学から発展させて、ジーグムント・フロイトが臨床研究によって精神分析学を提唱した。1886年にはパリからウィーンに戻り、開業医として治療を経験しながら、治療法の改良と理論化に務めた。その後、フロイトの精神分析学はすたれるが、20世紀初頭から中葉にかけて、精神医学や心理学のみならず、多領域である社会学、文化人類学、さらには文学、視覚芸術、音楽など様々な芸術に大きな影響を与えた。そして、心の問題は永遠の課題であり、現代の芸術家にとっては人間性の追求、すなわち心の深淵に入り込むことが最も重要なこととなってきたのだ。

　そして、人間の心の問題は、社会変遷と大きな関連性がある。20世紀から21世紀にかけての急激な社会変遷は、現代人の精神性に大きな影響を与えた。しかし、それもまた、時代を遡って、社会変遷により歪められた人間の心理があることを私達は知らなければならないのではないか？グローバリズムは狭義には1970年代以降の脱植民地化時代から始まった地球規模の一体化に対する言説であるが、広義にはヨーロッパ帝国主義による大航海時代に始まったという説がある。15世紀に始まった大航海時代は、政治、宗教、経済、文化におけるヨーロッパ中心主義の世界制覇を目指し、ヨーロッパ対非ヨーロッパという世界観が拡大して植民地主義が徹底して実現化した時代である。そしてそれは、津島佑子の『ジャッカ・ドフニ』のようなイエズス会によるキリスト教布教と隠れキリシタン弾圧、そして北の当時の蝦夷におけるアイヌ先住民族問題へと続く。それが、19世紀中葉に起こった産業革命により資本主義が確立し、さらにヨー

ロッパでは旧帝国主義の崩壊が起こり、ヨーロッパやアメリカで国民国家という概念が浸透していった。この国家意識の下で、新たな葛藤が生れていき、経済力と軍事力の強化により国家への存在意識がさらに高まってくる。ヨーロッパから始まった第一次世界大戦は世界規模となり、ヨーロッパ旧帝国の崩壊と新たな絶対的独裁者による全体主義の台頭に翻弄され、そして第二次世界大戦へと突入する。ヴァージニア・ウルフ、カズオ・イシグロというイギリスを代表する作家と津島佑子や村上春樹という現代日本を代表する作家たちには、この第二次世界大戦は最も破壊的な歴史であり、決して繰り返しを許さないことなのである。全体主義は人間を完全に歪めて抹殺した。イシグロの『日の名残り』において、ホロコーストから様々な声が蘇ってくるが、それはある意味現代社会の歴史の再構築なのである。ナチス・ドイツが急速に巨大化しては急落し、人類は未曽有の人的被害と膨大な遺産喪失に直面する。世界観が崩壊し、人間のあり方を新たに問いただす方向へと向かっていく。

　そして、第二次世界大戦後には、脱植民地化時代へと突入する。ポストコロニアル理論は、第二次世界大戦後に次々と独立を果たしていった旧植民地に残された課題を認識して解決していくというエドワード・サイードが 1978 年に発表した『オリエンタリズム』において確立された。西欧中心主義で創られてきた歴史観、宗教観、様々な価値観に対して異議を唱えたことにより、旧植民地であるアジアやアフリカの歴史や文化を再評価するだけでなく、西欧文化のあり方をも問うことになる。そしてそれは、さらにインド人研究者ガヤトリ・C・スピヴァク（Gayatri C. Spivak）やホミ・K・バーバ（Homi K. Bhabha）によるサバルタン研究（subaltern studies）により、南アジアにおける非エリート層から広義の下層階級や周縁化された人々の声をくみ上げていくという流れになっていく。スピヴァクに影響を受けた津島は、生涯、女性、子供、障害者、そして先住民族という社会的弱者を描いた。学生時代からウルフの影響を受けている津島が、さらに時代を突き進んでいたことがわかる。ポスト 9.11 文学においては、ジョセフ・オニールの『ネザーランド』に描かれる南インド出身者のカリブ海旧大英帝国植民地への移住とそこからアメリカへのさらなる移住という二重のサバルタンという存在に注目する。旧植民地問題と西欧中

心主義は、現在においても解決されていないどころか、新たなサバルタンを生み出しているのだ。

しかし、政治的には、第二次世界大戦後のアメリカとソ連の冷戦期、冷戦終結に伴うヨーロッパの民族紛争は独立問題、中国やロシアの共産圏の資本市場解禁、中東和平問題など、新たな葛藤を次々に生み出すことになった。ソ連とベルリンの壁の崩壊により、東ヨーロッパの民族、宗教、そして文化が再構築されることになる。『騎士団長殺し』で示唆されているウィーンが辿った歴史のように、何度も地図が塗り替えられる。そして、21世紀には、経済のグローバル化がもたらした格差が、国と国との間の問題ではなく、ある地域、一つの国、一つの共同体の中に新たに生まれたことにより、その怒りの矛先が宗教対立、民族対立、様々な異種に対する異常なまでの嫌悪や排他的行動となり、大国における反グローバリゼーションの動きが活発となっている。この加速する現代社会の中で、作家たちは新たな表現を模索するのである。

本書は、現代に生きる私たちが、記憶の中にある真実を追求し、その記憶と共生する文学を様々な境界を越えて捜索する作家たちと出会えることを祈って書き上げた。

本書は、平成26年から平成30年科学研究費基盤研究（Ｃ）（一般）の助成を受けて行った「ボーダレスな知的財産への道：グローバル文化・文学の共生ディスコースを探る」（課題番号：26370301）の研究成果の一部であり、本書に収めた論文は国際学会等で口頭発表したり、すでに学術誌に掲載された論文をもとに加筆修正を加えたものである。出版にあたって2018年度同志社大学研究成果刊行助成の補助を受けた。

第 1 章　ヴァージニア・ウルフからの手紙
―― 『ダロウェイ夫人』におけるダブル・ミッション

1　序　文

　ヴァージニア・ウルフ（Virginia Woolf）の『ダロウェイ夫人』（Mrs.
Dalloway, 1925）は第一次世界大戦後、1923 年の 6 月のある 1 日に時を
設定した上で、激動の 20 世紀前半を背景に無限の空間を包括している作
品である。大戦後の傷跡と経済的困窮、そして近づきつつある第二次世界
大戦が背景にあるこの小説には、19 世紀後半から 20 世紀前半にかけての
半世紀に生きた男女の人生が交差している。そして、その人生の交差に
は、手紙が重要な役割を果たしていると言えよう。『ダロウェイ夫人』に
おける手紙は、書簡体文学というスタイルを超えて、ウルフが駆使する
「意識の流れ」手法の中に手紙というさらなる特質を加えることにより、
そのイデオロギーの根底にある人間の心理を解読する役割を巧妙に果たし
ている。
　『ダロウェイ夫人』には、レイディ・ミリセント・ブルートン（Lady
Millicent Bruton）により『タイムズ』（The Times）に投稿される政治的な
意見を述べる手紙から、クラリッサ・ダロウェイ（Clarissa Dalloway）の
パーティの招待状、そして最もプライベートな手紙までが点在する。第一
次世界大戦によってそれ以前の世界観が崩壊する過程において、それらの
手紙を繋ぎ合わせていくと、空間が可能な限り拡張され、そして新たな心
理状況が推測され、さらには新たな人間観が構築されていると言える。即
ち、『ダロウェイ夫人』自体が、ウルフからの手紙なのである。
　本論では、手紙という文化記号を歴史的に解読した上で、『ダロウェイ
夫人』の中に出てくる内容上政治的色彩が強い書簡あるいは政治的意図を
持って投函される紹介状、即ち、ポリティカル・レターと、個人的な色彩

9

記憶と共生するボーダレス文学

が強いプライベート・レターをそれぞれ分析し、モダニズムのテキストとしての手紙が内包するダブル・ミッションの意義を見出すことを目的とする。

2 手紙という文化記号解読

　手紙という媒体は、様々な歴史的な変遷を経て現代に至るまで、最も基本的なコミュニケーション手段あった。しかし今世紀において、伝統的な手紙はコンピュータやタブレット、携帯電話の普及によりインターネットによる伝達であるEメイルや、Facebook, Twitter, LINEにとって代わられ、手書きの手紙を投函するということ自体が過去の文化遺産のようになってしまった。郵便に頼っていた時代が過ぎ、コンピュータの前で、あるいはiPhoneさえあればどこにいても、オンラインで様々なサービスにアクセスすることができる時代となった。しかし、この時間と空間を自由自在に行き交う現代のコミュニケーション・ツールには即時性と便宜性という利点はあるが、コミュニケーションのあり方自体を一変させる技術では無いと言えよう。そこに、この現代の視点から、手紙という古典的なコミュニケーション手段を考察する意義がある。

　この通信の電子化は、19世紀後半から20世紀初頭にかけて、電報や電話が発明され実用化されたことに始まる。それは、産業革命、電気の発明などの科学技術の進歩により、ラジオやテレビが新聞という印刷媒体にとって代わる時期と重なり、ギリシャ語で"distant"（遠い）を意味する"Tele"がつく発明物の時代となる（Inglis 22頁）。1900年までに電報、電話、カメラ、ラジオ、そしてテレビの前身までもが登場した（Inglis 23頁）。その結果、第一次世界大戦中、ニュースは、ラジオと電報を通じて数時間内に世界に配信され、新聞紙上に写真が多く掲載されることとなる（Lake 111頁）。このような変遷を経ても、手紙という媒体は生き残ってきた。現代においては、個人的な礼状や招待状さえも投函する時代はすでに終わったとも言えるが、それでも手紙を投函することは完全に消滅したわけではない。人と人との間でコミュニケーションを取るために文字で表現するという行為自体が消滅したのではなく、相手に文章で伝達するというその形態が変貌を遂げたのだ。そして、手紙の発展がなければ、現代の

10

第 1 章　ヴァージニア・ウルフからの手紙

コミュニケーション社会も存在してはいない。

　手紙は、近代社会から現代社会に移行する際に、公的なコミュニケーション伝達の確立から私的なコミュニケーション伝達の必要性が誕生する時点で大きな転換期を迎える。1966 年のロバート・アダムズ・デイ（Robert Adams Day）の研究よると、イギリスにおいては、オリヴァー・クロムウェル（Oliver Cromwell）の命によって 1680 年に設立されたロンドン・ペニー・ポスト（The London Penny Post）が果たした貢献が大きく、それにより敏速な郵便サービスが可能となった（How 7 頁）。18 世紀には、コーヒー・ハウスにおける文芸から政治に至るまでの議論が、同様に手紙という媒体においても行われるようになる（How 14-15 頁）。さらに、大英帝国の発展と共に旅行や移住により他者との距離が誕生し、新しい書簡（"epistolary"）空間が生まれ、大衆の小説の勃興と共にサミュエル・リチャードソン（Samuel Richardson）の『クラリッサ』（*Clarissa*）に代表される書簡体文学も誕生した（How 2-3 頁）。この書簡空間は、手紙という一つの表現形態を生み出し、そして個人が他者とのコミュニケーションを取るというプライバシーの確立を手助けするのである。

　この郵便サービスの確立は、特に 19 世紀のイギリスにおいて一般国民にとって最も革新的な出来事であった。それ以前は、特権的な高い料金と着払いという壁に阻まれ、多くの庶民が出紙を書くことのみならず、受け取ることさえもできなかった。それを、ローランド・ヒル（Rowland Hill）という商人であり学校の校長でもあった一人の改革者が 1837 年に『郵便改革』（*Post Office Reform: Its Importance and Practicability*）を出版し、その理念を実践に移し、郵便の大衆化が可能となったのだ。

　　手紙、書籍や他のもろもろのものを郵送で送ることはヴィクトリア時代の人々には革命だった。ちょうど E メイルや、テキスト通信、"igadgets"（小型の通信機）が今日の私達にとって革命であるように。G.P. ポーターは、『国家の進化』（*The Progress of the Nation*）（1847）において、手ごろな料金で郵送可能となった時代を「モラルの進化」とみなし、ヘンリー・コールは『公共事業の 50 年間』（*Fifty Years of Public Work*）（1844）の中で、帝国ペニー切手の導入は「かつてないイギリスの繁栄」として大いに賞賛した。(Golden 4 頁)

11

19世紀以前の限られたエリートのみに開かれていた郵便というシステムが、大衆へと門戸が開かれ、同時にそれはイギリス帝国の植民地支配へも大きな影響を与える。さらに公的要素が強かった郵便が、きわめて私的なものとなり、大衆化とグローバル化により、イギリス帝国の在り方も問われることとなる。

> 「ユニバーサル」と「グレートブリテン」という名称は両方とも、階級、領土、そして民族に関する問題を巻き込んできた。これらの名称はイギリス諸島に住む全ての住民だけでなく、植民地、旧植民地、またイギリス連邦に属する国々の人々を全て含んでいるのだろうか？帝国は地理的には分散しており、帝国ペニー切手が帝国を集約して統合することが求められていたように、何がその集約の背後にあり統合を維持できるのかという議論を可能にした。(Thomas 23頁)

低価格の郵便制度により、人と人、場所と場所という点を結ぶことが可能となり、情報から感情に至るまでの流れを作り、イギリス帝国は郵便によって統一されていったとも言えよう。植民地政策により世界地図が塗り替えられ、同時に郵便地図も広がっていったとも言える。人と人との距離ができると、その距離を超えてつながろうとする動きがより強く生まれ、書簡がその接着剤の役割を果たしていく。

　そして、手紙は極めて密度の濃い公的伝達手段でありながら、プライバシーの砦として圧倒的なものとなる。手紙の役割は時代と共に推移しているが、基本的には次のように定義することができるであろう。手紙とは、"instruments of freedom that allowed escape from the everyday, as a direct consequence of the fact that they were private" であり、また "recorded desires that were as a matter of necessity silenced by established norms"（How 15頁）なのである。即ち、手紙は非日常という砦であり、表現の自由が可能となる空間であり、究極的には自己表現のツールなのである。その中で、法的、社会的に抑圧された女性の "desire" こそが、女性の書簡体という一つの表現形態を確立した。1669年に出版されて以来、様々な翻訳が試みられ、時代時代に応じた批評が絶えない『ポルトガル文』(Lettres Portugaises) が生み出した女性と手紙の深い関連性は、現代に至るまで

第1章　ヴァージニア・ウルフからの手紙

重要な課題である（Goldstein 571-72頁）。そして、書簡体文学への道が敷かれ、レイディ・メアリー・ウォートレー・モンタギュー（Lady Mary Wortley Montagu,1689-1761）の『トルコ書簡集』（*The Turkish Embassy Letters of Mongatu*, 1716-18) が誕生するに至った。彼女は、夫の赴任地であったトルコのイスタンブール滞在中に、トルコという異文化圏において見聞を深めてはそれを手紙にしたため、特にトルコにおける天然痘の効果的予防法をイギリスに伝えたことで知られている。女性であるという条件の下であったからこそ、手紙を通して、"the world of high politics"（How 5頁）へと参入するという快挙を成し遂げている。

　『ダロウェイ夫人』の中で、レイディ・ブルートンが新聞に投稿する手紙は、彼女個人の意見を反映させた手紙であるが、政界を揺るがす影響力がある公的書簡に近いものである。手紙と同様に、新聞もまた公的なメディアでありながらも、私的要素を含むものであったのだ。新聞の起源は、新聞が "newsbooks, newsletters, newspamphlets and broadsides"（Lake 17頁）という別名を持っていたことからもわかるように、私的書簡に始まるとされている。

Private letters on trade and politics slowly turned into more public documents to be passed from hand to hand. Couriers who carries these letters became known as 'Intelligencers' – providers of information on events, indulgences, proclamations, military feats, atrocities, marvels and monsters. (Lake 19頁)

　そして、この私的書簡を、世論に訴えるために、レイディ・ブルートンは上流階級や知的階層に最も影響力がある高級紙『タイムズ』に手紙を投稿しようと試みる。1785年に『デイリー・ユニバーサル・レジスター』（*The Daily Universal Register*）として創刊された最古の日刊新聞と言われる『タイムズ』は、外国や戦地に特派員を始めて送るなど先駆的役割を果たしてきた。中でも、郵便サービスの大衆化と並行して、二代目ジョン・ウォルター（John Walter）は海外ニュースを配信することが新聞の成功を握る鍵だと確信する（Crawford 16頁）。19世紀多くのペニー・プレスが刊行される中、『タイムズ』はイギリス新聞界の頂点に立つ。

13

The Times appealed to a wide spectrum of middle- and upper-class opinion. Conservative in politics and religion, the paper had, with the conspicuous exception of free trade in journalism, kept fully abreast of the progressive forces that were fashioning a workable balance of political and economic interests in mid-Victorian society. (Crawford 17-18 頁)

そして、19 世紀を通して、新聞には参考資料としての価値が付加された。新聞を製本し図書室に資料として置く習慣が紳士たちの間で生まれ、特に『タイムズ』は、"as respectable, responsible and reliable and, therefore, the one to be bound up as an excellent source of reference（Lake 97 頁）となる。20 世紀に入り、戦争中に新聞が古紙として処分されるようになるまで、この習慣は続いた。

　さらに、新聞が世論（public opinion）を反映し、政権さえも動かす力は、ニュースだけでなく現在では Opinion Section と総称される投稿欄（Correspondence Columns）に顕著にみられる。18 世紀後半、即ち日刊新聞の誕生と発達の時代に、すでに新聞が政治と世論を動かしていた。

In newspapers, letters to the editor offered the public the opportunity to contribute to public debate. Individuals were encouraged by the press to exercise their constitutional rights, and the familiarity with which those in government were described assumed that the well-informed reader had a degree of political knowledge which made her or him more than just a passive observer. (Barker 5 頁)

そして、この投書欄は、社会改革の時代である 19 世紀になるとより強い影響力を持ってくる。19 世紀後半、特に 1880 年代から 1890 年代にかけてのイギリスの新聞改革期には、投稿欄の拡大は、"one of the consciously 'democratic' policies adopted by the liberal editors of the self-styled New Journalism (Stokes 10 頁）を意味した。H.G. ウェルズ（H. G. Wells）はこの投稿欄の未来における役割を予想し、オスカー・ワイルド（Oscar Wild）は "epistolary debate" を引き起こした（Stokes 10-11 頁）。一般市民から専門家に至るまでが、この投稿欄において様々な議論を繰り広げ、そ

第 1 章　ヴァージニア・ウルフからの手紙

の議論が特に『タイムズ』のような高級紙の政治色も決定し、最終的には
イギリスの議会制民主主義を支える重要な役割を現代に至るまで果たして
きているのだ。

　このように 19 世紀にニュース・ソースに加え、参考資料として、意見
を投書する場として確立した新聞は、第一次世界大戦において最も重要な
役割を果たす。

The First World War clinched their [newspapers'] position and their success. The
newspaper became a social institution, and reading the news a widely-felt and
gratified need. The newspaper oriented its readers to the world and to the day. It
gave (and gives) them an intelligible space and moment in relation to all that's
going on amongst people one cannot know but can claim to understand. It gives
an account, both defiant and obedient, of what the powerful are going to do to
people (to us). And it keeps your chin up with a dose of briskness. (Inglis 29 頁)

新聞の紙面において多くのニュース、写真、意見が飛び交った第一次世
界大戦が終わり、イギリス社会を再建するための策を講じる 62 歳のレイ
ディ・ブルートンは、この『タイムズ』投稿欄に執着する 20 世紀のレイ
ディ・モンタギューなのだ。

　『ダロウェイ夫人』における手紙は、公的空間である政界への参入を
しながらも、日常生活において沈黙を強いられる中で生まれた "desire" で
ある表現の自由を渇望する女性がその伝達者としての役割を担っている。
レイディ・ブルートンが政治に関するご意見番としてのリチャード・ダ
ロウェイ（Richard Dalloway）の知恵を借り、公文書作成力にかけては
信頼性があるヒュー・ホイットブレッド（Hugh Whitbread）にゆだねる
『タイムズ』への投稿文、そして政治的な意図で計画されたクラリッサの
パーティの招待状は、時代の産物であり、ポリティカル・レターと言えよ
う。それに対して、若い頃のクラリッサ、ピーター・ウォルシュ（Peter
Walsh）、サリー・シートン（Sally Seaton）の間に交わされた手紙はプラ
イベート・レターなのである。彼らは、人生 50 年の間に、世界の最も大
きな変遷を見てきた証人であり、彼らの間に交わされた手紙には、変貌を
遂げる社会と失われつつある自我が描かれている。ウルフの作品の中で唯

一『ダロウェイ夫人』において、ウルフは "a complex web of temporal and spatial references"(Wood n.pag) を構築していると言える。その "web" を構築する要素の一つである手紙が持つ様々な役割に注目し、それらの手紙を、交差する時間、超越する空間、逸脱する心理を軸に分析することにより、文化記号としての手紙の特質とその変遷の軌跡を辿り、20 世紀前半に生きたウルフからの手紙を解読する。「意識の流れ手法」を最も駆使したとされる『ダロウェイ夫人』にはウルフからの手紙が内包され、その暗号を解読することが、作品を理解する道に通じるのである。

3 ウルフからのポリティカル・レター

　『ダロウェイ夫人』には、第一次世界大戦の傷跡が残るロンドンを背景に、イギリス社会が直面している問題が散りばめられている。作品の冒頭でクラリッサとヒューとの会話で表されているように、大戦後に失ったものは、未来を完全に閉ざされ戦死した若者たち、彼らの遺族と後継者を失った名家、経済的な安定、そして何よりも健全な精神であろう。これらの崩壊した社会を再建築するための議論の幕開けを可能とするのがポリティカル・レターである。

　クラリッサがダロウェイ夫人としてポリティカル・ホステスとなり、国会議員の夫を支えるために首相や各界の有力者を招いてパーティを開く。このパーティへの一日が小説の軸である。この軸の中で、レイディ・ブルートンが自宅で昼食会を開き、リチャードとヒューを招いて、政界へ一石を投じようとする。どちらのパーティもプライベートなものであるにも関わらず、政治的意味が根底にある。クラリッサは、パーティへの招待状を出して人々を集め、レイディ・ブルートンは『タイムズ』に手紙を投稿しようとする。戦後崩壊した社会の断片を継ぎ接ぎするために、これらのパーティにおいてポリティカル・レターが重要な役割を果たす。

　ダロウェイ夫人とレイディ・ブルートンは、互いに反目しながらも、ロンドンという政治、司法、経済の中心地において、ポリティカル・ホステスとして君臨する。実際、20 世紀初頭には、レイディ・ドロシー・ネヴィル (Lady Dorothy Nevill, 1826-1913)、レイディ・ロンドンデリー（Edith Van-Tempest-Steward, Marchioness of Londonderry, 1878-1959)、フォーラ・

第 1 章　ヴァージニア・ウルフからの手紙

ショウ（Flora Shaw, 1852-1929）、メアリー・ヘンリエッタ・キングスレイ (Mary Henrietta Kingsley, 1862-1900) など、後世に名を残すポリティカル・ホステスが出現した。

> At luncheons, dinners, and receptions which they organized, these women might meet, converse with, impress, even influence the men who ran Great Britain and the empire. They could not have accomplished the same thing elsewhere because in no other part of the country were there gathered so many politicians, cabinet ministers, and diplomats.（Schneer 122 頁）

19 世紀後半から 20 世紀にかけての時代を代表したポリティカル・ホステスの中で、特にレイディ・ネヴィルの自宅はロンドンで最も知られたサロンとなり、そこで彼女の "regular Sunday luncheon" は "the liveliest political salon meeting on a weekly basis in the imperial metropolis"（Schneer 123 頁）として確立される。政治に間接的に関わりながら、彼女は政治家や官僚だけでなく、各界の著名人を、"discriminatingly indiscriminate" を基準として選定しては、招待したことで知られている（Schneer 123 頁）。また、攻撃的な性格で知られていたレイディ・ロンドンデリーは 10 歳の頃から政治に興味を持ち、彼女の豪華絢爛たる私邸において "the queen of receptions, luncheons, and dinners" として、イギリス国内だけでなく海外からの政治家をもてなし、レイディ・ネヴィルより直接的な影響力があったとされている（Schneer 126-28 頁）。これら上流階級出身のポリティカル・ホステスは女性参政権運動には賛同することは殆どなく、あくまで女性の領域の中で、保守派としての姿勢を崩さず、特権として持つ経済力、環境、そしてコネクションを駆使して、政治に影響力をもたらした。

　これらの保守派でサロン主催者としての役割を果たしたポリティカル・ホステスに対して、それらのサロンに出入りし、自らの発言力と行動力で政界に関与したポリティカル・ホステスもいた。ショウは、上流階級出身でありながら、経済的理由のためロマンス小説の出版をして成功を収めた後、ジャーナリストへと転身した。その後、ジャーナリストとして頭角を現した彼女は、1891 年には『タイムズ』の "Colonial" 欄でコラ

17

ムを担当し、『タイムズ』社で最も影響力を持つ編集者にまでになる。最初は女性であるということを隠して記事を書いていたが、『タイムズ』に入る前から海外特派員としての経験があった彼女は、『タイムズ』の特派員として南アフリカに派遣され、"Letters from South Africa" を世に出す。当時、トランスヴァール共和国（Transvaal Republic）大統領であったポール・クリューガー（Paulus Kruger）が、1896 年 1 月 3 日に送ったクリューガー電報（Kruger Telegram）が引き金となって、第二次ボーア戦争が勃発する。その 1899 年の宣戦布告の直前、1898 年から 1899 年の間、ショウは多くの記事をイギリスに送り、"to shape public opinion so that it would support certain policies"（Schneer 142 頁）という役割を果たした。また、ニュージーランド、オーストラリア、アメリカ、カナダへも派遣され、コロニアル問題の専門家としての名声を得た彼女は、"helped not merely to disseminate but also to shape Britain's imperialist ideology and policy"（Schneer 134 頁）として評価されている。

　一方で、作家の家系に、しかも医者の父のもと生まれたキングスレイは、父の書斎で科学書や探検記に親しみながらも、女性の領域を出ることができずに独身のまま父親の世話をした。父の死後、1893 年と 1895 年にアフリカへ単身渡り、長年の夢をかなえた。帰国後、『西アフリカ紀行』（*Travels in West Africa*, 1897）と『西アフリカ学』（*West-African Studies,* 1899）を出版し、民俗学者として名声を得る。キングスレイは、『タイムズ』という大きな砦を持っていたショウとは相反する立場で、それまで未知であり理解されていなかったアフリカ先住民族の生活や風習を紹介し、"the leader of a movement to make the British West African traders governors of the region in which they did their business"（Schneer 151 頁）となった。帝国主義や植民地支配を擁護しながらも、そこにある矛盾を鋭く指摘し、アフリカ先住民族の文化を迫害したキリスト教宣教師を批判し、当時の植民地大臣であったジョゼフ・チェインバレン（Joseph Chamberlain）の攻撃的な帝国主義政策に反論をした（Schneer 149-51 頁）。彼女は第二次ボーア戦争中ケープタウンに渡り、看護ボランティアとしてボーア戦争捕虜が収容されていたキャンプにおいて働いていた時にチフスに感染し、短い人生を閉じることとなる。政治的見解の相違はあれ、ショウもキングスレイ

もペンの力で政治に影響力を与え、行動力と表現力によりポリティカル・ホステスとして後世に名を残した。

　1923年のロンドンにおけるレイディ・ブルートンとダロウェイ夫人は、前述のポリティカル・ホステスの役割を継承していると言えよう。ダロウェイ夫人主催のパーティ招待状は、政治議論参加へのチケットである。この招待状は、首相をはじめとする政治家、世論を動かすことができる知識人、著名人、レイディ・ブルートンのようなアマチュア政治家などに送られている。そして、クラリッサのパーティが開かれるダロウェイの私邸自体が、ウェストミンスター寺院地区に代表される政治の中心地に位置し、それはイギリス帝国の中心であり、イギリス植民地政策の縮図であった。

British colonists sensed it. Their governments set their London offices as close to the center of power in Whitehall as possible. Walking up Victoria Street toward Westminster abbey; one passed the Cape of Good Hope Government Agency, the offices of the colony of Natal, of the Canadian domination, of Western Australia, Victoria, New Zealand, New South Wales, Tasmania, and Queensland. At the end of Whitehall, on Trafalgar Square, the government of South Africa eventually established its English headquarters.（Schneer 9 頁）

この様な環境において開かれたクラリッサのパーティは、彼女の過度の心配をよそに、成功を収める。その成功の尺度は、人々の間で飛び交う議論と、その渦の大きさなのだ。クラリッサが首相と共に現れたことにより、イギリスの内政と外交に関してさらなる議論が起る。フォーマル・パーティであるからこそ、人々は議論の真髄へと向かうのだ（Reed 123 頁）。

Clarissa muses that her formal parties are in some ways "much more real": partly "their clothes, partly being taken out of their ordinary ways, partly the background" enable the guests to say things they couldn't say otherwise and "to go much deeper."（Reed 123 頁）

ウルフの語りは多角的であり、また内的独白というコミュニケーションと

対立する手法をとりながら、公的議論の場としてパーティを設定している
のだ。パーティへの招待状は、政治討論への参加を許す特権を与えるとい
う証であり、同じ目的のために集まった人々の間に生まれる白熱した議論
により、その役割は終わるのだ。

　クラリッサのパーティへの招待状を受け取る意味が皆無と言ってよい人
物が、レイディ・ブルートンの投稿文に関係しているというアイロニーに
より、ポリティカル・ホステスとしてのクラリッサとレイディ・ブルート
ンは繋がっている。クラリッサの招待状がぎりぎりに届いたが故に深く傷
ついた従妹のエリー・ヘンダーソン（Ellie Henderson）こそが、キーとな
る人物であり、彼女の置かれた状況こそが、レイディ・ブルートンが解決
しようとしている社会問題そのものなのである。エリー・ヘンダーソン
は、ぎりぎりになって招待状が届いたことにがっかりしており、クラリッ
サは彼女をパーティに「招待するつもりがなかった」ことを敏感に察知す
る（215 頁）。クラリッサの家系の中では、周囲の人にとっては存在感が
ほとんど無いエリー・ヘンダーソンは、19 世紀から続く女性問題を表象
している。名誉ある家系の独身女性が辿る道は限られたもので、クラリッ
サと同世代で 50 歳を過ぎても経済的に独立することもできず、職業に就
くこともできない。彼女は、「三百ポンドの年収しかないための恐怖」に
おののき、その上に一ペニーも稼ぐことができない「無防備な状態」にあ
る（214 頁）。この経済的困窮により、招待状を受け取ってもドレスを新
調することができず、着古した黒いドレスにショールをかけて出かけるし
か方法がない。この政治的色彩が強いクラリッサのパーティへのチケット
に値しないと判断されるエリー・ヘンダーソンには、その場に適合する社
会的地位も経済的バックグラウンドも無い。

　クラリッサと同世代であるエリー・ヘンダーソンは、イギリス帝国が繁
栄したヴィクトリア女王の時代に生まれ、その価値観の中で理想の「家庭
の天使」となるべく教育を受け、結婚することが唯一の選択肢であった典
型的な中産階級出身の女性である。しかし、その現実は理想とは異なり、
19 世紀には婚期を迎えた女性の数が圧倒的に男性を上回り、多くの女性
が結婚することができず、エリー・ヘンダーソンのような独身女性は家族
の重荷となる（Steinback 143 頁）。20 世紀に入り、女性の教育や職業に関

第 1 章　ヴァージニア・ウルフからの手紙

して発展がありながらも、第一次世界大戦後は失業者が増え、19 世紀の
産物である「家庭の天使」は生きる術も希望も失っていく。エリー・ヘン
ダーソンのような女性を作り出さないことがイギリス政府にとり必要だと
考えたのが、レイディ・ブルートンである。彼女の「身許のしっかりした
男女の若者を移民させ、カナダでうまくやってゆけるという明るい見とお
しのもとに独立させてやるという提案」（138 頁）は、戦後の経済悪化と
中産階級の労働問題を解決しようとするものである。
　戦後の失業率の高さはイギリスの国内外政策において緊急に解決すべき
問題であり、失業により国民の秩序が崩壊し、政治家たちは反乱の可能性
さえも危惧したという（Cain and Hopkins 215 頁）。

Anxiety about unemployment in Britain provided the background to the legislation
introduced in the 1920's, and to this extent it can be said that parliament was
responsive to the needs of manufacturing interests, especially the older staple
industries. (Cain and Hopkins 215 頁)

　移民に関しては、19 世紀以降、上流階級や上層中流階級（upper
middle-class）の男性たちは、主にインドにおいて政府高官、軍人、その
他の専門職に就いていた。それに対して、下層中流階級（lower middle-
class）と労働者階級の男性たちは、19 世紀前半にはオーストラリアと
ニュージーランドへ、19 世紀後半から 20 世紀初頭にかけてはカナダと南
アフリカの入植地へと渡った（Steinback 72-72 頁）。女性は男性より数は
少ないものの、仕事と結婚相手を求めて入植地へと渡り、特に 1851 年以
降は , 結婚できない女性の "redundancy crisis" により、その数は増加した
（Steinback 73-74 頁）。そして何よりも、第一次世界大戦後、カナダはア
メリカの影響の下、経済成長を遂げていた（Cain and Hopkins 138-39 頁）。
レイディ・ブルートンの策略は、19 世紀から潜在し、第一次世界大戦後
にはピークを迎えるイギリスの経済不振と上流・中産階級の子弟の就労問
題に着目し、移民政策を立て将来性がある若者たちをカナダに送ることな
のである。[1]
　そして何より、彼女の家系とその影響力は計り知れないものである。

記憶と共生するボーダレス文学

　まったく、ブルートン令夫人は人間よりも政治に興味があり、男のように話
し、このごろ追想録などに書かれはじめていた、一八八〇年代の、名高い陰
謀に関係しているという評判をとっていた。たしかに彼女の応接間には小部
屋があって、テーブルが置かれ、その上に今は亡きサー・トールボット・ムー
ア大将の写真があった。そこで彼は（八〇年代のある夜）、ブルートン令夫人
の面前で、彼女が承知の上で、おそらく彼女の助言により、ある歴史的重大
時に、イギリス陸軍に向い進軍命令を発した電報を書いたのだった。（彼女は
そのときのペンを保持し、その話をしたものだ。）（134-35 頁）

　レイディ・ブルートンのポリティカル・レターは、イギリスの政治に影響
力を持つ一族を象徴するものであり、1880 年代に亡父が送った電報は最
も顕著な例でありながらも、それが「名高い陰謀」として歴史に刻まれて
いる。それは、おそらく 1880 年から 1881 年の第一次ボーア戦争（First
Anglo-Boer War）に関連することであろう。1881 年、マジュバ・ヒルで
英国軍が敗れ、現在の南アフリカ共和国であるトランスヴァール共和国の
独立を再承認することになり、イギリスには大きな痛手となった。アフリ
カ大陸の支配権をめぐり英独間の緊張が高まる中、1899 年から始まった
第二次ボーア戦争では勝利は収めたものの、多くの犠牲者を出し、さら
に強制収容所の設立などにより国際社会からの孤立に直面する（Aikin 11
頁）。
　これら一連の歴史的事件の一端を担った父親の名誉を回復するかのよう
に、レイディ・ブルートンは人生の最後に政治への影響力を確立しようと
する。そして、何よりも手紙を書くことに執着するのだ——「タイムズ紙
への一通の手紙は、南アフリカ遠征隊を組織する（戦争中やってのけたの
だったが）よりもっとたいへんよ、と彼女はミス・ブラッシュに言うの
だった」（139 頁）。この手紙は、彼女が父の意志を継いで、第一次世界大
戦中に南アフリカへの視察団を結成したという政治的関与を超える一大業
績を生み出そうとする、政治的野心の表れである。
　レイディ・ブルートンの手紙が書かれた 1923 年には、戦後の労働問題
を解決するべく二人の首相は退陣し、1924 年になって初めての労働党出
身である首相ラムゼイ・マクドナルド（Ramsay McDonald）が就任する

22

第 1 章　ヴァージニア・ウルフからの手紙

に至っていた（Showalter xv 頁）。何よりも、この 1920 年代は、イギリスの植民地政策の転換期であった。1922 年から準備され 1924 年に開催されたウェンブリー万国博覧会（Wembley British Empire Exhibition）は、1851 年のロンドン万国博覧会（The Great Exhibition）とは異なり、第一次世界大戦において危機的な状況に陥ったイギリス帝国が、経済の立て直しとイギリス連邦の絆を強化するために連邦国のみを招待して開催され、"opportunities to admire the rich products of empire and reflect on the benefits of Britain's 'civilizing mission'"（Hall 202 頁）を与えたとされる。しかし、1926 年のバルフォア報告書（Balfour Declaration）においては、第一次世界大戦後のイギリス帝国の衰退に歯止めをかけるため、自治領の政治的および外交上の独立を認め、イギリス本国と自治領との新たな関係を定義することになった（Ward 235 頁）。この報告書が、南アフリカのジェームズ・ヘルツォーク首相（James B.M. Hertzog）とカナダのウィリアム・マッケンジー・キング首相（William Lyon Mackenzie King）により提案されたことが、何よりも第一次世界大戦後のイギリス帝国の崩壊とイギリス連邦の発展を物語っている。

　このイギリス帝国の危機的状況の中、レイディ・ブルートンの手紙には、イギリス社会に必要な改革の一端を担う可能性があると言えよう。そして、このような政治的影響力を誇示するポリィティカル・レターが、完成に至るまでには、助言を与えることができる政治家と公文書作成に卓越したライターが必要なのである。レイディ・ブルートンは、国会議員であるリチャードと役人であるヒューに白羽の矢を立てる。彼女は、リチャードに関しては、ヒューよりも「ずっと上等な材料」（132 頁）で出来ていると心の中で思い、さらにクラリッサに対してリチャードを、「わたくしがおすがりできる最大の援助者」（229 頁）と最大限の評価をする。しかし、実際、彼女はお気に入りである有能なリチャードよりも平均的な頭脳の持ち主のヒューに頼っている。それは、ヒューが、55 年の人生の間に、変遷を遂げるイギリス社会を見てきた証人であり、歴代の首相と面識もあり、何よりも政治的改革や法案が施行される現場にいて公的書類の作成に携わり、ゴースト・ライターとして適しているからである。

23

記憶と共生するボーダレス文学

彼はイギリスの上流社会の上澄みに五十五年間も漂っていたのだ。彼は首相たちを知っていた。また愛情深い人だということだった。そして彼がこの時代の偉大な運動のどれにも参加せず、重要な地位にもつかなかったことは真実だとしても、一つ二つの身近な改革は彼の手柄であった。その一つは公共避難所の改革であり、もう一つはノーフォークにおける梟（ふくろう）の保護であった。女中さんたちは彼に感謝する根拠を持っていたし、タイムズ紙への投稿の手紙、資金を要請し、事物を保護し、保存することを社会に訴えたり、紙くずをきれいにすること、煙を出すのを控えること、公園でのふしだらをしめ出すことを訴えたこれらの手紙の終わりに彼の名は尊敬を博した。（131 頁）

　ヒューが持つコネクション、実務経験、そして人柄さえも、公的書簡に必要とされる要素である。ヒューにとって書簡作成は仕事上に必要不可欠な技術なのだ。それは、レイディ・ブルートンの昼食会で、ピーターの帰国を知るとすぐに、ヒューは無職のピーターに職を紹介する必要を感じ、自分が推薦状を書くことになるのを推測する──「彼は『わたくしの旧友、ピーター・ウォルシュ』について官庁の親玉に書くだろう手紙、その他を考えて、痛ましげにまた重々しく顔をくしゃくしゃにさせる」（137頁）。ヒューにとって、投稿原稿を書くことも推薦状を書くことも、同じ技術と同じ精神が必要とされるものである。

　ヒューの自己犠牲精神は、公的書簡を作成する者には最も必要とされる気質である。若い頃には、イギリスのパブリック・スクール・タイプの「完全な典型」とか、「完全な紳士」（94 頁）、「最大のスノブ」（95 頁）とサリーに避難されながらも、病気の母親を気遣い自己犠牲を惜しまなかった。50 歳を過ぎて、今度は精神的病で入院している妻を気遣いながら、ヒューはロンドンで仕事を続けている。必要以上に主張をせず、自己犠牲の精神があり、決して感情に身をゆだねない。そのようなヒューこそが、『タイムズ』に投稿する技を持ち合わせており、『タイムズ』への投稿原稿を書くためにはリチャードよりも必要とされたのである。

　ヒューの原稿の投稿先が『タイムズ』であるということは、イギリスを代表する高級紙であるというだけでなく、イギリス帝国とその植民地全土の知識人に、イギリスを代表する情報誌として配送され、その影響力が拡充されているからである。インドで暮らしたピーターが、クラリッサの

24

第 1 章　ヴァージニア・ウルフからの手紙

パーティにおいて、『タイムズ』に掲載される投稿書簡とヒューとの関連
性に関して語る部分がある。

　　われわれは必然的にヒューについてそういうことどもをこしらえ上げる。そ
　　れが彼の様式だった。ピーターが海の彼方何千マイルもの地にいてタイムズ
　　紙上で読み、現在その有害な饒舌の圏外にいることを、たとえその代りにひ
　　ひどものおしゃべりやクーリーがおかみさんをなぐる音を聞くのだとしても、
　　神に感謝したあの賞讃すべき投書のスタイルだ。（220 頁）

　ヒューが、『タイムズ』に掲載される手紙の文体を表し、それは奴隷の
ように働かされる現地のインド人労働者たちでいっぱいの植民地であるイ
ンドにおいても読むことができ、イギリス社会の出来事を知るだけでな
く、イギリス社会を体感することができるというスタイルそのものなので
ある。ヒューに代表される最も信頼に値する手紙は、イギリス帝国の精神
性の地図を作り上げるものであったのだ。

　　ヒューはのろかった。ヒューは根気強かった。リチャードは、危険を犯さな
　　くちゃいけないと言った。ヒューは大衆の感情に敬意を表して修正すること
　　を提言し、リチャードが笑うと、それは考慮に入れられるべきだと鋭く言っ
　　た。（中略）…、ヒューは最高に気高い感情をアルファベット順に整然と書き
　　綴り、チョッキから葉巻の灰をおとし、時々進行状態をかいつまんで言い、
　　ついに、ブルートン令夫人が傑作と確信した手紙の草稿を読み上げた。（140
　　頁）

緩慢なヒューは、レイディ・ブルートンの代弁者としての役割をリチャー
ドよりも効率よくこなし、草稿を完成させる。レイディ・ブルートンは
ヒューが必要な理由について、彼女が戦闘的でありながらも女性であるが
故に、また論理的な議論に弱いという性質上、自分自身が投稿原稿を書く
ことができないからだと認識している。その事実が、よりレイディ・ブ
ルートンを押し進めるのである。

　　女性であるために、また怠惰だったために論理的能力を欠いていたものの（彼
　　女はタイムズ紙に投書する手紙が書けなかった）、イギリス帝国はつねに彼女

の念頭にあり、帝国のシンボル、武装した女神ブルタニアに導かれて真直ぐな姿勢や、たくましいものごしを身につけた。だから人は彼女が死後でさえもこの地球と縁を切るとは思えなかったし、あの世でも、ユニオン・ジャックがはためいていない地域をうろつくなどどいうことは、想像できなかった。（231 頁）

レイディ・ブルートンの『タイムズ』への投稿文は、内容は彼女の政治的見解と時世を見据えた能力の結晶である。しかし、彼女の父や年下のヒューの様に、その内容を文章にして世に送り出すことはできないのだ。

　ポリティカル・ホステスであるクラリッサのパーティへの招待状には、書簡という空間が許す自由な表現やプライベートな感情は存在せず、招待状自体に政治的な意図が潜んでいる。その究極の目的は、国会議員である夫リチャードのための時間と空間を作るためのものである。その一方で、クラリッサと表面的には対立しているレイディ・ブルートンも、手紙の主体でありその内容にも独自性がありながら、リチャードやヒューの助けを借りるのである。公職に就けない女性であるが故に、手紙という手段を完全に自分と政治との関係にもっていくことができず、その一端を担う役割を果たすしかない。『ダロウェイ夫人』におけるポリティカル・レターは、女性と政治との間に起こる葛藤と、それを解決しようとする力の表象なのである。

4　ウルフからのプライベート・レター

　手紙に内包されたプライバシーは、クラリッサが 18 歳から 50 代まで、即ち、1870 年代から 1923 年にかけての間の時空に内在する。『ダロウェイ夫人』には、個々の人間が経験、想像、記憶を通して互い交じり合う "network of communication"（Littleton 39 頁）があるという。しかし同時に、コミュニケーションを妨げる壁が存在し、その壁を超えたところに理想的なコミュニケーションがあるという視点で『ダロウェイ夫人』を論じることも重要である（Reed 129 頁）。青年期から壮年期にかけてのクラリッサの人生と 19 世紀から 20 世紀にかけてのイギリスの激動期が、手紙の中に埋め込まれているのだ。

第1章　ヴァージニア・ウルフからの手紙

　大衆化された手紙という媒介は、19世紀ヴィクトリア女王の時代の文化遺産であり、『ダロウェイ夫人』の中における50代の男女は、そのヴィクトリア女王時代に発展した手紙文化の中でコミュニケーションを育んできた。子供時代から壮年期に至るまで手紙という文化を担ってきた彼らにとって、手紙とは必要不可欠な伝達手段なのである。インドから帰国したピーターとの再会後クラリッサがすぐに出した手紙を、夕食にホテルに戻ったピーターが受け取るシーンには、この郵便制度の確立と手紙が持つ重要性が凝縮されている。

　　…しかも、こうしたことすべてに気づかせたのはクラリッサの手紙であった。「お目にかかれて天にも昇る心地、そう言わずにはいられません！」彼は紙をたたみ、あちらに押しやった。どんなことがあったって、こんなもの二度と読むまい。
　　その手紙が六時までにおれの手もとに到着するためには、おれが立ち去るとすぐ机に向かって書いたにちがいない。切手をはり、誰かを郵便ポストまで使いに出したのだ。人が彼女をそう評するように、たいそう彼女らしい行動だ。彼女はおれの訪問で心乱された。多くのことを感じたのだ。（197-98頁）

短いクラリッサからの手紙により、ピーターは心を大きく揺さぶられ、午前の短い再会時に沸き起こった激情と戦いながら、さらにその原因である30年間の苦悩へのフィードバックを経て、クラリッサのパーティへ行く決意をする。しかし、この情景はピーターの視点で想像され、手紙を書くという行為はクラリッサの手紙を書かせた心理と同時に語られている事が、"Peter's extended narrativization of Clarissa"（Edmondson 29頁）として重要でもある。そこには、ピーターが不在であった第一次大戦終戦の1918年から1923年の5年間で変化したイギリス社会において、変化していない媒体を受け止めているピーターがいる。

　　あの五年間——一九一八年から一九二三年まで——は何かたいそう重要な数年であったと思われる。人が変って見えるようになった。新聞も変ってきたようだ。たとえば現在、堅実な週刊誌の一つに、大ぴらに便所のことを書いている男がいた。そういうことは十年前には到底できないことだった。

27

記憶と共生するボーダレス文学

（92 頁）

終戦後、価値観が変わり、生活様式も変化し、そして公的な情報誌である新聞に載る記事も変わったことをピーターは感じる。このような中で、クラリッサからの手紙は、戦争前から変っていない習慣であり、古き良き時代の名残りである。パーティのディナーが終わり、婦人たちが 2 階に移ることをキッチンのコックに知らせるクラリッサのメモにも、その慣習が伺われる。「ダロウェイ夫人が一番あとにつき、台所に何かのメッセージをほとんど必ず送ってきた。『ミセス・ウオーカーによろしく』というのが或る晩のメッセージ」（210 頁）と描かれている状況は、ポリティカル・ホステスとしてのダロウェイ夫人の義務、配慮、また行動力を表している。手紙を書く習慣は、単に優美な生活様式や価値観だけではなく、人間と人間とのコミュニケーションのあり方を再認識させてくれるものなのである。手紙を受け取った側は、書き手の状況を読み取り、その根底にある心理を探ることにより、手紙に込められた思いを総合的に察知する。

　この手紙の受け取り手であるピーターの "narrativization" には、クラリッサが計算した手紙が創り出す時間差と心理的効果が集約されているのだ。クラリッサが花屋から帰宅して見つけるのは、レイディ・ブルートンから夫への電話の伝言である。クラリッサが、「ブルートン令夫人からお電話で、御主人様が今日、ブルートンさまのところで、昼のお食事をあそばすかどうか伺いたいとおっしゃっています」（38 頁）と書かれた電話メモを読むという行為の中には、手紙とは異なる効果が生まれる。ランチの招待を当日の午前中に伝える場合のように、緊急性と即時性を満たすことが可能である電話は、時間的にも距離的にも最短であるいう条件さえ揃えば、有効に活用できる。しかし、クラリッサは、11 時頃にピーターが突然訪問して帰った直後、夕方のパーティへの招待状を郵便で送るのである。このクラリッサの行為は、ヴィクトリア女王の時代においては、同じ町に住む友人に訪問するという意思を伝えるにも手紙を用いた（Golden 19 頁）という点から考察すると、彼女が教育を受けた 19 世紀の書簡文化を表象するものである。そして、それは、計算された時間と空間を生み出すもの

28

第 1 章　ヴァージニア・ウルフからの手紙

である。二人の再会は、短く衝動的なものであり、ピーターの動揺が収まりホテルに帰る頃に、手紙が届いている。この時間差が生み出す手紙の効果は、手紙の書き手が受け取る相手に対して抱く感情や配慮により生まれるのである。

　この手紙の時間と空間を生み出す効果は、プライバシーの確立において最も重要な役割を果たす。クラリッサの短いプライベートな招待状は、実は、帰国を知らせるピーターからの手紙への返事でもあるのだ。クラリッサのプライバシーという砦にピーターが突然侵入し、二人の時間と空間を一挙に縮小する。そして、ピーターからの手紙が心をよぎる。

　　ドアの取手に手をかける音を聞いた。処女が節操を守るように、自分ひとりの生活を侵されまいとして、彼女はドレスを隠そうとした。今、真鍮の取手が回される、今、ドアがあいた、そして入って来た──ほんの一秒間、彼女はその男の名を思い出すことができなかった。それほどびっくりしたのだ。午前中に、思いがけずピーター・ウォルシュが来たことをそんなにもよろこび、はにかみ、全く動てんしてしまったのだ。（彼女は彼からの手紙を読んでいなかった。）（52 頁）

クラリッサがピーターからの手紙を読んでいなかったというカッコ書きの記述には矛盾があり、その矛盾が二人の複雑な関係を示唆している。クラリッサが朝の空気の中で過去への思いを巡らす時に、「あの人はまもなくインドから帰ってくるだろう。六月だったか七月だったか忘れてしまったけれど──あの人の手紙がひどく退屈だったもので」（4 頁）と、クラリッサはすでにピーターから帰国を知らせる手紙を受け取ったことを思い出す。ここで、クラリッサはピーターからの手紙をすでに読んでいたという事実がわかる。しかし、クラリッサは、ピーターの正確な帰国日時に関しては覚えていないとピーターへの興味を否定し、ピーターの手紙自体が退屈なものだと自己弁解する。これは、クラリッサの "willful avoidance of his letter"（Wolfe 47 頁）とも解釈される心の根底にある思いにより、ピーターの名前さえも浮かばないとまでも言い切る独白は、ピーターとの過去がもたらす複雑な心境に起因する。ピーターは約 30 年以上もの間、クラリッサに手紙を送り続けており、イギリスに帰国するという手紙も送って

29

いたのだ。この小説の冒頭におけるクラリッサの18歳の頃へのフィードバックは、実は、ピーターからすでに届いていた手紙により喚起されたものであり、帰国を知らせるその内容自体により、花屋への朝の散歩時に、クラリッサの心はピーターとの過去の出来事へ埋没していくのである。

　この埋没した過去の出来事には、青春期にクラリッサ、ピーター、サリーの間で交わされた多くの長い手紙が存在した。ピーターとサリーは、クラリッサにとって若い頃の掛け替えのない友人であるにも関わらず、恋愛と友情の拗れで30年以上も顔を合わせていない。この二人は、正式な招待状を受け取ってはいなかったにも関わらず、クラリッサのパーティに侵入してくる。この侵入こそが、プライバシーの復活であり、プライベート・レターがその復活を手助けする役割を果たすのである。

　クラリッサ、ピーター、そしてサリーが共有するプライバシーは30年前の過去に遡り、そこではサリーの長い手紙が重要な役割を果たしていた。この過去とは、「一八九〇年代のはじめのその夏、ブアトンで起こったことだった。そのころ彼はクラリッサを熱烈に愛していた」（76頁）と誰にも記憶され、ピーターが帰国したという知らせに誰もがこの出来事を思い起こす。結局、ピーターはクラリッサに拒否され、傷心のままイギリスを去りインドへと渡り、作家として大成するという夢も破れ、自分の人生は「旅、騎馬旅行、けんか、冒険、ブリッジ・パーティ、恋愛沙汰、仕事、仕事、仕事」（56頁）の連続だったと嘆く。そのピーターが最も傷ついたことがクラリッサの結婚であり、その痛みを理解できるのがサリーである。ピーターとサリーの間には、手紙を交わしながらも、全てを伝える必要が無い共感と理解が存在する。

けれど正直に言って（サリーは、ピーターが旧友、ほんとうの友達であると感じている——長いこといなくったって、遠く離れてたって問題ではない、彼女はしょっちゅう彼に手紙を出したいと思ったが、書いても破ってしまった。それでも彼がわかってくれると感じた。なぜなら年とるにつれ自覚するのだが、人って何も言わないでもわかるものなのです。わたし、年をとりましたのよ。（242頁）

ピーターとの破局を迎えた後、クラリッサがリチャードと結婚した時、サ

第 1 章　ヴァージニア・ウルフからの手紙

リーは何度もピーターに手紙を書こうと試みた。クラリッサのピーターへのあまりにも残酷な仕打ちに打ちのめされたピーターの心情を理解しているが故に、サリーは手紙を書くことができなかった。そしてそのサリーの心情をピーターは理解していると確信している。そして "private, intimate, unspoken thought" は "the spoken" と交わり、全てがシェアされ、"the implicit expectation of being understood" と共に読者に伝わる（Reed 128 頁）。この様に、サリーの手紙は、常にプライバシーの確立を前提にして書かれている。サリーの手紙が果たす役割は、クラリッサとピーターの間にできた深い溝をいかに埋めるかということだったのだ。

　30 年前、破局を迎える直前のクラリッサとピーターの仲を取り持とうとしたのがサリーの手紙であった。

　　ピーター自身に関しては、彼は常識外れであった。クラリッサに対する彼の要求は（今となるとそれがわかるのだが）途方もないものだった。彼は不可能なことを要求した。ひどい騒ぎを演じた。もし彼がもうちょっとまともだったら、彼女はたぶん彼の求婚を受け入れてくれたろう。サリーはそう考えた。サリーはその夏じゅう、彼に長い手紙をいくつも書いてよこした。皆がどのように彼のことを話していたか、サリーがどのように彼をほめたか、クラリッサがどのように泣きくずれたか！とてつもない夏であった――手紙、活劇、電報――…、クラリッサは頭痛で寝込んでいた。（81-82 頁）

若い頃のクラリッサとピーターには、文学という共通の話題があり、同等な立場で議論をする時間も共有し、そして何より「口をきかないでも話が通じる奇妙な力」が存在した。しかし、ピーターの過剰な独占欲と利己的な要求にクラリッサは悩み、献身的に仲裁に入ったサリーの努力にも関わらず、クラリッサはピーターに別れを告げることとなる。サリーの長い手紙は、クラリッサの気持ちを代弁するものであり、その代弁者であるサリーはクラリッサとピーター両者のよき理解者であったのだ。その最後の決定的な場面も、書簡により伝達される。「三時に泉水のところで会ってくれと頼む走り書きを送った。『非常に重要なことが起こったのです』」（82 頁）という様に思い出されるこの噴水の場というのが、クラリッサにも、ピーターにとっても、別れを決めた場であり、その場を構築したのも

手紙だった。サリーの手紙は、二人の様々な場面を作り出し、双方の意見や感情が吹き出し、時には電報さえも飛び交った短い夏のプライバシーを集約する役割を果たしたのだ。

　サリーの手紙は、30年後にもクラリッサとピーターを繋げる役割を果たす。人生の落伍者となり、50歳を過ぎたピーターは、若い既婚女性と結婚する前提で法的処置を取るためにイギリスに帰国する。クラリッサとピーターの間に30年間に手紙のやり取りがあったように、サリーとピーターの間にも手紙が交わされていた。そして、ごく最近にも、ピーターはサリーからの手紙を受け取っている。

　　最近「青いあじさい」について、ひどく感傷的な長い手紙をよこした人だ。青いあじさいを見て、おれのことや昔のことを考えたのだ——そうだ、もちろんサリー・シートンだ！サリー・シートンだったのだ——金持と結婚し、マンチェスター近郊の大邸宅に住むなど、どうしたって考えられない人、野生的で、向う見ずで、ロマンティックなサリー！（93頁）

「ブルーの紫陽花」がピーターと30年前の出来事を思い起こさせるというサリーの手紙は、ピーターが最近受け取ったものであるという点から考察すると、ピーターがサリーにも帰国を知らせる手紙を送っており、それに喚起された返事がこの手紙であったと推察できる。そして同時に、ロンドンに来ていたサリーは、クラリッサのパーティが開かれることを聞き、招待状なしで会場に現れ、クラリッサとの再会を果たす。

　　まごつき、笑っているふたりから言葉が次から次へところがり出て来た————ロンドン経由で旅をしていて、クララ・ヘイドンから聞いたのよ。あなたにお会いする絶好の機会！　ですからわたし出しゃばって来たの——ご招待状も頂かないで……（218頁）

マンチェスターの労働者階級出身の大金持ちと結婚してレイディ・ロセター（Lady Rosseter）となったサリーをクラリッサは決して許さず、二人の友情は決裂していた。招待状なしでパーティに来るという最も常識に欠けた行動にサリーが出るのは、ピーターの帰国という事実により、過去

第 1 章　ヴァージニア・ウルフからの手紙

が最も近くに再来し、心理的距離が縮小された結果であろう。サリーは、
議論を交わすことが目的であるパーティにおいて、30 年の間に書くこと
ができなかった手紙を書くように語る。それは、パーティに象徴される公
的社会において、人間はいかにプライバシーを犠牲にしているかというこ
とである。そして、招待状という公的書簡の不在が、サリーという最も深
くプライバシーを共有することができる存在を強調しているのだ。

　招待状というポリティカル・レターの枠の外にいるピーターとサリー
は、クラリッサにとってプライバシーの領域に存在する人物である。招待
状を受け取らずに来るのがサリーであり、また当日の夕方に受け取るのが
ピーターである。人生の岐路を曲がり、再会する旧友たちにとっては、こ
のパーティはポリティカル・パーティではなく、プライベートな同窓会な
のだ。30 年ぶりの再会時に、サリーの結婚の件で、クラリッサとピーター
が書簡でつながっていたことが判明する。

　　この女（ひと）はいまだに魅力的だ、いまだに彼女そのものだ。しかし、このロセター
　　というのは何者だろう？　彼は結婚式の日、椿の花を二つつけていた──そ
　　れがピーターの彼について知るすべてであった。「無数の召使いて、何マイ
　　ルもの温室があるのです」とクラリッサが書いてよこした。何かそんなこと
　　だった。サリーは爆笑しながら、これを認めた。（241 頁）

イギリスを去ったピーターにサリーの結婚式のことを手紙で報告していた
のはクラリッサであり、その手紙でしかピーターは彼女の結婚相手のこと
を知らなかった。しかし、クラリッサはピーターには一度も手紙を書いた
ことがないと断言する。「ふたりは何百年も離れ離れになっていると言え
そうだ、わたしとピーターは。わたしはちっとも手紙を出さないし、ま
た、あの人の手紙は、乾いた棒切れ同然、味もそっけもなかった」（8 頁）
というクラリッサの主張は、ピーターとの苦い思い出により、ピーターに
手紙を書いたということを認めたくない所以である。しかし、サリーの結
婚はクラリッサには許すことができないものであり、サリーの家には決し
て訪問しなかったことが手紙で明かされている。親友との決別による痛恨
の思いを、クラリッサはピーターには手紙で伝えていたのである。しか

し、若く、大胆で、家庭に恵まれず、経済的に困窮していたサリーが、新興階級の大金持ちと結婚し、5人の息子にも恵まれる。結婚後のサリーの物理的な生活だけでなく、精神的な幸福感を、クラリッサは、このサリーの突然のパーティ出席により知るのである。ピーターからの手紙により、クラリッサとサリーは過去の蟠りから解放されることになり、そしてサリーとクラリッサからの手紙により、ピーターもまた自己を解放するのである。

　プライベート・レターは、クラリッサ、ピーター、サリーの間に介在する接着剤であり、その関係に大きな影響を与える。現代において見られるように、手紙が女性の内的苦悩を明示する重要な役割を果たしている。書簡が、女性のコミュニティを構築し、女性が他者との変わりゆく関係に対処し、そしてその愛憎を記録する上で必要なものであるという論がある（Jolly n.pag）。女性にとってのプライバシーへの願望は、手紙という媒体によって構築され、そして個々が共有するプライバシーの空間が確立していく。若い頃のクラリッサはピーターとの議論の中で、「他の人間をいかにわかっていないかと思うと遺憾しごくだ」（194頁）と、人間はそう容易には理解しえないことに不満であると一致した意見を持っていた。しかし、時代を経て結ばれた手紙による点と点を辿り、その流れを作っていく中で、人間は理解を深めていくことができるのである。手紙が、プライベートな空間と時間を生み出し、時代を経てもプライバシーを復活させ、そして心理の深層へと人を誘導するのである。

5　結　論

　第一次世界大戦を経て、物理的・精神的に荒廃したイギリス社会には、人間性への新たな問いかけが生まれ、モダニスト作家たちはそれに応えるべく作品を描こうとした。ウルフにとっても、この一度崩壊した世界観や人間性は重要な課題であったと言えよう。『ダロウェイ夫人』の中で、現代社会から消滅しつつあった手紙という媒体によって、新たな"web"が紡がれている。

　その"web"は、ポリティカル・レターとプライベート・レターという二層構造により強化された。クラリッサの招待状により創り出されるポリ

第 1 章　ヴァージニア・ウルフからの手紙

ティカル・パーティとレイディ・ブルートンが『タイムズ』に投稿する手紙により世論と政界に訴える社会改革は、20 世紀前半における女性と政治という議論を示唆している。このポリティカル・レターと対抗するかたちで存在するプライベート・レターは、クラリッサとサリーの手紙に代表される。彼女たちの手紙は、イギリス社会の中枢から逸脱したピーターとのプライバシーを構築し、30 年後にはさらに復活させる。『ダロウェイ夫人』は、これら二つの書簡により、過去から現在に至るまで渦巻く社会変遷と人間関係が交差する。この二重構造こそが、現代のインターネット時代の Web を彷彿とさせるコミュニケーション・ネットワークであるのだ。

注

本稿は、「ウルフからの手紙—『ダロウェイ夫人』における暗号解読」(『同志社大学英語英文学研究』(同志社大学人文学会) 94 号 (2014 年 3 月、1-34 頁) に修正を加えたものである。

1　このレイディ・ブルートンの移民政策に関して、Alex Zwerdling は、*Virginia Woolf and the Real Word* において、実際第一次世界大戦後のイギリスの失業率は深刻なものであり、そのイデオロギーが反映されていると論じている (129 頁)。

第2章　カズオ・イシグロが語る現代の寓話
―─『日の名残り』におけるホロコーストの影

1　序　文

　カズオ・イシグロの『日の名残り』（*The Remains of the Day*, 1989）は、第二次世界大戦前から大戦後のイギリスの貴族の館が舞台であり、その館の領主であるダーリントン卿（Lord Darlington）はナチス・ドイツを擁護したことが原因で、戦後死去して、ダーリントン・ホールは後継者も無く、売り渡される。それ以上に、この作品は、第二のホロコースト、即ち20世紀から21世紀にかけてグローバル化がもたらした新たな破壊的社会において自我が抑圧され、精神的に閉じ込められていく状態を予期している作品である。この作品において、貴族の館ダーリントン・ホールの使用人たちは、その役割と身分を仕込まれ、厳しい監督下におかれ、その中で知らないうちに徹底的に管理されて、最終的には大英帝国というより大きな組織の中に閉じ込められている。執事としてのミスター・スティーブンス（Mr. Stevens）と女中頭（housekeeper）としてのミス・ケントン（Miss Kenton）は、プライバシーを奪われ、イギリス中世から続くマナー・ハウスという公の館に閉じ込められた囚人と同様なのである。『日の名残り』は、言い換えると、20世紀のポストコロニアル、ポストインペリアル言説の中で、避けることができない、そして＜遺失物取扱所＞のような残酷にも排斥され忘れ去られた空間を表していると言えよう。[1]

　この＜遺失物取扱所＞において、語りの声は、ホロコーストの中で一度は掻き消されて喪失するにも関わらず、再び息を吹き返すのだ。一般に、ホロコーストとは、特に1941年から1945年にかけて全体主義、アーリア人優越主義を掲げるナチス・ドイツによるユダヤ人をはじめ少数派民族や心身障害者への迫害と大量殺人を表すが、グローバル社会に起こる様々

な破壊的事情の中でポストコロニアルの視点に基づいて、再検証すべき事柄なのである。特に重要な点は、イギリスはアメリカに次いでユダヤ系移民が多く、第一次世界大戦前にはすでに 12 万人近いユダヤ人が居住しており、その大半が東ヨーロッパの出身者であったと言うが、"British Jews were spared serious anti-Semitism, and were not touched by the Holocaust when it raged across the English Channel"（Garter ix 頁）とあるように、イギリス国内にいる限りナチス・ドイツのホロコーストの犠牲になることはなかった。しかし、ヨーロッパ大陸から遮断されているために、イギリスのユダヤ人たちは近現代イギリスにおいて、"a European import" ではなく "substantially home-produced" の反ユダヤ主義運動の犠牲となった（Feldman 13 頁）。アウシュビッツなどが示す強制収容所あるいは戦争中の隔離政策のコンテクストは、近現代イギリスにおける公的領域——即ち『日の名残り』におけるダーリントン・ホール——に移植されたと言っても過言ではない。

　時は 1956 年、『日の名残り』はスティーブンスの過去への旅で幕を開ける。その過去とは、ダーリントン卿が、アマチュア外交官と呼ばれながらも、ダーリントン・ホールで影の国際会議を開いたという戦前から戦中の時代である。第一次世界大戦で大きな傷を負ったドイツに対して、ドイツ人旧友の死を知った後に、ダーリントン卿は個人的に憐憫の情を抱くことになり、さらにはナチス・ドイツに共鳴していき政治的に利用されることとなる。その中でダーリントン卿は、反ユダヤ主義者となり誤った道を歩むのである。その中で最も象徴的なエピソードは、ダーリントン卿がダーリントン・ホールに勤める二人のユダヤ人メイドを独断で無慈悲にも解雇したことだった。ホールにドイツからの客人を迎え入れるために、ダーリントン卿はユダヤ人を館から追い出したのである。この卿の決断に対し、ミス・ケントンは大きな憤りをスティーブンスにぶつけるが、使用人として、また執事としてダーリントン卿の決定に逆らうことはない。このユダヤ人メイドの解雇事件は、ミス・ケントンとスティーブンスの間に深い溝を造ることになる。ミス・ケントンが民族的な理由での解雇は不当であるという見解を示したように、ダーリントン・ホールにはダーリントン卿のナチス・ドイツ傾倒という誤ったイデオロギーに危機を感じる者が

第 2 章　カズオ・イシグロが語る現代の寓話

いた。それはアメリカ議員であるルイス (Mr. Lewis) とダーリントン卿の後継者とも言えるレジナルド・カーディナル (Mr. Reginald Cardinal) である。ダーリントン・ホールは最も大きな議論を呼んだ政治問題をかかえる館となり、それがミス・ケントンとスティーブンスの二人の間の葛藤に決定的な影響を与えたのだ。

　しかし、語り手であるスティーブンスは、この過去への旅の中で、自分自身の人生を決定的に左右した誤ったイデオロギーを直接批判することはない。なぜなら、語り自体が、中世から続くイギリス貴族の館とそこに付随する帝国主義と植民地主義により構築された価値観の中に居住しているからである。この点に関して、スティーブンスは、"sympathetic" である語り手の一人であるとも考えられるであろう（Cooper 107 頁）。まるでイギリス紳士を陳列する博物館であるようなダーリントン・ホールは、政治、法律、経済、社会をめぐる様々な葛藤が渦巻き、同時に文化、性差、そして階級問題も埋め込まれている場である。ミス・ケントンとスティーブンスの間に生まれた職業上のライバル意識は、この公的領域の中で生まれたものであるが故に、個人的な感情さえも二人のプロ意識の中に閉じ込められてしまうのだ。このイギリス帝国主義が生み出したプロ意識の見本のようなスティーブンスの人生は、まさに＜遺失物取扱所＞に根付いているのである。戦後、ダーリントン卿が亡くなり、ダーリントン・ホールが人手に渡った後の 1956 年にスティーブンスがミス・ケントンに再会することを夢見て旅をすることは、彼の失われた自我を回復し、失った愛をもう一度手に入れようという最も個人的な旅なのである。

　この＜遺失物取扱所＞から回収され回復していく声こそが、もう一つのホロコースト――即ち今世紀において急激に変貌を遂げ破壊的な要素を次々と抱えていく現代世界――において、生きる意義が永遠の課題であるという印なのである。『日の名残り』は、人生において失ったものと再発見されるものの間に存在する緊張状態を理解することを可能とする作品である。失った時間、失った空間、そして失った自我は、物理的に現実世界において取り戻すことはできないかもしれないが、人間の心の中に永久に回復されるべきものであり、それを現代に生きる者が確認していくべきなのである。

2 失われた時間

　ホロコーストを語る上で最も重要な要素の一つとして最初にあげられるのは、失った時間である。なぜなら、時間は人生そのものであるからだ。『日の名残り』には、まさに語り手であるプロタゴニストが人生の幕が引こうとしている時に、その人生のなかで失われた時間を探す旅が根底にある。スティーブンスには思い出に残るような子供時代と青年時代が無かっただけでなく、中年と壮年時代の失われた時間に捕らわれる点が作品の中で強調されている。『日の名残り』は、歴史的観点から考察するとある一定の時間の中に描かれているが、それは言い換えると、時間という概念が従来の概念とは頃なり、それと大きく対立し、克服されるほどの新たな概念として注目を浴びる時代に描かれていることでもある。この作品の中での失われた時間とは、公的領域に流れる時間とは相反する個人の時間の中において、とどまることを許された時間なのである。

　『日の名残り』において、この失われた時間は、スティーブンスのもとに届けられた結婚してミセス・ベン (Mrs. Benn) となったミス・ケントンの手紙によって、回復されていく。この時点で、ダーリントン・ホールは、アメリカの戦後の発展を象徴する資本家であるファラデイ (Mr. Farraday) という新しい持ち主のものとなっており、館と共に売りに出されたスティーブンスにミス・ケントンが意味深な手紙を送る。このミス・ケントンからの手紙により、スティーブンスは、最初で最後の旅行に出ることになるのであるが、そこでミス・ケントンこそ失われた時間を取り戻そうという思いに捕らわれ、スティーブンスにちょっとした策略をしかけるのである。この小説自体は "the record of a search for the form of telling that will allow Stevens to understand his past"（Hammond 97 頁）であると指摘されているように、そこに提示された時間は、神話の世界のように架空であり、また矛盾を含んでいる。旅の途中でもスティーブンスは何度も何度もミス・ケントンからの一通の手紙を読み返しては、自らの失われた時間を取り戻そうという強い願望に取り付かれていくのだ。そして、その手紙の主であるミス・ケントンは、スティーブンスがミス・ケントンに秘めたる恋心を抱いていたことを巧みに利用して、彼を過去への旅へと向かわせるのである。しかし、その失われた時間が空想と虚構の上にあること

により、スティーブンスにとっての失われた時間とは決して取り戻すことができないものとなる。

　ダーリントン・ホールの栄華極まる時代は、その持ち主であるダーリントン卿だけでなく、その館を訪れる客人や館の使用人にとっても、そして究極的には大英帝国にとって最も議論を呼ぶ時代であった。小説では、ミス・ケントンが女中頭の面接に初めてダーリントン・ホールを訪れた1922年にその繁栄のピークを設定している。小説はダーリントン・ホールの表舞台ではなく、裏舞台である使用人たちのことから時代を映し出しているのだ。その時、スティーブンスはすでに執事としての地位を確立しており、館に勤めていた副執事と女中頭が駆け落ちして同時に辞職したことで、この二つの人事に携わるのだ。もと執事として44年間様々な館で働いてきたスティーブンスの父が70代でもまだ仕事を必要としており、スティーブンスはダーリントン卿に頼んで高齢の父を副執事としての仕事に就かせることに成功する。そしてまだ若いミス・ケントンは、キャリアアップを目指し、ダーリントン・ホールに女中頭としての職を求める。

　その1年後、1923年、館の主であるダーリントン卿は、50代半ばで、政治に深く関わるようになっており、自分の屋敷で会議を開くようになっていた。1923年から1935年か1936年の間に、ダーリントン・ホールは大きな転換期を迎えることとなる。Christine Berberich が、"Ishiguro's *The Remains of the Day* examines the appeasement politics pursued by Britain in the 1930's and the popular support for the German and Italian fascists amongst the aristocracy"（118頁）と論じているように、イギリス貴族の中にドイツやイタリアのファシストの擁護者が多く出てきていた。このような時代とそのイデオロギーによって誤った舵取りの下でダーリントン・ホールが最も栄えたことは皮肉であると同時に、そこで働く使用人たちも誤った時の中に生き、誤った館に縛り付けられていたことになる。屋敷に仕える使用人たちは館の主の意向通りに仕事に従事することを訓練され、ある種のマインド・コントロールのもとで、館の主の決定や判断に従うことが使命であると信じていたのだ。

　そして、ダーリントン・ホールにとってもスティーブンスにとっても、その20年間のダーリントン・ホール最盛期の後、その傷から回復するの

にさらに 20 年かかっているのだ。1956 年、スティーブンスが過去への旅に出発する時、すでに帝国主義と植民地主義で肥大した大英帝国が大きく傾きかけていた。それは、1956 年には the Suez Canal Company がエジプトによって国営化に移行したことに象徴されるように、1956 年は、"time for the individual reconstruction of British national identity"（Wong, "Kazuo Ishiguro's *The Remains of the Day*" 494 頁）でもあるのだ。なぜなら、この Suez Canal 危機は、"the symbolic and official collapse of Britain's imperial powers and ambitions"（Lang 152 頁）と述べられているように、イギリスの植民地支配の崩壊を意味していたからである。しかし、この歴史事象に関してイシグロは、彼自身が "interested in writing things that will be of interest to people in fifty years' time, a hundred years' time, and to people in lots of different cultures"（Krinder 153 頁）と述べているように、大きな地球上に半世紀ごとに起きる様々な事象に興味がある。大きなレベルでのポストコロニアル言説において、一度は破壊されながらも再認識される政治的訂正の語りこそがイシグロが目指していることではないだろうか。誤ったイデオロギーを内包する館は、個人のストーリーを排斥する。そして大英帝国という家に流れる時間は、支配され、その結果喪失していくのだ。

　スティーブンスがダーリントン・ホールに盲目であり私利私欲もなく忠誠を誓ったことによって失った時は、彼が愛する人々——父とミス・ケントン——との関係に影響を与えた。1922 年に父を副執事に、ミス・ケントンを女中頭に迎え入れた時、この二人がスティーブンスの行く末を決めることにスティーブンス自身予想もしなかった。

　スティーブンスの父は、長年名家で執事として働いたのち、一度は仕事を辞めたが、70 代という高齢で、何とか息子であるスティーブンスの口利きで副執事の職を得たという貴族の館を頂点とする屋敷の使用人の歴史を物語る人物である。父の人生は、イギリスの名家に注がれ、その結果、ダーリントン・ホールの牢屋のように狭い屋根裏の一室で人生を終えることになる。スティーブンスも彼の父も本質的なプライベートな時間を持たない。それどころか、大きな館の時間と共に人生を送ってきた。スティーブンスと彼の父との最後の会話は、二人がやっとつかんだプライベートな時間で、親子の間の意思疎通に基づいている。父は次のようにスティーブ

第2章　カズオ・イシグロが語る現代の寓話

ンスに語り掛ける。

　　父はまだ両手を見つづけていました。そして、ゆっくりと言いました。
　「わしはよい父親だっただろうか？　そうだったらいいが……」
　　私はちょっと笑いました。「父さんの気分がよくなって、何よりです」
　「わしはお前を誇りに思う。よい息子だ。お前にとっても、わしがよい父親
　だったならいいが……。そうではなかったようだ」
　　「父さん。いま、すごく忙しいのです。また、朝になったら話にきます」
　　父はまだ手を見ていました。自分の手に、なにやら腹を立てているように
　も見えました。
　　「父さんの気分がよくなって、何よりです」私はもう一度言って、父の部屋
　を出ました。（140頁）

　スティーブンスの父は繰り返し自分が良い父だったかどうかを問うが、そ
れに対してスティーブンスは答えを避ける。それは、彼の子供時代が決し
て幸福ではなく、父が子供時代に不在であったという現れであろう。ダー
リントン・ホールでは新任ではあるが、経験豊かな執事として過去の栄
光を誇り、父はローボローハウスでの15年間の執事時代で最も充実した
日々やその時代の武勇伝を、若い使用人たちの前で雄弁に語っていた。し
かし、スティーブンスは、執事としての父との思い出の中に子供として入
るや否や、次の瞬間、"a footman（下僕）" として父の指導の下にいる自分
が思い出される。即ち、スティーブンスと父との間には、職業上での強い
つながりはあるものの、親子の思い出は皆無に等しいのである。スティー
ブンスの母の不在もまた、子供時代の喪失、家族の時間の喪失と母の愛の
喪失につながっている。スティーブンスの父の結婚生活は、スティーブン
スにとっても父にとっても、幸福なものとして記憶されていないのだ。さ
らに、スティーブンスの父の孤独な老年期は、スティーブンスの将来を予
想しているようである。スティーブンスにとって、幸せな子供時代と家庭
生活の欠如は、彼の終わりなき職業意識の追求と裏表なのだ。
　子供時代の喪失と同様、スティーブンスには人生で最も輝くはずの青年
期も人生で最も充実した中年時代も無かった。スティーブンスがミス・ケ
ントンに抱く疑似的なロマンチックな感情とその時間は、職業を優先する
スティーブンスのストイックな人生観だけでなく、青年期に恋愛体験が欠

落していたために、失われてしまう。

スティーブンスとミス・ケントンにとって、時間は一連の葛藤の中で思い出され、解説されるものなのだ。例えば、スティーブンスの父が、高齢であるために様々なミスを犯していく場面でのミス・ケントンとのやりとり、ミス・ケントンがスティーブンスの部屋に花をもってきて侵入する場面、メッセージのみでコミュニケーションを取る二人の間の確執、そして仕事の反省会と称してココアを飲みながら過ごす夜のミーティングなどは、プライバシーに対して異なる認識を持っているからこそ起こる葛藤なのである。独身を貫いたスティーブンスは、家族も子供も持たない。父の死後も、独身主義を貫き、それがますます執事としての職業意識への執着となっていく。スティーブンスにとって、時間とは、偉大な名士の館、特にダーリントン・ホールの中にのみ存在する人生と様々な事柄に限られているのだ。

スティーブンスと類似していながら異なる存在として、ミス・ケントンはスティーブンスの時間の喪失に大きく関わる。ダーリントン・ホールでの女中頭の地位を確立したミス・ケントンを、スティーブンスと同様、勤勉で有能な人材として評価が厳しいスティーブンスも認めざるを得ない。非常に強く一貫した職業意識があるミス・ケントンは、結婚もせず、訪ねてくる男性もいないという、理想的な女中頭である。しかし、スティーブンスと異なり、彼女は次第に他人の館で女中頭として働き続けることで失っていく自分に悩み、他の道を考え始める。この時、ミス・ケントンはまだ30代の半ばで、結婚して子供を持つ可能性が十分にある魅力的な女性であった。彼女が結婚を決意し、ダーリントン・ホールを去っていったことは、彼女が一度は失いかけた時間を取り戻し、自分自身の人生を歩むことを決めたことだったのだ。たった一人の肉親である叔母が亡くなり、帰る家も家族もなく、ミス・ケントンは、家庭を持ちたいと強く思う。たった一人の肉親である父を亡くして家も家族もないスティーブンスは、ミス・ケントンの苦悩や悲しみを共有できるはずであるにも関わらず、彼はそれを個人的なレベルで感じ、受け入れることができない。叔母の死後、ミス・ケントンは孤独な彼女に巧みに求愛する元同僚の求婚を受け入れて、スティーブンスに対して当てつけるように、ダーリントン・ホール

第 2 章　カズオ・イシグロが語る現代の寓話

を去ってゆく。そして 1936 年、彼女は結婚して相手との新しい生活を始めるためにコーンウォールに去っていき、ミス・ケントンは人生で一度は失った時間を取り戻す。その結果、スティーブンスはダーリントン・ホールに残留し、その孤独な時間の中に一人取り残されるのである。

　スティーブンスにとって最も決定的は時間の喪失は、皮肉にも、彼の旅の最後にミス・ケントンと再会する場面にある。高齢となり、定年を目前に控えるほどのスティーブンスが、ミス・ケントンの告白文ともとれる手紙によって、一度失った時間を取り戻そうとするのである。彼女との手紙のやり取りは頻繁ではなく、クリスマス・カードを除いては過去 7 年間で初めてである彼女からの手紙を特別なものとして受け取る。スティーブンスの旅は、新たな主人と共に生き残ったダーリントン・ホールのスタッフの問題を解決するためであるが、実際は人生の最後にもう一度、ミス・ケントンを人生の最も信頼できる最愛のパートナーとして再認識し、新しい時代に新たなダーリントン・ホールで彼女との生活を夢見るスィーブンスの願望により、現実となったのだ。スティーブンスはミス・ケントンの手紙に対して、そこに書かれてある手紙特有の行間を自分なりに解釈して、"a process of identifying his sense of lack and rushing to mask it from himself" の中でそれらの言葉を利用し、その結果スティーブンスは、"realizes the inadequacy of the sign but acts as if it had some ultimate, knowable significance"(Westerman n.pag) という無理な解釈をしてしまう。つまり、彼はミス・ケントンの手紙を自分の都合が良いように解釈し、彼女が意図することを何の疑いもなく受け入れてしまった結果、スティーブンスの時間を探求する旅は思うような結果をもたらさないことになる。旅の途中で何度もミス・ケントンの手紙を読み返すことにより、この誤解の部分が拡大し、期待が妄想と架空のできごとになり、ミス・ケントンにますます傾倒していくのである。

　しかし、スティーブンスとミス・ケントンの間には時差を巡って誤解が生じる。ミス・ケントンが手紙の中で告白する中で、彼女自身の今後の人生が、「虚無となって広がって」いる（67 頁）と嘆き、その中で「『もどりたい』という五文字は入っていない」（66 頁）にも関わらず、夫の元を去ってダーリントン・ホールに戻りたいのではないかという思わせぶりが

45

読み込めるのである。この手紙を書いていた時のミス・ケントンの心理を考えると、夫との別居を突発的にした後で、ミス・ケントンの中には心の奥から沸き起こった今までの結婚生活の不満や利己的な願望があったのではないかと思われる。しかし、この突発的に起こった感情に任せて書いた手紙の内容は、スティーブンスが旅の終着点リトル・コンプトンで実際にミス・ケントンに再会する時には、その熱も冷め、状況が大きく変わっている。ミス・ケントンが手紙を投函してからスティーブンスが到着するまでの間に、ミス・ケントンの一人娘に子供が産まれることになり、初孫のニュースに喜ぶミス・ケントンは、夫の元に戻り、人生の最後を家族で過ごす道を選んでいた。ミス・ケントンの結婚生活が必ずしも平穏ではなく、特に壮年期においては夫との確執に悩みながらも、ミス・ケントンは自分自身の生活に戻っていく。一週間かそこらで、ミス・ケントンの人生はリセットされ安全な元のさやに納まったのだ。彼女は、リトル・コンプトンで手紙のことを尋ねるスティーブンスに、そんなことは書いたはずがないと否定してごまかすが、まだあきらめきれないスティーブンスにはっきりと次のように言う。

　　「いえいえ、ほんとうに書かれたのですよ、ミセス・ベン。私ははっきり覚えています」
　　「いやですわ。でも、そんなふうに感じた日もきっとあったのでしょうね。でも、ミスター・スティーブンス、そんな日はすぐに過ぎ去っていきます。はっきり申し上げておきますわ。私の人生は、眼前に虚無となって広がってはおりません。なんといっても、ほら、もうすぐ孫が生まれてきますもの。このあと、何人かつづくかもしれませんし」（339頁）

20年前にスティーブンスの元を去り新しい結婚生活を始めたミス・ケントンは、今度は、「私たち」という主語を強調することで夫との関係を修復し、人生の最後に新たな目的を見つけたことをスティーブンスに語る。熟年の結婚生活における新たなヴィジョンに歓喜し、家族の絆の重要性を再認識するミス・ケントンの言葉と態度は、スティーブンスにはあまりにも残酷である。なぜなら、スティーブンスの失われた20年という歳月への思いは、旅の間に期待が高まりより強くなっていったはずであるから

第 2 章　カズオ・イシグロが語る現代の寓話

だ。

　郵便書簡を送った側と受け取った側に起こった時差は、二人の感情の
ギャップを広げることとなる。何よりも、20 年間の結婚生活における葛
藤をその間で解決したミス・ケントンに対して、20 年間喪失したままの
時間を取り戻そうとして抱いた幻想がその間で消えたスティーブンスに
とって、失った時間はあまりにも大きい。

　しかし、時間は、二人がバス停で別れる直前の短い時間に、最終的にそ
して本当の意味で回復する。ミス・ケントンが家に戻るためのバスをス
ティーブンスと共に待っている間、ミス・ケントンの真の告白と決意を
スティーブンスは聞くことになる。もう二度とスティーブンスに会うことは
ないと自覚したミス・ケントンは、正直な気持ちをスティーブンスにぶつ
けるのである。それは、20 年前の結婚が突発的に決めたことで、ただ
スティーブンスを困らせたかったということ、その後の結婚生活は不幸だっ
たこと、その中で娘のキャサリンが産まれたこと、その後の何年もの結婚
生活の中で夫に対する感情が変わってきたことなどを、まるで 20 年の時
間を巻き戻すかのように語る。その時間は、ミス・ケントンが、スティー
ブンスがいないところで過ごした時間であり、その中にスティーブンス
は入ることはできない。スティーブンスとの結婚が無かったように、ス
ティーブンスとの人生は無く、その不在の時間はどんなに求めても虚構な
のである。

　　とてもみじめになって、私の人生はなんて大きな間違いだったことかしらと、
　　そんなことを考えたりもします。そして、もしかしたら実現していたかもし
　　れない別の人生を、よりよい人生を――たとえば、ミスター・スティーブン
　　ス、あなたといっしょの人生を――考えたりするのですわ。そんなときです。
　　つまらないことにかっとなって、私が家出をしてしまうのは……。でも、そ
　　のたびに、すぐに気づきますの。私のいるべき場所は夫のもとしかないの
　　だ、って。結局、時計をあともどりさせることはできませんものね。(343 頁)

結果として、ミス・ケントンとスティーブンスの間に存在した時間の
ギャップはすでに拡大しており、中年から壮年にかけてそれぞれの人生の
時を過ごした彼らは異なる人生の中に存在し、その失われた時間を取り戻

47

すことはできないのである。

　時間とは、残酷にも人間を裏切る。伝統的な時間の概念に基づいて現代の語り手が語ることは困難を伴うように、時間とはチャレンジしがいがある。『日の名残り』において、時計の物理的時間の流れに基づく時間は、巻き戻されると、失った時間になる。時間がいったん失われると、もとの形で時間を取り戻すことは不可能となる。しかし、語り手が、変化しつつある社会で葛藤を繰り返しながら生きて語っていくことには新たな光が見える。『日の名残り』は、時の名残りであり、時間の重要性は人生が終わろうとする時にのみ本当に認識されるのであろう。

3　失われた空間

　失われた時間と同様、失われた空間は、空間が自我と同義であることを考えると避けられない問題である。近現代における空間構築は、空間という概念の変容により、異なってきた。物理的にも、また精神的にも、空間の本質は歴史的およびイデオロギーから変化し、現代においてはより普遍的で神話的になっている。ダーリントン・ホールは、相反するイデオロギーを内包する空間であり、その館の住人は、植民地主義と帝国主義時代からポストコロニアルとポストインペリアル時代にかけて変遷を迎えた時代に変化した人間の心理を象徴している。この伝統的なイギリスの建築物は、語り手の思考、信念、心情、そして価値観を決定する軸であり、人間心理の中心にある。この確立された館と対立する形で、語り手が旅の最後に到着する目的地――『日の名残り』においてはコーンウォールのリトル・コンプトンという小さな港町――は、＜遺失物取扱所＞の役割を担っており、そこで語り手は精神的に開放され、失ったものを見つけることが課せられていると言えよう。

　『日の名残り』は、自我が奪われ、喪失し、そして完全には復活できないという人間の最も過酷な部分を浮き彫りにしている。語り手は、自分のために生きているのではなく、他者のために生きている。しかし、彼が愛情を注ぎ忠誠を尽くす者たちは、彼の無私無欲な生き方に必ずしも同調しているわけではない。スティーブンスはダーリントン卿に全ての点で逆らわずに一途に仕え、ダーリントン・ホールへの徹底した貢献が高い職業

意識の証である。彼の同僚で、ひそかに思いを寄せているミス・ケント
ンは、そのようなスティーブンスを最終的に受け入れることができずに、
ダーリントン・ホールを去る。スティーブンスの元を去ることは、公的お
よび職業領域の外の空間を肯定することであった。自我を探す旅は、人間
にとって必然であるがゆえに、困難を伴い、失った自我と復活する自我と
の間に生じる葛藤がこの小説においてもキーとなる。

　『日の名残り』において、別れの場こそが戦いへの入り口であり、その
向こうに目的地がある。ダーリントン・ホールはイギリス史とその社会的
および文化的アイコンを象徴する偉大なイギリスのマナー・ハウスであ
る。ダーリントン・ホールが設立されてから継承されていく過程において
イデオロギーに支配され、決定づけられ、そしてその結果、館の住人たち
は歴史を通じてその中に幽閉されてきたと言える。それに対して、リト
ル・コンプトンに象徴されるイギリスの西の風景は、権力から遠い端に位
置し、閉ざされた自己を開放する役割を果たす。ダーリントン・ホールか
ら一度も外に出たことがないスティーブンスは、作品の中でジェーン・シ
モンズ（Jane Symons）の『イギリスの驚異』（*The Wonder of England*）と
いう本を読んでは、外にはどんな世界が広がっているのか想像してみる。
それは、ダーリントン・ホールに確立された "mythical idea of England"
（Teo 29 頁）が、スティーブンスにとっては自分の夢を実現させる窓の役
割を果たしている。『日の名残り』においてはリトル・コンプトンにある
ローズガーデン・ホテルがスティーブンスとミス・ケントンが再会する場
所として設定されているが、その空間がダーリントン・ホールのような豪
華な空間ではなく、居心地が良い空間として描かれている。

　　ローズガーデン・ホテルは決して豪華とは言えませんが、家庭的な居心地
　のよさは申し分ありません。ここに泊まるために少し余分な出費となりまし
　たが、まずまずお金だけのことはあると申せましょう。村の広場の片隅に位
　置しておりますから、場所も便利です。ホテル自体は、かつて荘園領主のお
　屋敷ででもあったかと思われる、蔦に覆われた美しい建物で、三十人程度の
　泊まり客なら容易に受け入れられそうです。（292 頁）

イギリスの村とその村の居心地よい小さなホテルは、理想的なイギリスの

風景と調和している。ホテル自体は、旅行者を受け入れる宿屋という役割だけでなく地元の村人たちの憩いの場として重要な役割を果たしている。上記の描写から、このホテルは、もともとは小規模なカントリー・ハウスか古い学校を改装して作られたホテルであるようである。伝統的で荘厳な建築物が没落、衰退し、ホテルなどに建て替えられていった時代である。1970年代後半には、サッチャー元首相の選挙運動の際に偉大（"Great"）をイギリスにもう一度取り戻そうという考えが強まり、『日の名残り』は"might be said to contest the way in which imagery of the stately-home milieu and countryside landscape are used as floating metaphors for a certain kind of fundamental Englishness"（Sim, "Kazuo Ishiguro" 98頁）と述べられているように、ダーリントン・ホールがイギリスを代表する一つの風景であろう。ダーリントン・ホールとローズガーデン・ホテルの空間は、実は同じルーツを持ち、イギリスの風景に不可欠な空間なのである。

　ダーリントン・ホールは、ある貴族の一族が代々受け継いできた館であるという設定であり、個人が所蔵する家であると同時に公的空間として地方政治、イギリスの国内政治だけでなく、国際政治に至るまで影響力を持ち続けてきた。数世紀に渡り、偉大なカントリー・ハウスは、イギリス王に対する貴族の忠誠心に始まり、その家と広大な私有地から生まれる利益と議席、そして様々な政治的、法律的、社会的、文化的な役割と義務を果たしてきた。しかし、その栄華も20世紀半ばになると、ダーリントン・ホールのようにその継承が困難になってくる。ダーリントン・ホールに関しては、ダーリントン卿が独身であり、後継者として公認されていたレジナルドは第二次世界大戦で戦死する。このようにカントリー・ハウスの後継者の不在、領主の経済力の低下、高くなる相続税などが原因となり、第二次世界大戦後には、カントリー・ハウスは衰退の一途を辿る。

　『日の名残り』の中では、このダーリントン卿の後継者であるレジナルドはこのダーリントン・ホールの衰退を予見するような存在として登場する。サー・デイヴィッド・カーディナル (Sir David Cardinal) の息子であり、ダーリントン卿の後継者であるレジナルドは由緒ある名家の出であるにも関わらす、ジャーナリストして新たな境地を開こうとしている若い世代を代表する人物である。特に戦争中の国際情勢に関するスクープを

第2章　カズオ・イシグロが語る現代の寓話

狙っており、ダーリントン・ホールに頻繁に出入りする理由は、ひとえにジャーナリストとしての使命感と義務感からである。そして彼は、ナチス・ドイツに傾倒していくダーリントン卿を非難し、一貫して真実を追求しようとする。第一次世界大戦時に、新聞は、"a social institution" として読者を世界の時勢へと導く役割を果たし、その上に読者に "an intelligible space and moment in relation to all that's going on amongst people one cannot know but can claim to understand"（Inglis 29 頁）を与えたと言われている。レジナルドがこのジャーナリズムの役割を象徴しているとすれば、彼は誤ったイデオロギーに侵されつつあるダーリントン・ホールという空間において相反する立場で存在している。即ち、レジナルドはダーリントン・ホールの侵入者であり、陰で国際情勢を握りつつあるダーリントン・ホールでの密談を暴こうと思案しているのだ。

　レジナルドがダーリントン・ホールの侵入者であるという点は、レジナルドとダーリントン卿との対立に見られるのではなく、レジナルドとスティーブンスとの葛藤に見られる。そこで、キーとなるのが、好奇心（"curiosity"）であり、レジナルドはスティーブンスに繰り返し、一体ダーリントン・ホールで何が起こっているのか好奇心がくすぐられると言う。もちろん、スティーブンスは物事の核心には迫らないし、ダーリントン卿とこっそりやってきた大物政治家とが話していることを小耳にはさんだとしても決して口外はしない。ここでスティーブンスは、自分の息子ほどの年齢であるレジナルドに様々な方法で試されるのである。この不屈の精神の持ち主であるスティーブンスが壁となって、レジナルドは、ダーリントン・ホールの空間が抱える危機的状況を完全に把握することはできない。レジナルドが頻繁にダーリントン・ホールを訪問した時のことに関して、スティーブンスは次のように覚えている。

　　あのときのことではないか……と。しかし、さらによく考えてみますと、やはり違うのかもしれません。この記憶の断片は、ミス・ケントンの叔母さんの死から少なくとも数カ月たってから、まったく別の脈絡の中で起こったことのようにも思われます。さよう、レジナルド・カーディナル様が不意にダーリントン・ホールに現われた、あの夜のことだったのかもしれません。（304頁）

51

スティーブンスの中では、このレジナルドの不意の訪問は、ミス・ケントンの叔母の死と関連づけて思い出されているが、同時にそれはダーリントン・ホールが最も危機的な状況に陥っていった頃なのであった。一見、プライベートなことと関連づけているが、そのミス・ケントンがユダヤ人メイドの不当解雇を訴えたことを考え合わせると、この時期がダーリントン卿のナチス・ドイツへの傾倒によって浮き彫りとなったダーリントン・ホールが危機を迎えていたことが示唆され、レジナルドがジャーナリストとしての直感から予期せぬ訪問をしたことと一致する。

　ミス・ケントンがユダヤ人メイドの不当解雇に関してダーリントン卿を非難したことと、レジナルドがナチス・ドイツに傾倒していくダーリントン卿を批判したこととは偶然に起ったことではなく、大きな意味を持つ。それは、このユダヤ人メイド不当解雇に関して、ダーリントン卿に完全に従ったスティーブンスに対して怒り、叔母の死により孤独に苛まれる彼女に心を寄せることもしなかった彼に失望したミス・ケントンは、人生の決断をしようと大胆な行動に出ていく。スティーブンスの記憶では、それは1935年か1936年頃起こったことで、ミス・ケントンがスティーブンスのパーラーに侵入した後のことであった。それは、二人の信頼関係に傷を残し、二人が築き上げたココア会議を終わらせることになり、そのような中でミス・ケントンは叔母の死と向き合うこととなったのだ。

　個人が虐げられ公的領域の中で使用人として働くミス・ケントンには、スティーブンスにはない個人の強い意志があり、彼女の一貫した考えは、レジナルド同様、揺らぐことがなかった。ミス・ケントンは、6年間もの間自分の下でスタッフとして勤勉に働いてきたユダヤ人メイドには、他の使用人と同等の権利があると主張する。当時のイギリスでは、移民としてイギリスに定住したユダヤ人の雇用状態は悪く、特に女性に関しては限られた職場にしか職を求められず、それも低賃金での労働を余儀なくされていた（Feldman 203頁）。館の女性スタッフに対しての責任がある立場の女中頭であるミス・ケントンは、スティーブンスに対して強固に反対意見を述べる──「ユダヤ人だからルースとセーラを解雇する？なんということを……。わたしにはとても信じられませんわ」（208頁）。このミス・ケントンの意見こそ、当時のイギリスで大きな問題となっていたユダヤ人迫

第 2 章　カズオ・イシグロが語る現代の寓話

害が反映されるものである。

　この反ユダヤ主義がダーリントン・ホールに持ち込まれたきっかけは、1932 年の夏にダーリントン卿が親しくするバーネット夫人 (Mrs.Barnet) が頻繁にダーリントン・ホールを訪れ、ダーリントン卿をロンドンのイーストエンドにある貧民街に連れ出したり、オズワルド・モーズレーの黒シャツ組織（"Sir Oswald Mosley's 'blackshirts' organization"）に関する話題を提供したことだった。

　この Sir Oswald Mosley (1896-1980) という名前に代表されるユダヤ人をめぐる過去のトラウマは、1980 年代のサッチャー政権に対しイシグロと同世代が持つ批判的見解と重なる部分があるという論もある（Berberich 118-20 頁）。しかし、『日の名残り』に出てくるこのモーズレーの黒シャツ組織とは、1932 年に結成された Mosley's British Union of Fascists (BUF) というファシストのテロ組織であり、1935 年から 1936 年にかけてロンドンのイーストエンドに住むユダヤ人を攻撃したことで知られている（佐藤 239 頁）。特に、1936 年の 10 月 4 日に Cable Street における衝突に際しては、イーストエンドに住むロンドン市民たちがラリーを組み、イーストエンド中でこのモーズレーの黒シャツ組織を打ち負かした（佐藤 240 頁）。このように増大しつつあったファシズムとテロリズムへの脅威に対して、the Jewish People's Council が設立され、ファシスト、特に BUF の反ユダヤ主義に抗議する集会を開いた（Volz-Lebzelter 261 頁）。さらに国際レベルでは、1936 年にパレスチナにおけるユダヤ人とアラブ系の住民の間での抗争が激しくなりアラブ反乱（the Arab Revolt）が起こった。これは、1923 年に国際連盟がイギリスの委託統治下においてパレスチナ自治区が形成されたことにより起こったことであるが、この 1936 年の抗争により 1939 年にはユダヤ人の入植者に厳しい制限が課せられることになった（度会 251-53 頁）。このような国内外におけるユダヤ人問題に関して、ミス・ケントンは詳細を述べているわけでも、政治的な意見を述べているわけでもない。しかし、世間を震撼させたイギリス国内のユダヤ人狩りとも言えるモーズレーの黒シャツ組織の事件やユダヤ人をめぐる国際的な情勢に関して、ミス・ケントンは一般市民として熟知していたであろう。まさに、新聞がもたらした一般市民への情報の開示が生み出した結果である。階級

53

や性差別が蔓延するイギリスの社会の縮図とも言えるダーリントン・ホールにおいて、ミス・ケントンのユダヤ人メイドの不当解雇に関しての個人的な意見は、広義において人種差別、テロ、軍事主義といった誤ったイデオロギーに対する声であったのだ。

　このミス・ケントンが女性からの見解を示唆しているとすれば、次の若い世代の意見を代表しているのがレジナルドであると言えよう。ミス・ケントンが思いを強く持ちながらも、それをダーリントン卿に直接ぶつけることもできず、ましてや公表するなどできない立場にいたことに対して、その彼女の意思を継ぐかのようにレジナルドはより強硬な態度に出ていく。このレジナルドのダーリントン卿批判は、ダーリントン・ホールの客間において、スティーブンスを前に、行われる。

　「…この三年間だけで六十人……何の数字かわかるかな、スティーブンス？
　卿の働きかけでベルリンとの間に密接な関係をもつに至った、この国の有力者の人数さ。ナチにとっちゃ、こたえられんだろうよ。ヘル・リッベントロップには、イギリス外務省なんて存在しないも同じことだ。さて、ニュルンベルク決起集会も終わったし、ベルリン・オリンピックも終わった。今度は何だ？　やつらは卿を使って何を企んでいる？　いま、あの部屋で何が話し合われているか、君にはわかるかい、スティーブンス？」（324頁）

ダーリントン卿に最も近い関係であり次世代を担っていくこの若者こそが、皮肉にもキー・パーソンとしてダーリントン・ホールに潜りこんでいたのだ。そしてナチス・ドイツを巡るダーリントン・ホールの危機が明確に話題となり、その館の客間において議論される。ジャーナリストとしてのレジナルドには揺るぎない信念があり、ダーリントン・ホールのことをナチス・ドイツのイギリス部隊とも名指しで呼び、ダーリントン卿が置かれた立場を次のように表している——「ここ数年間というものはだね、スティーブンス、卿はヘル・ヒットラーがイギリス国内に確保している最も有用な手先だったんだよ」（324頁）。そしてレジナルドが客間で語るなかで重要なポイントとなる事件がオリンピックを巡る話題である。ここでレジナルドが示唆しているのは、1934年6月のオリンピック・ラリーと1936年のベルリンオリンピックであろう。国家や民族の違いを超え

第 2 章　カズオ・イシグロが語る現代の寓話

て平和の国際的なスポーツの祭典として現代のオリンピック、即ち IOC (International Olympic Committee) が公式に設立され、第一回のオリンピックが 1896 年にアテネで開催された。しかし、それ以来、オリンピックは様々な危機的な時代を体験し、政治的摩擦によりボイコットされることもあった。『日の名残り』の中でダーリントン・ホールが最も栄えた時代には、1936 年ベルリンにおいてオリンピックが開催された。そしてダーリントン・ホールが衰退する 20 年後の 1956 年にはメルボルンにおいてオリンピックが開催されるが、これらの二つのオリンピックはオリンピック史上最も議論をよんだものであった。

　レジナルドが示唆している 1934 年のオリンピック・ラリーは、モーズレーの黒シャツ組織が初めてユダヤ人に対して暴力的行動に出たことにより触発されたものであり、この事件は "conceived as a demonstration of the BUF's growing strength" された（Volz-Lebzelter 205 頁）。さらに、1936 年のベルリンオリンピックにおいては、1931 年の IOC において決議されたわけであるが、"signaled German's return to the world community after the defeat of World War I"（United States Holocaust Memorial Museum, n.pag）という歴史的意義があったと言われている。しかし、1933 年から 1936 年の間に、ヒトラーのファシズム運動は極端なナショナリズム、軍国主義、民族差別、そして反ユダヤ主義を掲げ、破竹の勢いでドイツに広まっていったのだ（USHMM n.pag）。ベルリンオリンピックは成功を収め、平和なドイツというイメージを残すことになるが、実際は "Germany's expansionism and the persecution of Jews and other 'enemies of the state' accelerated, culminating in World War II and the Holocaust"（USHMM n.pag）と論じられているように、その表の顔とは裏腹にホロコーストへの道が急速に準備されていたのである。ナチス・ドイツがオリンピックを政治的プロパガンダとして利用し、本来のオリンピックの意義を覆す最初の脅威となった。

　そして、1956 年、メルボルンオリンピックにおいて再び、三つの政治抗争によりボイコットが起こるという、1936 年以来のオリンピックの危機が再び訪れることになる。冷戦時代において、ハンガリー独立運動をソ連が抑制したことに抗議して、オランダ、スペイン、スイスがオリンピックをボイコットする。さらに、1956 年のスエズ運河危機が引き金となり、

55

カンボジア、エジプト、イラク、レバノンがボイコットを実行することになった。そして、台湾がオリンピックの加盟国となると、中国がボイコットすることになる（Buchanon and Mallon n.pag）。レジナルドのダーリントン・ホールへの侵入と密談の偵察は、1930年代のオリンピックを巡る議論、ひいてはナチス・ドイツの反ユダヤ主義という世界平和を脅かしつつあった危機を探り、真実を知り、それをジャーナリストとして読者に伝え、社会的影響を与えることであった。そして、このダーリントン・ホールとダーリントン卿が第二次世界大戦後に直面する絶望的な将来、さらには20年後の世界さえも予見するほどの重要な事柄だったのだ。

　一般に経済的および相続上の様々な難問に直面していたカントリー・ハウスであるが、レジナルドが予知しているように、ダーリントン・ホールは戦中にナチス・ドイツ側についたことで社会的責任が追及されるだけでなくダーリントン卿の名声も地に落ち、戦後最も厳しい状況に置かれることとなる。しかし、戦後のダーリントン卿の苦境とそれに続く死は、単にダーリントン・ホールの終わりではなく、大英帝国の帝国主義と植民地主義の一つの時代の終焉であった。ダーリントン・ホールが主を失い、その意義も批判にさらされた結果、その伝統、社会的義務、そして威厳さえも泡と化し、ダーリントン・ホールは空虚な館となってしまう。このダーリントン卿の没落を最も顕著に表している事柄は、新聞や人々の噂での非難や嘲笑ではなく、ダーリントン卿を最後まで信じ、その一挙一動を支えてきたスティーブンスが、旅の間ダーリントン卿のことを隠し、ダーリントン卿に仕えたことさえも秘密にすることである。その内的葛藤をスティーブンスは、リトル・コンプトンで再会したミス・ケントンに次のように伝える。

　　「…、卿は訴えを起こされました。正義はわれにありと、心から信じておられたのです。しかし、結果は、ご存じのように、あの新聞が発行部数を伸ばしただけのことでした。そして、卿の名誉は永遠に汚されてしまったのです。あのあと、卿は廃人も同様でした。お屋敷も死んだように静かになってしまいました。私が居間にお茶をもって上がりますと……、ミセス・ベン、まことに……まことに悲劇的な光景でした」（336-37頁）

第 2 章　カズオ・イシグロが語る現代の寓話

　ダーリントン・ホールの栄華と衰退、そして最後を見届けた唯一の証人であるスティーブンスは、旅の間に偶然立ち寄り一晩を過ごしたモスコム（Moscombe）という小さな村で、執事としての自分と個人としての自分の意義を自問自答することとなる。車が故障したために村の医者に助けてもらうが、その高級な車とスティーブンスの紳士的装いと振る舞いから、村人たちにどこかの館の主と間違われてしまう。最初は、ダーリントン・ホールという名前を伏せて、館での様々な経験をまるで自分が中心人物であったかのように語っては村人たちを驚嘆させる。戦後、このような小さな村にも政治に対する意見が飛び交うようになり、民主主義の波が押し寄せていることがわかる。この状況の中でスティーブンスは、1935 年頃、ダーリントン・ホールで、客人に政治的意見を聞かれ、嘲笑の的となったことを思い出すのだ。その時のスティーブンスはどれだけ意見を求められても、自分は執事であり個人の意見を言う立場ではないという姿勢を貫いただけでなく、政治という世界に介入できない階級制度がつくりあげた見えない壁を打ち破ることさえなかった。しかし、1956 年、スティーブンスは、ダーリントン・ホールの外の世界で、すでに民主化が始まっていたことを確信するが、執事は主人に「批判的な意見」を述べることなどできないという、民主主義の周縁にいたことを再認識するのである。

　…、時間の経過のなかで、ダーリントン卿のさまざまなご努力が過てるものであり、愚かしいものであったことが明らかにされたとしても、それは執事まで責められるべき筋合のものでございましょうか？
　ダーリントン卿にお仕えした長い年月の間、事実を見極められるのも、最善と思われる進路を判断されるのも、常に卿であり、卿お一人でした。私は執事として脇にひかえ、常にみずからの職業的領分にとどまっておりました。最善を尽くして任務を遂行したことは、誰はばかることなく申し上げることができます。（291 頁）

プロフェッショナルな観点からみると、ダーリントン・ホールはスティーブンスによって実質上運営されている。しかし、この空間は、彼の個人的な人生や階級、社会的地位とは全く相反するものなのだ。モスコムは、そんな彼に、自分が信じてきたダーリントン卿が誤った方向に進み、その結

果館が没落したことを悟らせるだけではない。なぜ、個人的な意見を自分が持つことができなかったのか、またダーリントン・ホールが没落する前に、館が抱えていた誤ったイデオロギーを認識することがなぜできなかったのか。それが、村人たちの前で素性を隠して、ダーリントン卿のことを知らないと嘘をつくスティーブンスの心理に表れていると言える。

　モスコムの村で出会った中で、スティーブンスの嘘を見抜いたリチャード・カーライル（Richard Carlyle）という若い医者が、第二次世界大戦後のイギリス社会の変化を図る役割を果たしている。村で唯一高等教育を受け知識人として尊敬されているカーライル医師は、1949年、社会主義者となり、全国民に最良の医療をという理想を掲げ、熱意に燃えて村にやって来たという。彼はスティーブンスの嘘を見抜いただけでなく、彼が大きな屋敷で働いたことがある召使だとその正体をつきとめたのだ。その背後には、この小さな村が、大英帝国に抑圧された無名で無力な国民の集合体を象徴していたことが伺える。饒舌な村人ハリー・スミス（Harry Smith）は、第二次世界大戦でイギリスが勝利を収めたことにより、真の民主化への道が始まったと述べる──「だからヒットラーと戦って、やっと守ったんだ。自由な市民でいる権利をね」（266頁）。戦後の村には政治談議をする開かれた空間が生れ、その空間に身を置いたスティーブンスは、その議論に耳を傾け、その会話の中に入っていこうとする。自分には個人的な意見を述べることができないと確認しながらも、1930年代にダーリントン・ホールで起きたエピソードを思い出す。そこには、ミス・ケントンやレジナルドが主張したダーリントン卿と相反する意見、即ち個人の意見があり、それと対象にスティーブンスの個の不在があった。

　スティーブンスに代表されるダーリントン・ホールにおける召使いの個の不在は、彼らの部屋──スティーブンスのパーラー、ミス・ケントンのパーラー、そしてスティーブンスの父の屋根裏部屋に象徴される。召使の頭であるスティーブンスとミス・ケントンのパーラーは、召使の部屋の中では最高の部屋であろう。かなりの広さの個室で、ある程度の自由が許され、プライバシーが確立されている。しかし、これらのパーラーでさえ、この館に個人的に属さない召使にとっては、自分の家も空間も持たない、仮の宿でしかない。

第 2 章　カズオ・イシグロが語る現代の寓話

　そして、スティーブンスの父の屋根裏部屋は、まるで独房のような狭さ
と乏しさを代表する空間で、当時の召使の社会的地位の低さを表している
だけでなく、排斥と孤独を象徴している。72 歳になったスティーブンス
の父は、名目は経験豊かな副執事としての再就職をするわけであるが、実
際は老後を過ごす家もなく、スティーブンス以外は支えてくれる家族も無
い孤独な高齢者なのである。しかし、館の中でスティーブンスは、多忙な
執務に全身全霊で取り組み、自らのプライバシーを封じるストイックな生
活に固執するあまりに、すぐ近くに身を置くことになった高齢の父との時
間さえも持たず、体力的に限界になるまで父が独房のような屋根裏部屋で
過ごしていることに全く気付いていなかった。父が職務中に倒れ、その父
の元をついに訪れて初めて、その悲惨さと孤独さに打ちのめされることに
なる。

　　これ以前に、父の部屋をのぞく機会などほとんどありませんでしたが、こ
　うして入ってみて、それがいかに小さく殺風景であるかに、あらためて胸を
　つかれる思いがいたしました。刑務所の独房に足を踏み入れるような錯覚さ
　え起こしましたが、これには、部屋のサイズとむき出しの壁もさることなが
　ら、早朝の薄暗さが影響していたのかもしれません。（90 頁）

この小さな独房のような屋根裏部屋が、54 年もの間名家の館に仕えてき
た名執事が最後を迎える部屋であり、そこは過去の栄光とはほど遠い空間
なのである。そして同時に、スティーブンスの将来を映し出す空間でもあ
るのだ。
　この父の屋根裏部屋と同様、表面的には相反して見えるスティーブンス
のパーラーもまた、彼の空虚な生活と精神的孤独を象徴している。執事と
して召使の中では最上級の部屋を与えられているが、個人的な生活の場と
してはごく限られた役割しか果たしていない。それをミス・ケントンは、
「刑務所の独房」と皮肉を込めて呼び、次のように指摘する。「あそこの隅
にベッドでも置いてごらんなさい。まるで死刑囚が最後の数時間を過ご
す部屋のよう」（234 頁）だと辛辣な比喩でスティーブンスを追い詰める。
ワーカホリックとも言えるスティーブンスの生活を支えるためにも、彼の

プライバシーはこの恵まれたパーラーという個室で守られなければならないはずである。しかし、彼がプライベートな時間を過ごす上での唯一の楽しみは、館に所蔵されているセンチメンタルなロマンス小説をこっそり読むことだった。実生活ではかなえられないロマンスを、読書によってのみ解消しようとするスティーブンスの秘密を知ったミス・ケントンは、彼の弱い人間的な部分を知るが、それでもスティーブンスは自分の感情を彼女に見せることはしない。簡素でそっけないスティーブンスのパーラーにミス・ケントンが花を飾ろうとした時には、それを無下に断り、花などの飾り物は自分の部屋には必要ないと異常なまでにミス・ケントンを拒絶する。この拒絶こそが、自分のささやかなプライバシーへの侵害であり、自分が積み上げてきた価値観への脅威であるとするスティーブンスの思いなのだ。何よりも、異性としてのミス・ケントンを意識し、彼女に対するロマンスの可能性さえも否定するスティーブンスの強固な態度は、スティーブンスをさらに孤立させることになる。スティーブンスのパーラーは、彼の30年間に渡り蓄積されたダーリントン・ホールにおける地位を表すものであり、それは同時にプライバシーを一切排除しようとする彼の非利己的な人生そのものを表す空間であろう。

　スティーブンスのパーラーとは異なり、ミス・ケントンのパーラーは、プライバシーが確立され、より彼女自身の人生や自我が許されている空間となっている。スティーブンスとミス・ケントンが互いのプロ意識の下で関係を確立した証として持つこととなったミス・ケントンのパーラーでのココア会議は、二人の関係が構築される上で重要な役割を果たす。この会議の場は、高齢でミスが目立っていくスティーブンスの父を巡り異常なまでに対立するスティーブンスとミス・ケントンが、スティーブンスの父の死によって、互いに尊敬し認め合う関係を持つようになって、初めて持たれるようになった重要な空間である。

　…、当時、私どもは一日の終わりにミス・ケントンの部屋で顔を合わせ、ココアを飲みながら、いろいろなことを話し合う習慣ができておりました。もちろん、ときには軽い話題もなかったとは言えませんが、ほとんどは事務的な打合せです。そのような習慣ができた理由は、簡単なことでした。私もミ

第 2 章　カズオ・イシグロが語る現代の寓話

ス・ケントンも、それぞれきわめて忙しい日常を送っておりまして、ときには何日間も、基本的な情報交換の機会もないまま過ぎてしまうことがありました。そのようなことでは、お屋敷の運営に支障をきたしかねません。二人ともその点では認識が一致しておりましたから、最も直接的な解決策として、毎日十五分程度、誰にも邪魔されないミス・ケントンの部屋で打合せを行うことにしたのです。繰り返しますが、この会合はきわめて事務的な性格のものでした。（206 頁）

　職務が落ち着いた夕方のほんの短い時間であるが、ミス・ケントンのパーラーでともに過ごすという職務上の必要性は、スティーブンスがミス・ケントンを認め、ミス・ケントンがスティーブンスを受け入れたということによって生まれたことであろう。このプライバシーをめぐる空間の確立が一歩前進したかのように見えたが、個人の心の深淵に至るまでの理解はこの空間によっては生まれなかった。
　このココア会議がなくなった原因は、スティーブンスとミス・ケントンの間に起きた二つの葛藤によるものだった。一つは、ダーリントン卿のユダヤ人メイドの解雇事件、もう一つはミス・ケントンの唯一の肉親である叔母の死である。この二つの事件はスティーブンスの語りの中では、それぞれが断片的に語られており、二つの事件の関連性は示唆されていない。しかし、ミス・ケントンとの間に起きた様々な確執を繋ぎ合わせていくと、この二つの事件はつながっているのだ。なぜなら、ユダヤ人メイドが不当に解雇されたことに失望したミス・ケントンは、その後彼女自身が辞職することになるからである。反ドイツ主義のために解雇された若いユダヤ人女性二人に対し、ミス・ケントンはその不当性を訴えるが、ココア会議で信頼を構築してきたスティーブンスに理解してもらえると思っていたにも関わらず、決して受け入れてもらえない。同じ女性の使用人として、また女中頭として、ミス・ケントンは必死にスティーブンスに理解を求める。しかし、失望のあまり辞職さえも考えて思い詰めるミス・ケントンは、すぐに職を辞めて転職することを決意する勇気がない。なぜなら、ミス・ケントンはスティーブンスと同様に、帰る家もなく、叔母以外は支えてくれる家族もいないからである。

「臆病だったのですよ、ミスター・スティーブンス。私が臆病だっただけで
すわ。どこへも行く当てがありませんでしたからね。家族がおりませんし、
叔母一人だけでしょう？　叔母のことは心から愛しておりますけれど、でも
一日いっしょに暮らしていると、もう、人生全部が無駄に過ぎ去っていく
ような気がして……。もちろん、自分に言い聞かせておりましたわ、すぐに
別のお屋敷を見つけるんだ、って。でも、怖かったのですよ、ミスター・ス
ティーブンス。お屋敷を去ることを考えるたびに、見知らぬ土地へ行って、
私を知りもしない、構ってもくれない人たちの間に一人いることを考えます
とね、とても怖かったのですわ。私の主義主張なんて、どうせその程度のも
のです。」（214 頁）

　プライドも投げ捨て、本心をさらけだすミス・ケントンは、自分の将来に
不安を抱く一人の女性であり、一人の人間である。職業上は成功をおさ
め、若くしてダーリントン・ホールのハウス・キーパーとなり、職務を
まっとうして、浮いた噂ひとつないミス・ケントンは、心の奥に孤独感や
恐怖心を秘めているのである。その真意をスティーブンスに投げかけるの
であるが、自分の思いを最も理解してくれるであろうはずのスティーブン
スは理解を示そうとしない。さらに失望するミス・ケントンに決断させる
ことになったのは、叔母が亡くなったという知らせを受け、悲しみに打ち
ひしがれるミス・ケントンに歩み寄ることもしないスティーブンスに当
てつけるようにした、結婚であった。ミス・ケントンが度々外出し、ス
ティーブンスの知らないところで、彼女に思いを寄せていた元の同僚と
会っていたのだ。このミス・ケントンの変化に気づきながらも、そのプラ
イバシーに介入しないスティーブンスは、執事仲間のミスター・グラハム
（Mr. Graham）に次のように指摘される――「お宅のミス・ケントンは、
いまいくつですか？　三十三？　三十四？　子供を産むのに最適な年齢は
もう過ぎているわけですが、まだ間に合いますからね」（241 頁）。即ち、
年齢的に妊娠と出産の可能性がまだある 30 代半ばのミス・ケントンには、
結婚願望があって当然であり、そのために男性と交際するのはごく自然の
成り行きなのである。ミス・ケントンはスティーブンスが女性としての彼
女に個人的に歩み寄ってくれないことで傷つき、叔母の死によってより精
神的に落込み、ほぼ自暴自棄になって男性と交際していることを、最後ま
でスティーブンスは理解しようとしない。ミス・ケントンの心理的空虚さ

第2章　カズオ・イシグロが語る現代の寓話

は、スティーブンスが訪れることさえしなくなったミス・ケントンのパーラーに反映されている。スティーブンスはドアの向こうから聞こえてきたミス・ケントンの泣き声に気付きながらも、気付かないふりをして、その場を立ち去ってしまう。その結果、ミス・ケントンは結婚を決意し、ダーリントン・ホールを永遠に出ていくことになるのだ。彼女が婚約の報告をスティーブンスにパーラーでする行為は、表面的には職業上の報告であったが、スティーブンスの心を奮い立たせるような個人的な告白だったのだ。スティーブンスのパーラーが執事の特権的な職業領域とその地位を確固として守るものであるとすると、ミス・ケントンのパーラーは、彼女の内的苦悩やプライベートな生活を守る砦であった。女中頭のパーラーに主が不在になったということは、同時に、その公的領域からミス・ケントンが解放されたということを意味する。

　大英帝国の権威がイギリスの牧歌的風景の中に組み込まれたダーリントン・ホールの空間は、独自の空間を構築してきた。しかし、ダーリントン・ホールが主を失い、館の全ての機能が麻痺し、召使だけでなく全ての価値を失い、決定的な没落という危機を迎えた時に、新たな時代を迎え、ダーリントン・ホールが生まれ変わる。ダーリントン卿の主寝室から執事や女中頭のパーラーに至るまで、全ての部屋はその住人を失い、公的空間としての役割から精神的な意味が失われてしまう。新しい時代の幕開けに、ダーリントン・ホールは持ち主を失い、相続人も失い、召使を失い、アメリカ人のミスター・ファラデイに買い取られてしまう。旅に出るスティーブンスは、その時の館のことをダーリントン・ホールが二世紀前に建てられて以来初めて、「無人の館」になるという危機的な状況になっていたと悟る。二世紀かけて構築され、受け継がれ、守られてきた伝統と価値観が急速に変化したのだ。スティーブンスの旅の出発点であるダーリントン・ホールと対照的に、彼の旅の終着点であるリトル・コンプトンは、1936年にミス・ケントンが結婚してコーンウォールに去っていった後、スティーブンスにとっては想像上の特別な場所、即ち幻想であった。1993年のインタビューでイシグロは神話（myth）の重要性を説き、特に偉大なイギリスにとって神話的な風景（mythical landscape）が不可欠であり、"harmless nostalgia for a time that didn't exist" を求めて "to rework a

particular myth about a certain kind of England"（Vorda 14-15 頁）が必要で
あると考えている。歴史的小説を書くのではなく、イシグロはイギリスと
いう空間を神話化し、その変遷を描いたのだ。上記のインタビューと関連
して、『日の名残り』は、歴史を追いながらも、そこから生まれてきた寓
話なのである。

4 結　論

　イシグロは常に時代を意識してきた作家であり、過去への回想によっ
て、人間は今を生き、未来に向かっていくことを願っている。それは、彼
が長崎という自分の故郷を背負っており、原爆投下という紛れもなく起
こった歴史的事実が心の底に刻まれているからである。イシグロの過去へ
の回帰は、単なるノスタルジアではなく、忘却の淵に追い込まれていく記
憶を呼び起こし、記録されなかった歴史を再構築して、その中で生きた
人々の声を掘り起こすことなのである。20 世紀から 21 世紀にかけて、私
たちが忘れてはいけない歴史からの学びは必ずしも生かされていない。イ
シグロが常に対峙している人間の精神性のあり方は、そのような忘却と記
憶という矛盾するコンテクストの中で描かれている。歴史とは物語で、そ
して寓話でもある。なぜなら、そこにはその時代に生きた人の声が秘めら
れているからなのだ。

注

本稿は、2015 年 7 月 30 日にドイツの University of Gottingen において開
催された CISLE (Center for the International Study of Literatures in English)
2015: Transgressions, Transformations: Literature and Beyond に お い て 口
頭発表した論文 "Lost and Found': A Voice Retrieved from the Holocaust
in Kazuo Ishiguro's *The Remain of the Day* and *Never Let Me Go*" を加筆修
正したものである。また、この論文の一部は、2015 年 9 月 10 日にシン
ガポールで開催された ICELLL 2015: International Conference on English
Languages, Literature and Linguistics において論文 "A Voice Retrieved from the
Holocaust in New Journalism in Kazuo Ishiguro's *The Remains of the Day*" を書
き直したものである。また、本論は、英文論文 "Lost and Found': A Voice
Retrieved from the Holocaust in Kazuo Ishiguro's *The Remains of the Day*"

第 2 章　カズオ・イシグロが語る現代の寓話

（『同志社大学英語英文学研究』（同志社大学人文学会）95 号、2015 年 10
月、69-93 頁）を一部修正し、日本語に訳したものである。

1　この＜遺失物取扱所＞は、英語で "Lost and Found" であるが、このフレイ
　　ズはイシグロの『わたしを離さないで』（*Never Let Me Go*, 2005）の書評
　　において繰り返し使われている。『私を離さないで』の中では、クローン
　　として生まれたヘールシャムの子供たちが、地理の授業で失ったものは必
　　ずノーフォークにある "a lost corner" に集められると学ぶのであるが、ヘ
　　ールシャムの 3 階にもあるこの落とし物コーナーは、クローンとして成
　　長しながらも他者のために臓器を提供するという人生を送る中で失って忘
　　れてきたものを探す旅で最後に到着する場所として描かれている（臼井、
　　「クローン人間創世記」280-86 頁）。

第3章　津島佑子と優生学をめぐる対話
―― 『ヤマネコ・ドーム』、『ジャッカ・ドフニ』と『狩りの時代』

1　序　文

　2016 年に死去した津島佑子は、時代と共に生き、時代を超越した作品を残した作家である。特に、病と闘いながら最後に執筆した『ヤマネコ・ドーム』(2013 年)、『ジャッカ・ドフニ　海の記憶の物語』(2016 年) と『狩りの時代』(2016 年) は、津島の最後の声が響いている作品だと言える。それらの作品の中で、津島はグローバル時代に再考すべき優生学を巡る対話を行っていると言えよう。

　現代社会において、優生学は医学のみならず人間の尊厳に大きな影響を与えてきた。そして優生学が学問として誕生する以前から、優生学的見地が歴史や文学をつくりあげてきたと言える。この優生学の言説は、21 世紀においても生き残り、作家にとってチャレンジするべきテーマである。第二次世界大戦下におけるナチス・ドイツによるホロコーストは、精神障害者、身体障害者、そして様々な少数派民族とユダヤ人を抹殺するという優生学に基づく歴史上最悪の事態をもたらした。この残忍な事例の陰には、優生学が帝国主義と植民地主義の中で巧妙に構築されていった軌跡があったと言える。しかし、第二次世界大戦後、グローバル化が進み、ボーダレスな社会が構築されつつある現代においても、優生学的考えは決して消滅してはいない。むしろ、優生学をめぐる言説が加速していると言える。この優生学の脅威にチャレンジする文学の軌跡を、津島の作品から読み解くことにより、現代社会が直面する問題を追及する。

　第二次世界大戦と原爆投下後の日本を原風景として創作を行ってきた津島は、現代社会の変遷を体験してきた作家である。大戦後に急速に社会が進歩しグローバル化への変遷を遂げてきた背景には、優生学の犠牲者の存

記憶と共生するボーダレス文学

在があった。第二次世界大戦後の冷戦時代とナショナリズム台頭の時代を
経て、経済のグローバル化が加速する中で、経済格差、少数民族問題、宗
教問題、そして自然災害と人災をもたらした 3.11 等ボーダレスとなった
地球に新たな葛藤が生れた。優生学は、階級、民族、性差、断種、心身障
害、認知症、安楽死と様々な点に置いて、人間の生死をカバーする様々な
側面に応用あるいは意図的に悪用されることとなる。それが、21 世紀に
は、戦争というような非常事態においてだけでなく、日常の場においても
起こる。これらの脅威に対峙してきた作家として津島のクロスロードを知
ることは重要なのである。

　本稿は、優生学の歴史的変遷と文学への影響を分析し、その上で津島の
『ヤマネコ・ドーム』、『ジャッカ・ドフニ』と『狩りの時代』における優
生学の言説への挑戦を探求する。

2　優生学の歴史的変遷と文学への影響

　19 世紀における誕生から現代に至るまでの優生学の歴史的変遷は、
医学や政治学にのみならず文学に大きな影響を与えてきた。優生学
（eugenics）は、1883 年にイギリスの科学者、フランシス・ゴールトン
（Francis Galton）による造語であり、遺伝学に関する応用科学として現代
医学に受け継がれてきている。ゴールトンはいとこであるチャールズ・
ダーウィン（Charles Darwin）の『種の起源』に影響を受け、「「生まれな
がらに優れている」あるいは「遺伝における優秀性」という意味のギリ
シャ語から優生学という新語を造り、「人類を改善する『科学』を創りだ
す」ことに取り組んだ（ケブルズ 3 頁）。優生学を人類の発展に貢献する
ものとする "positive eugenics（適者増産的優生学）" の研究が進む一方で、
"negative eugenics（不適者禁絶的優生学）" が政策に取り入れられるように
なり、ゴールトンの意図とは異なる方向に優生学は進んでいくことにな
る。

　この "negative eugenics" と "positive eugenics" という対立する側面を持
つ優生学の誕生は、皮肉にも歴史を通して人類が行ってきた最も残忍な事
例を残しただけでなく、近代化から現代化する全世界に大きな影響を与え
ることとなった。この時点で、優生学はゴールトンの手から離れ、政治的

第3章　津島佑子と優生学をめぐる対話

に利用され、後進の手によって独自の道を歩むことになる。怪物のように変貌する優生学が、19世紀から21世紀にかけて、階級、障害者、民族、ジェンダーを軸にどのように政治的に利用されていったかを考察し、文学に与えた影響を探求することにより、科学書では図ることができないその意味の真髄に迫ることができると思われる。作家は、特に21世紀のグローバル社会においては、脅威にさらされている人間の尊厳を再考し、人間の可能性を再探求することを目的として創作をしているからだ。

　第一に、優生学は、階級をめぐる社会的問題を政治的に解決する方法として利用され、植民地主義と帝国主義の産物と言える。その中で、優生学発祥の地であるイギリスにおける優生学に基づく政策は、強制分離や断種という急進的で具体的な政策を取ったアメリカ、ドイツ、日本などとは異なるとされてきた（中村 20頁）。優生学が猛威を振るった1930年代以降、イギリスでは、大英帝国衰退と経済不況の下で、階級問題、特に新しく台頭してきた専門職に就いた中流階級と帝国主義の下で急速に都市化したロンドンの労働者階級とに関連付けられた。ゴールトンの後、カール・ピアソン（Karl Pearson）を代表とする科学者たちにより、統計学的分析による優生学の基本が築かれ、さらにはチャールズ・スピアマン（Charles Spearman）などにより心理テストや理論に応用され発展し、"the science of the eugenics made a considerable impact on the scientific and intellectual development of twentieth-century Britain" とまでなったという（MacKenzie 500頁）。その後、イギリスでの優生学運動は、リンドセイ・ファラル（Lyndsay Farrall）やローレンス・ウォーターマン（Lawrence Waterman）などの研究者による功績を除いては下火となるが、他国とは異なり、独自の道をたどることとなる。

　そのイギリス優生学の独自性は、19世紀後半から頭角を現し、新しく社会に認識され広まっていった専門職に就いた "the professional middle class" と呼ばれた人々への注目から生まれてきたとされている。

The professional middle class owed its social position neither to wealth nor to ascribed status but to the specialized mental abilities and knowledge of its members. The hereditarian theory of mental ability as developed by the eugenists claimed that only a limited section of the population had the potential to achieve the skills and knowledge required for professional middle class roles. (MacKenzie 510 頁)

この専門職に就く可能性がある中流階級がイギリス社会に必要な要因であると判断され、1870 年から 1917 年にかけては、彼らの育成を目指した教育改革が行われた（MacKenzie 51 頁）。イギリス社会にとって、彼らの優位性は、教育によって育まれ、新たな可能性を生み出す宝庫と評価され、教育政策に応用されたのである。

　知的専門職に就く中流階級に対して優生学を肯定的に政策に応用することに対して、労働者階級に対して優生学は "negative eugenics"（MacKenzie 517 頁）へと変貌していく。帝国主義政策の中で生まれたロンドンの急速な都市化と労働者人口の増加が問題視され始めた結果、1880 年代から 1914 年の間に社会改革政策のターゲットとなり、優生学が大きな役割を果たした（MacKenzie 516 頁）。

Negative eugenics was thus not an abstract programme, but a specific response to a specific problem. The eugenists proposed the most thorough solution to the problem of the residuum short of immediate elimination. Social control was to be imposed by the detention in institutions of the habitual criminal, the alcoholic, the 'hereditary' pauper, and so on.（MacKeenzie 517 頁）

1880 年代の都市化による社会危機に続き、1889 年から 1902 年のボーア戦争、第一次世界大戦、戦後の経済危機とドイツファシズムの台頭によって、"negative eugenics" への傾倒が顕著となったと指摘されている（MacKenzie 517 頁）。

　階級という社会的・経済的要因を含むカテゴリーに対して、肉体的・精神的障害という医学的・福祉的要因を含むカテゴリーは、より強制断種や強制隔離、究極的には強制的安楽死を伴うものとなる。階級に重きを置いた初期のイギリス優生学研究においても、遺伝学者たちは特に知的障害者を劣性とみなして強制断種や隔離を行う政策の是非が問われ、知的障害が劣性の遺伝に基づくと仮定し、断種を行った場合の発現率減少を計算する

第3章　津島佑子と優生学をめぐる対話

研究などが行われた。その中で、ドイツではワイマール社会国家政策から
ナチス優生政策へと移行する際の、ハダマー精神病院に代表される医療殺
人がルーツとされている（ギャラファー 15-16 頁）。ドイツでは、慢性病
患者を優生学見地から安楽死という名の下での殺人が行われることにな
る。

　この慢性病患者への安楽死に至るまでに、ドイツでは独自の民族優生学
が誕生、発展し、それがナチス優生政策に誤用されたことにより、優生学
がもたらした歴史上最も残忍な結果を生むこととなる。イギリスのゴール
トンとは別に、ドイツでは人類遺伝学者のアルフレート・プレッツ（Alfred
Ploetz）が 1890 年代に「民族衛生学」を推進し、後に『我が民族の優秀
性と、弱者の保護』を著したが、そのドイツ優生学が負の方向に進む可能
性が当初からあった。

　　つまり、ゴールトンの「優生学」は“人間集団の遺伝的品質の改良を行なう
　　ための科学”を自任していたが、プレッツの「民族衛生学」は、それに加え
　　“人間集団のいわゆる最適規模を実現する”ことも目標にしていたのである。
　　（アダムズ 43 頁）

この民族衛生学は、アーリア民族の衛生に関する研究を促進し、白人、
その中で特にゲルマン系のアーリア人の優生を基本とするものとなっ
た。1900 年に内科医であったヴィルヘルム・シャルマイヤー（Wilhelm
Schallmayer）が発表した『遺伝と淘汰が民族の運命に果たす役割』は、
最終的にドイツ社会の中で国民の「生物学的に最良の“分子”が、好まし
くない遺伝的特徴を持った人々よりも多くの子供を生み殖やせるようにす
る政策事業を開始すること」によって国家が自己保存を遂げていくことが
可能であると説き、ドイツ科学者に大きな影響を与えた（アダムズ 50-51
頁）。このドイツ流優生学が理論から運動へと変化し、ヴィルヘルム帝政
期の民族衛生学運動が 1904 年から 1918 年にかけて繰り広げられ、制度
化への道を進むことになる。「白色人種優越主義」を前面に押し出さず
「適応性」に重点を置いたドイツ優生学運動は、1933 年にヒトラー政権が
確立するまでその基本的姿勢を崩すことはなかった（アダムズ 56 頁）。

71

障害の中で、特に精神障害が遺伝学的見地から研究され、優生学研究を促進させる要因であったが、それが "negative eugenics" の方向へ向かったのである。出発点を異にしながらも優生学研究の流れの中に入り、様々な視点から研究されたのが当時蒙古症と呼ばれていたダウン症である。これは、1866 年にイギリスの内科医ジョン・ラングドン・ダウン（John Langdon Down）により重度の精神障害が系統的に分類されたことに始まり、この白人の中でアジア系の容貌が「人類の種の単一性」を示し、生物学的な先祖返りだとする論が 1920 年代にまで続いた（ケブルズ 280 頁）。その後、優生学的見地から、このダウン症に関する研究が進み、ペネローズにより進化するが、人間の染色体遺伝学が発達する 1950 年代後半まで待つことになる。この過程でペネローズが果たした功績は大きく、遺伝学、医学、心理学、精神医学を結合し、統計学的な手法でダウン症が研究され理解され浸透していくことになる。

ウィルヘルム帝政期に発達したドイツ優生学運動においては、最初に障害者により実験され、ヒトラー優生政策に引き継がれ、「不的確」とみなされた人々への強制断種と強制安楽死計画は組織的に実行された。もともと民族が優生学により議論され、研究され、さらには政策に組み込まれるには、欧米社会が絶対的にそして潜在的に持っていた白色人種優生主義が根底にあった。19 世紀後半から国家が統一され、ドイツは工業化へと社会が急激に変化し、その結果労働運動が台頭して、ドイツの中で社会が上流階級とプロレタリア階級に分断されるということになる。その中で、ドイツ国家の機能を脅かす存在として掲げられたのが、犯罪者、売春婦やアルコール中毒者、そして精神的疾患がある者たちであった（アダムズ 31-32 頁）。そしてヒトラーにより、慢性病患者、特に精神障害者、知的障害者、重度の身体障害者、結核患者が社会に不必要で生きるに値しない存在であるという判断のもと、医者によって殺害されるという計画が立てられ、20 万以上の市民が「自分たちの医者の手によって計画的に効率よく殺されたのである」（長瀬 11 頁）。この計画を最も顕著に表しているのが、ハダマー精神病院であり、14 f 13 計画の下で精神障害者を殺害していき、後の安楽死を強制収容所で行う計画の基礎となった（長瀬 15 頁）。

ナチス・ドイツと対照的に見られるアメリカでも優生学が発展し、移民

第 3 章　津島佑子と優生学をめぐる対話

を巡る民族問題とジェンダー差別に関連付けられた。それは、アフリカ系アメリカ人やアジア系移民の問題以前に、ヨーロッパ系移民間の優生学的見地が存在し、それがアメリカの優生学理論の基本となる。ベッツィー・L・ニーズ (Betsy L. Nies) によると、1920 年代に南・中央ヨーロッパからの移民が大量にアメリカに渡ってくると、"a racial science" としての優生学に基づき、先に渡っていた北欧系（"the Nordic or Northern European descendent"）が "the whitest and most superior of the white European 'races'" という理論が確立したという（2 頁）。特に民族的破壊が起こりつつあったアメリカが北欧系男性によって救われたという例が、同時代のヘミングウェイ、フィツジェラルド、H.D. の作品に見られるという（Nies 2-3 頁）。また、第二次世界大戦中には、日系人強制収容所を大統領命により造り、民族隔離政策を行った。さらに 1980 年代後半には、"the 'new' scientific racism" として優生学のリバイバルが起こり、白人とアジア系は黒人より知性が高いという議論が起こった。公民権運動の 20 年後に、民族の優劣を図る議論が展開されることになるが、戦後ナチス・ドイツ優生政策は社会から抹殺されたにも関わらず、アフリカ系アメリカ人劣性に関する議論は、ナチス・ドイツのイデオロギーと同じだと非難されることとなる（Kuhl 3-4 頁）。民族を優生学によりわけ隔てるというナチス・ドイツが犯した史上最大の過ちから学ぶことがないまま、歴史は場所と形を変え繰り返す。

　この傾向に関して批判が展開し、1930 年代には改革運動が起こり、それまでの優生学が大きな壁に直面することになる。1935 年には、アメリカの遺伝学者ハーマン・J・ミュラー（Hermann Joseph Muller）は、次のように述べている。

　　優生学の堕落は今や絶望的である。優生学は人種差別主義者や階級差別主義者の主張を擁護し、教会や国家の既成権力を守り、ファシズムやヒトラー主義の信奉者をはじめ反動主義者一般を支える。（ケブルズ 287 頁）

この "negative eugenics" は、障害者や不適格性を持つと判断された人々や少数派民族にも政治的に使われる。

73

日本においては、1930年代から40年代にかけて、ドイツと同様にファシズムの嵐の中、優生思想を政策の中に具体化させる議論が活発となり、その政策はハンセン病者の隔離政策と断種法案とに終結される。当時の日本の医療は結核対策に追われていたが、断種法である国民優生法が制定された。また、大日本帝国の皇民政策の下、植民地であった朝鮮半島や中国大陸において大虐殺を行った。特に朝鮮半島においては、日本名への改名を強制し、日本語化と日本化を徹底して行った。

ナチス・ドイツ優生政策の陰に、日本の大陸侵略に伴う虐殺、朝鮮半島における徹底した日本人優生主義に基づく侵略、そして日本軍が送り込んだ慰安婦問題などが存在した。最後に、1980年代に始まった第二波フェミニズムにおいて、ジェンダー差別と優生学的言説の関連性が議論され始め、優生学を性や出産に応用された点が非難されることになった（中村346-47頁）。産む性である女性がその責任を担う形となり、現代においても胎児の染色体を知る権利を与えられ、特にダウン症の子供が生まれる可能性を知る手段を肯定する優生学的考えが存在している。

3　津島の作品における障害者の声の再生

津島の作品や随筆集には、障害を持つ子供が頻繁に描かれており、それは彼女自身のダウン症の兄のことが大きな影響を与えてきたと言われている。この兄は、津島が12歳の時に亡くなるのであるが、津島が私生活において子供を持ち、作家となっていく過程の中で、最も重要で避けられないテーマとなっていく。闘病生活の中で最後に書き上げた『狩りの時代』は、まさにそのテーマの集大成で、津島が人生をかけて問い続けた文学をここに完成させたということであろう。女性や子供、少数派民族や戦争の被害者といった社会の弱者を描いてきた津島にとって、障害を持つ人々の声を再現することは最も重要なことであったのだ。

津島は、障害を持つ子供に、母子家庭や孤児という社会的に弱い立場を重ね合わせ、彼らの声を再生する。隠れキリシタン時代である17世紀と3.11を交差させて描いた『ジャッカ・ドフニ』においても、アイヌと日本人の血を引く娘であるチカは、幼い頃言葉を発することができなかったため知的障害者として見られており、孤児となり日本語の中で生きるよう

第3章　津島佑子と優生学をめぐる対話

になっても自らを表現することが十分にできない。即ち、それは言語差異の問題だけではなく、マイノリティが抱える心の闇の問題である。『ヤマネコ・ドーム』と『狩りの時代』もまた、3.11文学であるが、そのフレームは第二次世界大戦の日本敗戦からベトナム戦争、湾岸戦争、9.11を経て、世界のグローバル化が進む中で忘れ去られてはならない弱者を描いており、その社会的弱者——母子家庭、孤児、そして障害者——がその中心に居る。

　『ヤマネコ・ドーム』の中に、常に思い出される人物として、貧しいシングル・マザーの家庭で育ち、自立もできずに51歳で自殺するター坊と呼ばれていた男性が出てくる。ター坊は他者から語られるのみで、自分自身の言葉で語ることはない。ター坊に関しての情報は極めて少なく、いつも独りぼっちのター坊がもともと軽度の障害者ではないかと思わせる記述があるのみだ。

　　…あのとき、九歳だったター坊。くしゃくしゃになった髪の毛が白っぽく見える。目尻のさがった眼は、その顔をいつも眠そうに見せていた。学校には気が向いたときしか来なくて、せっかく学校まで来ても、校庭をうろうろするだけで、校舎に入ろうとしないことが多い。それでも給食は食べていく。そのためか、あの子は学校の給食で食いつないでいるそうよ、と生徒の母親たちにうわさされていた。お母さんは夜の仕事をしているから、ほったらかしなのよ、とか、あの親子は大陸からの引きあげ者で、中国人の男に見捨てられたんですって、とか、いろんな無責任なことを言われていたけれど、どれも曖昧なままだった。(『ヤマネコ・ドーム』132-33頁)

　他の母親たちはター坊とその母親に対して強い優越感に浸り無責任なうわさを流すが、そのうわさの犠牲となった二人は生涯ある事故に苦しめられる。そしてそのター坊は、彼のアパートの近くにあった戦争孤児院にいた子供たちやホームの'母'たちと、ター坊を産み落としその息子に先立たれる母親とによってしか語られない。

　ター坊が語られる時、そこには彼が9歳の時に起こった少女の溺死事件がある。当時7歳だったその青ずんだ目に白い肌のかわいい少女がオレンジのスカートをはいていたことから、ター坊はその後に起こるオレン

75

ジ色に関わる女性の殺人事件とレイプ事件と関係づけられ、混血の孤児たちの間で恐怖の対象となる。その事件は、一緒に池の近くで鬼ごっこをしていた子供たちの曖昧な記憶の中で語られ、大人に伝わり、そしてひとつの伝説となる。当時 7 歳だったヨン子が 60 代になって、当時 8 歳でその事件の場に一緒にいたいたずら好きの戦争孤児の男の子たちミッチとカズのことを思い出しながら、「そのとき、ター坊はまだ、あそこに残っていたんだっけ？まるでちがうよ、そんなじゃなかったって、あなたは言うの？」（『ヤマネコ・ドーム』21 頁）と自問自答しては、いつまでも忘れることできない。むしろ、事件の真犯人は自分たちだと思い起こし、さらにター坊のことを言いふらしたのも自分たちだったと確信していく。そしてター坊は、「ふくらみすぎた自分の恐怖に殺されてしまった」（『ヤマネコ・ドーム』62 頁）と思う。

　事件後のター坊の変化は、主に彼の母親によって語られるが、その中で母はター坊に何らかの原因があるというシナリオをどこかで作ってしまう。事件後から、ター坊は発作が起きては、「冷たい石」となり引きこもってしまう。二人は、母親のわずかな収入のみで生活を続け、母が 60 歳なっても 35 歳の引きこもりの息子の面倒をみなければならない。その息子を殺してしまいたい衝動に何度もかられながらも、息子を生んだことを呪いながらも、噂に苦しみながらも、彼女は生き続ける。一体息子を巡って何が起きたのかはわからないまま、母親は次のように思う。

　　それから、どんなことが起きたのだろう。息子の記憶は、ばたんと蓋を閉めたように、闇に閉ざされてしまう。今までに何百回も、何千回も、自分がすりきれるぐらいに、母は思いつづけてきた。もし、女の子が池のそばにひとりで立っていなかったら。もし、女の子がその母親に見捨てられなかったら。アメリカ兵が日本人の母親に出会わなかったら。この日本に、アメリカ兵が来なかったら。日本がアメリカと戦争などしなかったら。（『ヤマネコ・ドーム』201-02 頁）

　母親とター坊の孤独な戦いは、社会からの見えない差別と非難との戦いであり、それは、戦後の日本という大きなフレームの中で理解されるようになる。ター坊の自殺は次のように報道され、その小さなコラムをヨン子

第 3 章　津島佑子と優生学をめぐる対話

たちは見つける。

　　それは「ニュースのこぼれ話」というコラム記事だった。ある五十一歳の
　男が台東区の都立谷中霊園の敷地内にあるサクラの木で、首を吊って死んで
　いるのが見つかった。遺書はなかった。男は独身、無職で、母親とふたりで
　豊島区のアパートに生活保護のもと暮らしていた。
　　四十二年前、男がまだ九歳のころ、ひとりの少女を池に突き落として死な
　せたのかもしれない、と近所で言われつづけてきたとのことで、警察で調べ
　たところ、当時七歳の少女が池に落ちて死んだ事件が実際に起きたこともわ
　かった。少女は米進駐軍兵士が日本に残した混血孤児の一人だった。男と少
　女の死との関連は、今となっては調べようがないが、当時、少年だった男の
　心に深い傷を残した可能性は否定できず、日本の敗戦による影が思いがけな
　いところからよみがえってきたという波紋が、昔からの住人や所轄の警察署
　内にもひろがっている。（『ヤマネコ・ドーム』61-62 頁）

　最後に、小説の中では最初に、ター坊の母親が長年心にためてきた思い
を語る。噂の中で引っ越しすることもなく、ター坊と母親は貧困の中で
ひっそりと暮らし続け、ター坊の死後も母親は高齢になるまで生き続け
る。3.11 が起きた時、ター坊の母親は新聞もテレビも無い生活をしてお
り、ター坊の遺品であるラジオでそのニュースを聞く。津波の被害や原発
事故の恐怖は、情報として外から入ってくるが、二人分の孤独を抱え認知
症を発症している老母は次のように思う。

　　世界がやっと終わる。終わってくれる。なにもかもが消えていく。世界の
　終わりが今ごろ、来たんだ。おまえとこの日を迎えたかった。でももう、ど
　うでもいい。世界は終わったんだから。津波だよ。放射能だよ。これでもう、
　安心。おまえのことが今まで憎くて、つらくて、不憫で、こわくて、おまえ
　といっしょに早く死にたい、死ぬしかない、と願いつづけてきた。それなの
　に、お前は勝手にひとりでさびしく死んでしまった。この母を残して。苦し
　み、痛み、呪い、そんないやなものだけを残して。こわくて、こわくて、ま
　ともに息もできない。でもなにもかもこれで終わり。ありがたいことに、世
　界は消えていく。消えてくれる。（『ヤマネコ・ドーム』35 頁）

　ター坊の死後 8 年経って、3.11 が起きた時、ヨン子は、帰国したミッ
チと共に、崩れかけたアパートから避難できないでいるター坊の母親の元

77

へ行き、救助しようとする。この救助は、ター坊を巡って苦しんできた母親を救済すると同時に、自分たちが長年心に抱いてきた罪悪感からの自己救済であり、究極的にはター坊の魂を救済しようとすることでもある。

『狩りの時代』は、耕一郎という精神障害を持つ子供を持ったある一族の話で、現代から第二次世界大戦前に遡り、戦中、戦後、そして3.11の大震災と福島原発事故が起こった後まで時間が流れ、三代に渡って人々の生き様が描かれている。そして過去への時間を巻き戻した時に、1938年のヒトラー・ユーゲントの日本訪問のエピソードが挿入される。戦後生れて、15歳で亡くなってしまう耕一郎は、第二次世界大戦という日本の社会を変えることになったできごとと重ね合わせられ、戦後生き抜いて成功していく一族の中で、虐げられ、その死さえも軽んじられる。しかし、15歳で亡くなっても、耕一郎は人々の中で思い出されては、様々な視点で語られる。その中で、耕一郎と「フテキカクシャ」をめぐるナチス・ドイツのイデオロギーが一致していくという恐ろしい人間の心理が断片となって語られていき、それが小説の中で決して忘れてはならない事柄となっていくのだ。

仙台の旧家の二人の息子である北村永一郎と弟の遼一郎の戦後の人生と彼らの家族を軸に、多くの叔母や叔父が登場し、彼らが生きた過去から現在の生活までを重層的に描きながらも、15歳で亡くなった耕一郎の人生が常にクローズアップされる。仙台に住み大学に通っていた遼一郎は、「あまりの多くの死者を見送った」(『狩りの時代』12頁)ために、生きているうちに自分の子孫を残したいという思いで、急いで戦中に女学生だったカズミと結婚し、耕一郎と絵美子の父親になった。しかし、30代でけんかに巻きこまれて急死してしまい、残されたカズミは、一人で二人の子供を育てることとなる。経済的には比較的恵まれてこそいたが、その耕一郎は、障害を持って生まれ、彼の存在と死は母であるカズミと妹の絵美子にとって重く苦しい記憶となる。

耕一郎の叔母である寛子の語りの中で、耕一郎は第二次世界大戦の敗戦と日本の貧困とに関連づけられる。物理学者として大学での職についた永一郎と共に戦後アメリカに渡り、日本では考えられないような大きな家に住み、子供たちはアメリカ中心の教育を受け、車もある生活をしている妻

第3章 津島佑子と優生学をめぐる対話

の寛子は、自分たちの豊かな生活と耕一郎の死を次のように比較する。

　　一方、日本で生まれ、育っていたこうちゃんはたったの一五歳で他界して
　しまった。もちろん、こうちゃんの短命を日本という国のせいにするわけに
　はいかないのはわかっているけれど、それでも日本の貧しさとこうちゃんの
　不運を切り離して考えることができない。日本があれほどに貧しくなければ、
　と思う。戦争なんかしなければ、とも思う。日本がもっと早く降伏していれ
　ば。（『狩りの時代』11頁）

寛子は、戦前に父親の仕事の関係でアメリカに住んでいたが、戦争勃発を
機に日本に戻り、戦後女子大に進学するが、在学中に若く有能で研究のた
めに渡英する予定の北村永一郎と結婚する。寛子は、美男子で将来性があ
る永一郎との結婚により、戦前のように自由にアメリカ英語を話しアメリ
カ生活を楽しみ、アメリカ生まれの娘たちにはアイリスとローズという名
前をつける。そんな寛子にとって、甥の耕一郎は日本の貧相さや敗戦国が
持つ影の部分でしかない。

さらに、耕一郎の実の伯父である永一郎は、早死にした弟に代わり、義
務感から耕一郎の面倒を見ようと試みるが、結局は耕一郎が6歳の時に、
渡米してしまう。彼もまた、幼い耕一郎を治療できる病院を探すなど努力
はするが、豊かなアメリカにのみ込まれてしまう。それどころか、耕一郎
を6歳まで病院に閉じ込めることになる。「病気」の耕一郎を医学の力で
直すことができることのみに執着し、ダウン症等への理解も無く、他の者
と同様に感情も知性もある耕一郎を理解しようとはしない。まだ赤ちゃん
だった耕一郎を永一郎が病院へ連れて行った際、友人で若い有能な医者
が、永一郎相手に診察室で次のような話をする。

　……いや、ひどいもんだね、ヒトラーはユダヤ人だけでなく、障害者や老人
　まで社会的に有用ではないという理由で、殺していたっていうんだから。こ
　うなると、ヒトラーはひとりの人間ではなくて、人間に潜在するあらゆる悪
　を集約させた記号に思えてくるね。おそろしいのは、どの悪にしても、だれ
　しもどこか身におぼえがあると思い知らされるところだよ。信じられない幸
　運に見舞われてうれしそうにしているだれかを殺したくなるのも、手がかか
　るだけでなんの役にも立たないだれかを殺したくなるのも、結局のところ、

79

人間の本音なのかもしれないって、ちらっと感じさせられるから、ぞっとする。(『狩りの時代』107-08頁)

この有用でない障害者を物理的に抹殺したナチス・ドイツと、精神的に抹殺している自分たちの間に差異がないことを、カズミは見せつけられる。その時は、聞き流しているふりをしたカズミは、帰宅後に、自分の兄たちが戦争中にヒトラー・ユーゲントを見物に行ったことを思い出し、吐き気を覚える。12歳と8歳だった兄たちが、金髪の少年たちにひれ伏したい思いにかられたことを想像し、これが「人間の本音」かと怒り狂い、その夜耕一郎から離れられずに震え続けた。

　この「人間の本音」は、残酷にも、耕一郎の死から15年後に、永一郎の口から発せられる。カズミと絵美子がアメリカを訪問した折に、北村家には美形が多いという話になり、耕一郎も「驚くほど美しい顔立ちをしていた」(『狩りの時代』22頁)ことが永一郎により語られるが、それは耕一郎の障害と対照的に描かれ、カズミの怒りを買うことになる。

　　──……耕一郎もきわだって美青年になりそうな顔立ちをしていたよね。大きくなったら頭の調子がよくなって、美青年になれるといいんだが、と思っていたものだよ。見れば見るほど、残念に感じてね。いつも鼻の下や口の端がただれているんだもの。変なふうに口をひん曲げて、うなってばかりいたしね。ぼくはクリスチャンじゃないけど、なんのために神があの子に与えた美貌だったんだろう、と思ったな。(『狩りの時代』22頁)

障害者への差別は、残酷にも家族の中に長い間潜んでおり、しかもアメリカで成功した科学者の口から告げられるのである。

　この残酷な本音は、母カズコだけでなく、子供から大人へと成長する妹の絵美子にも、恐怖となって襲ってくる。それは、まだ9歳か10歳頃に、同じ年の従弟の晃が耳元でなにかおそろしい言葉をささやいたことに端を発しており、それは「フテ……」という断片でしか記憶されていなかった(『狩りの時代』81-82頁)。その言葉を放ったのは、晃なのか、別の従弟の秋雄なのか、あるいはドイツびいきの達おじさんか、あるいはヒロミおばさんか、絵美子にはわからなくなる。しかし、絵美子は心の中で、必ずそ

第3章　津島佑子と優生学をめぐる対話

れが誰かをつきとめてやりたいと思う。そして中学生になった絵美子は、この言葉が「フテキカクシャ」であり、その意味「不適格者」がナチス・ドイツと結びついて、戦慄が走る。

　…こうちゃんが殺される。無残にその命を奪おうとするひとたちがいる。なぜなら、この社会に「不適格な」存在だから。「不適格者」には「慈悲死」、あるいは「安楽死」を、とナチスは叫ぶ。「不適格者」の排除は差別ではない。合理性に基づく「選別」の判断に過ぎない。ヒトラーはそのように主張した。「不適格者」までを養う余裕を、自分たちの社会は持ち合わせていないので、消えてもらうしかない。はじめのうちは注射で殺していたけれど、やがてユダヤ人虐殺にも使われた毒ガスが登場する。（『狩りの時代』82-83頁）

　そして絵美子が大学進学に悩んでいたころに、ケネディ大統領暗殺事件が起こり、ユダヤ人迫害の詳細を学ぶことになる。そして、大人になった晃と秋雄に、誰がいつ「フテキカクシャ」という言葉をささやいたのかを知ることになる。それは、日本とアメリカで手紙のやりとりをしていた永一郎が創にあてた手紙に、ナチスがユダヤ人だけでなく障害者にも集団虐殺をしていた事実が発覚して話題になっていることを書き、それを創が達に話しているところを晃と秋雄が聞いてしまったのだった。永一郎の無神経さにあきれながら、創も達も、これがカズミの耳に入っていなかったことで安堵していたが、実は子供から子供へと伝わっていたのだ。

　耕一郎の15歳までの成長は、カズミと絵美子の視点から語られ、様々な問題を引き起こしながらも耕一郎の行動範囲は広まり、子供から青年へ変貌を遂げようとしていた。叱られながらも、また迷子になっては警察に保護されながらも、耕一郎は自由に行動しようとする。家の近所の探索は耕一郎にとっては冒険であり、絵美子と一緒に隣家の風呂場をのぞき見に行ったりもする。耕一郎の成長が最も顕著にみられるのは、自転車を乗りこなせるようになり、行動範囲が広くなることである。しかしこの成長も、自転車を乗り捨てては警察に保護されることで、決して評価されない。それどころか、保護された警察から迷惑がられる。保護した警察は、耕一郎の首にかけられた迷子札を調べ、その度にカズミは呼び出されて、耕一郎を引き取りに行くのだが、その時の耕一郎は恐怖におののいている。

81

絵美子と母は警察署の受付で名前と用件を告げる。警官たちは絵美子たち
をにらみつける。それでは、と言い、受付の横にあるカーテンをのぞかせる。
薄暗い部屋の奥に、ぽつんとひとりだけ耕一郎が坐らされているのが見える。
耕一郎は泣いてはいない。けれど不安に体が震えている。母は頭を下げて、
警官に言う。確かに、あの子です。保護していただき、ありがとうございま
した。(『狩りの時代』55頁)

耕一郎が社会的弱者として保護されたという裏には、犯罪者ではないが社
会的に自立できない障害者への冷酷な態度がある。耕一郎は成長さえ認め
られず、余計な時間と手間をかける厄介者として非難の対象となる。
　耕一郎の死は、突然やってきて、耕一郎の時間を止めてしまい、「ふつ
うの十五歳に近づくのに、三十年かかる」(『狩りの時代』30頁)かもし
れない耕一郎の時間を奪ってしまった。

　　耕一郎の心臓は、十五歳で止まってしまった。十五歳って、十二歳の絵美
子から見れば、かなりおとなっぽい。でもまだ、おとなじゃない。中学を卒
業して、高校生になる年齢。ずいぶん大きくなったものだ、とおとなたちに
感心される年齢。とはいえ、こうちゃんの場合、十五歳になってからの進学
は、養護学校の高等部に上がるだけの話なのだったし、頭が急によくなると
いうのでもなかった。けれど十五歳になって、いろいろなことができるよう
にはなっていた。二桁の数字をかぞえるとか、簡単な漢字をいくつか書くと
か、着替えをじょうずにこなすとか。(『狩りへの時代』29頁)

そして、そばで一緒に育ってきた絵美子は、15歳になっていた耕一郎の
ことを思い出す。その頃の耕一郎は思春期を迎えており、体格も男性的に
なり、同様に大人の体になっていた絵美子の胸に触りたがっていた。母親
と妹から耕一郎の成長が確認されており、その二人により人間としての尊
厳が守られていたにも関わらず、それを超えて生き続けることは死によっ
て不可能となり、死により断種されたことになる。
　耕一郎の死は、皮肉なことに、カズミをさらに外の世界から引き離し、
絵美子に一生消えない恐怖心を植え付けることになる。それは、障害者の
耕一郎が、歴史の中で、また社会の中で、さらには家族の中で不適格者と
して抹殺されてきたということが最も許すことができないが故に、最も忘

第 3 章　津島佑子と優生学をめぐる対話

れてはならない存在だということである。障害者の尊厳への問いかけが家
族の中で最後まで続くのである。

4　津島の作品に見るボーダーを超える二つの血

　障害者と同様に繰り返し描かれる弱者の象徴として、津島は二つの異な
る民族の血を引く人々を描いている。そして必ず、そこには強者と弱者の
関係を根底に戦争、侵略、略奪という残酷な行為があり、混血がその残忍
な行為の中で起きる結果なのである。この民族的、そして社会的弱者は、
葛藤を繰り返しながらも、様々なボーダーを超えていく者たちとして津島
は描いている。

　『ヤマネコ・ドーム』の中で出てくる、第二次世界大戦後にアメリカ兵
と日本人女性との間に産み落とされ、両方の親と国から捨てられた孤児た
ちは、敗戦の象徴である。朝美母さんとヨン子の母とママと呼ばれる女性
たちが、自分たちの力で混血と当時呼ばれた戦争孤児たちを引き取り、育
て、養子縁組をするなどして送り出している。ママと呼ばれる八重姉さん
とヨン子の母は従弟同志で、ママは独身のまま子供を産んだが死産だった
ということで、養母としてカズとミッチを引き取る。ヨン子もまた母子家
庭に育ち、同年代ながら、彼らの擁護者であり、理解者である。そのヨン
子が、12歳までともに過ごし、養子に出ることもなく、イギリスの学校
に送られることとなった二人の男の子、カズとミッチについて次のように
心の中で思う。

　　ヨン子は想像する。清潔なおくるみに包まれ、肌の色がちがうふたりの赤
　ちゃんが大切にここまで運ばれてきた。赤ちゃんたちは長いまつげをときど
　き震わせながら、安心しきって眠っていた。どこで、どのような事情で生ま
　れ、このホームまでだれの手で運ばれたのか、そんなことを考える必要はな
　い。だれも赤ちゃんの不幸を望んではいなかったはずなのだし、赤ちゃんを
　産んだお母さんにしてもできることなら、自分のおっぱいを赤ちゃんに吸わ
　せつづけたかったはず。そうよ、とにかくあなたたちは死ななかった。ホー
　ムに来て、それからママの子どもになった。ヨン子の親せきにもなった。そ
　れって、すてきなことだと思わない？（『ヤマネコ・ドーム』69-70頁）

しかし、ヨン子の思いは、その後、差別され排斥されて過酷な人生を送る

ことになった「混血の捨て子」の思いには添えないと思うと口に出しては言えない。ふたりの赤ちゃんは道夫と和夫と名付けられ、ホームに来た日が誕生日となり、ママが後見人となってママと同じ苗字になる3歳まで苗字がなかった。緑の眼をした道夫はミッチと呼ばれ、ココア色の肌で黒のちぢれた髪の毛の和夫はカズと呼ばれることになる。それぞれ、白人とアフリカ系アメリカ人の父を持ちハーフと差別された子供たちで、さらに無国籍で生まれた子供たちなのだ。

　このホームは、アメリカ兵と日本人との子供が生まれたピーク時から子供が養子に出るまでの一時的な救済の場である。その赤ちゃんたちは成長し、一番下の子供が8歳となり、養子縁組で子供の数が減り、最後の養子としてアメリカと国内にもらわれていく子たちがいなくなると、朝美母さんは、精神的にも経済的にも限界を迎え、ホームは閉じられることになる。12歳になると養子縁組がむずかしくなるということで、子供たちは急いでいろいろな場所へ、あるいは家庭に送られていく。

　そのホームが存続して、養母となったママがミッチとカズを育て、ヨン子は母と共にホームに頻繁に出入りしていた時期に、ミキちゃんの事件が起こる。その時に、様々なうわさが、学校の保護者会などでささやかれるが、それは母子家庭で貧しく学校になじめないター坊に関することだけではなく、まるで人間ではないように見られていた「混血孤児」の野蛮性に関するうわさがあった。

　　あるいは、ター坊はひとりだけではなく、黒い子どもたちといっしょだった、といううわさ。ミキちゃんという女の子は白人の米兵が残した混血孤児で、施設で育てられていた。そこには根性が曲がった混血孤児たちがたくさんいた。ター坊は本来、内気で、とてもおとなしい子なので、実際には、野放図な混血孤児たちにそそのかされたのだろう。池でおぼれそうになっているミキちゃんを、同じ施設で育てられた孤児たちはうれしそうに笑いながら見つめていた。そのなかには、孤児たちの友だちだという、近所に住む母子家庭の女の子も混じっていた。米兵の混血孤児たちは、とくべつなつながりを持つその家にときどき遊びに来ていたのだ。（『ヤマネコ・ドーム』135頁）

犠牲になった子供の死を悼むことも、その死に直面して混乱している子供たちへの思慮さえもない。混血が社会から排除されるべき不純物とみなさ

第 3 章　津島佑子と優生学をめぐる対話

れ、子供たちの性質さえも大きくゆがめられてしまう。さらには、彼らに
対する殺人計画があったといううわささえ流れてしまう。

　　広島の原爆で被爆したある男がじつは、子どもたちを操っていたのだとい
　う、かなり凝ったうわさもあった。被爆した男はアメリカを憎み、アメリカ
　兵が日本に残した混血孤児に、その憎悪を向けていた。あんな子どもたちが
　この日本に生きていること自体が許せない、日本のためにも抹殺すべきだ、
　と男は思いつめていた。(『ヤマネコ・ドーム』135 頁)

第二次世界大戦後、特に中国大陸から引き揚げてきた女性たちの中にはソ
連兵に強姦されていた者がいたことが知られており、引き上げ者の女性た
ちには妊娠しているかどうかの検査が義務づけられ、妊娠している場合は
堕胎させたという事実がある (藤目 358 頁)。それは望まれない子供を世
に送り出すことに否定的であったというようなことではなく、混血児を日
本にもたらさないためであった。
　このような混血孤児をめぐる厳しく残酷な社会からのバッシングに対し
ての内的葛藤が語られる。ミキちゃんの溺死は事故として処理されるが、
それでもミキちゃんという 7 歳で死んでしまった子供も、ホームの子供
たちも、またミッチやカズ、そしてヨン子を、朝美母さん、八重姉さん、
そしてヨン子の母は守らなくてはならない。それは、警察という権力や司
法からだけではなく、世間のあらゆるハラスメントからであった。このう
わさという化け物を、ヨン子の母は、「勝手にゆがみ、増殖していく」こ
とを呪う (『ヤマネコ・ドーム』142 頁) が、そのうわさと共に最も恐ろ
しいことは、ミキちゃんの死が子供たちに与える心理的な影響であった。
　混血孤児たちを日本から脱出させてより的確と思われる場所に移住され
ることが最も重要だと考えられた。ミキちゃんの事件があり、12 歳になっ
ていたミッチとカズはイギリスの中学に送られることになるが、それは日
本に彼らの未来が無いという結論に至ったママが出した答えだった。戦後
闇市で成功したママは大金をはたいて二人をイギリスに行かせてイギリ
ス人にしようとするが、2 年後に二人は傷ついて帰国し、日本の学校にも
なじめず、アメリカン・スクールに送られ、英語ができないにも関わらず

85

何とか卒業する。大人になったミッチはその頃のことを次のように思い出す。

　　イギリスの学校での日々も、遠い空に消えかかった薄い飛行機雲同様にしか思いだせなくなっている。ミッチとカズはいつもたがいにしがみつき合っていた。来る日も来る日も、狭くて暗いところにふたりで閉じこめられているようだった。脱走したくてもイギリスからは脱走できっこない、という絶望感にも押しつぶされていた。むしろ、それぞれがひとりだったら、否が応でもまわりに適応せずにいられなくなって、ママの希望どおり、今ごろはそこそこのイギリス人になっていたのかもしれない。（『ヤマネコ・ドーム』159頁）

外見と出目に伴う民族的差異によって、彼らはイギリス人になることを期待されるが、日本語を母語とし日本で育った彼らには、全く異なる環境に適応することはできない。ミッチとカズは、どこにも所属することができず、何度も居場所を変える。仕事をしても続かず、根無し草のように地球上を旅することになるが、結局最後は日本に戻ってくるのだ。

　戦争直後に生まれた彼らは、時代の変化と共に、様々な葛藤と苦悩に遭遇する。20代半ばでカズは京都で庭師の修行を始めるが、家を出て自立したものの男性にあらゆる暴力を振るわれ身が危険となったヨン子がカズのもとへ送られた結果、二人は失踪してしまう。それは、オレンジ色のワンピースを着た女子高生が殴り殺されるという事件が起こった後のことで、「日本に流れる時間のなかで生きることに耐えられなくなった」（『ヤマネコ・ドーム』181頁）二人はヨーロッパに逃避行をする。そしてそこにミッチがやってきて、ター坊以外のミキちゃんの事件に関わった子供たちが集合し、そのヨーロッパという新しい空間で、ホームを出て様々な人生を送っていたかつての仲間たちの話が、ベトナム戦争に振り回されていた時代とともに、語られる。その中で、アメリカに養子に出されたジェフは、医師になる夢を断たれただけでなく、徴兵され、ベトナムへ送り込まれ、行方不明となっている。戦争によって生まれてきた彼らが、父の国である豊かなアメリカに送られたにも関わらず、また戦争に送り出されるという悲惨さを痛感する。そして、徴兵制度を逃れるためにカナダに渡った

第3章　津島佑子と優生学をめぐる対話

トミーの話、さらにはベトナムで軍から逃げ出して行方不明になっているノブの話へと続くのであるが、カズとヨン子は「いくら遠くに逃げても、逃げられないのははじめからわかっていたのに。自分自身から逃げるなんてこと、できるはずはないのに」（『ヤマネコ・ドーム』181頁）と思う。彼らの苦悩は続き、逃げることでその苦悩から脱却することはできないことが示唆されている。

　逃避行から8年目に3件目のオレンジ色を巡る事件が起きた時に、カズ、ミッチ、ヨン子は東京で再会を果たし、再び逃避行することになる。そして疑われているのはター坊ではなくカズとミッチであると、ヨン子は二人に危険な日本から脱出すること説き、カズはニュージーランドへ、ミッチはブルターニュへと渡る。カズは、南半球のマオリの自然の中で、そしてミッチは他のアジア系の血を引く混血児がいるヨーロッパで居場所を探そうとする。日本に残ったヨン子は結婚し、子供を生み、離婚して、シングル・マザーとなった。それでもヨン子は母親と一緒にター坊のことを毎日調べ続けた。そして、9歳でアメリカの白人家庭に養子に出されたサチは、ジョイスとなり、妻子ある男性の子供を産みヒデと名付けるが、死んでしまう。アメリカ人の実父から逃れたヒデには、ホーム出身の「おじさん」や「おばさん」がおり、これらの保護者たちのリレー作戦によって、ヒデはヨン子が引き取り、日本で暮らすことになる。ヨン子と8歳の娘のサラと12歳のヒデとの出会いは、昔のヨン子とカズ、ミッチとの出会いと重なる。逃避行は決してそれで終わらず、新たな出会いと成長、そして次の世代への継承がはじまる旅でもあるのだ。

　独身を貫き子供も残さずに事故死したカズとは異なり、ミッチは愛と子孫を求め、裏切られては、最後まで生残る存在である。ミッチは、ヨン子を思いながらも、40代になって逃避行の間にデンマーク人の女性ソニアを愛し、自分の子供かもしれない男の子ニルスを恋しく思い、捨てられ、そして70歳を過ぎたインドネシア系オランダ人の女性オディールと新たな恋をする。その中で、時間は過去へと流れ、その間に多くの葛藤があったことを悟る。

　　ニルスはあのときのター坊と同じ年になったんだね。カズ、そう思うと、

びっくりするというか、今さら、おそろしくなる。時間は絶え間なく、過去へ、過去へと吹き過ぎていき、そしてまた、いつか未来から吹き戻ってくる。あれからベルリンの壁がこわされ、ブルガリアとかルーマニアといった国々がつぎつぎソ連から離れ、驚いたことに、ソ連までが崩れ去った。そのあいだに、湾岸戦争が起き、それと関係のない交通事故で、ジョイスが死んでしまった。（『ヤマネコ・ドーム』254-55頁）

時間は現在から過去へ、過去から未来へと連鎖しており、関連ない事柄が一人の人間の人生の中では重なり合う。ソニアがニルスを連れて出て行ったことは、ミッチとの別れを意味したのではなく、チェルノブイリ原発事故が起こったために、金持ちのスウェーデン人の男性とマヨルカ島へ避難することも意味した。この放射能をめぐる話題は、ママたちが話していたことと重なり、日本という原子爆弾の被災国が自分の背後にあることを痛感する。

　ボーダレスな時空に生きて恋、裏切り、結婚、離婚、ママの死などをホーム出身者が経験していき、それでも人生が続いていく中で、自分が親になるという経験をして、親とは何かという問いに答えることができるようになる。

　　朝美母さんがいて、ミッチとカズにはママがいて、それでじゅうぶん。父親？　なんの興味もない。だって、はじめから完璧に存在しないものをどのように思うこともできない。気がつけば、ヨン子にも、ター坊にも、父親という存在は欠けていた。父親とはそうしたものなんだ、きっと。（中略）でも母親はちがった。ママがいつも、ミッチとカズの母親として、そばにいてくれたから。朝美母さん、ヨン子のお母さん、それにター坊のお母さんもいたから。強引に、このように考える自分を、カズは自分で恥じずにいられない。孤児のみっともない強がりにほかならないじゃないか、そうわかっていても、自分を守るために考えを変えることができない。（『ヤマネコ・ドーム』223頁）

父親が日本人であれアメリカ兵であれ、父親が国家や社会を支配したり戦わせたりする存在である一方で、母親は自分たちを守ってくれる存在なのである。その朝美母さんもママも死んでしまい、母という自分が帰る場所を喪失する。そしてカズが事故で死んだ後に、9.11が起こり、ミッチは

第3章　津島佑子と優生学をめぐる対話

3.11 の津波で引き寄せられるように日本に戻ってくる。介護が必要となった母を看取り、サラとヒデを送り出した時に被災したヨン子とミッチは、残されたター坊の母親を救いに行く。そして彼らは、放射能汚染で膨れ上がった東京から、過去から、すべての苦しみから脱出しようとするのである。

『ヤマネコ・ドーム』と同様に、『狩りの時代』においては、戦争により明確となった日本とアメリカとの差異が、民族という観点から語られ、さらにドイツを巡り民族的な優生が描かれる。

15 歳で死んでしまった耕一郎と対照的に、耕一郎の叔父や叔母、従弟たちは日本という敗戦国を出て、より豊かな世界に価値を見出そうとする。その根底にあったのは、第二次世界大戦中に日本を訪問したヒトラー・ユーゲントへの憧れであったことは皮肉である。それは、後に耕一郎の母となるカズミの兄弟たちに起こったことなのであり、彼らのドイツ崇拝は大人に成ってからも続く。12 歳の創、8 歳の達、そして 6 歳のヒロミは、ナチス・ドイツへの思想の危険性を父親に指摘されながらも、ヒトラー・ユーゲントの一行が地元甲府駅を通過する時に、何とか見たいと思い、出かけて行く。ヒトラー・ユーゲントとは、特別に選ばれた「ドイツの総統を守る青少年たち」として日本の少年たちの憧れとなる。

　　軍隊ではないけれど、軍隊にとてもよく似た規律の厳しい組織で、少女のためのユーゲントもあるらしい。純粋なアーリア人種しか入れてもらえないのはどうやら本当の話のようで、両親だけではなく、祖父母、曽祖父母まで、あるいはもっとさかのぼって、純粋にアーリア人種かどうか調べるのだという。そんなことが可能なのかどうかはべつとして、なんのためにそこまで厳しく調べるのか、日本人である創には理解できない。たぶん、優秀な人種だから、という理由なのだろうけれど。(『狩りの時代』65-66 頁)

このヒトラー・ユーゲントは、1922 年に、第一次世界大戦に敗れ連合国から孤立していた時代に、ドイツ国民の心をつかみ、特に「ドイツの青少年にときめきと達成感、同志愛、冒険、そして偉大なるドイツの大いなる未来を約束する組織」だったという（ルイス 10 頁）。それ以前からドイツではワンダーフォーゲルなどの活動を中心とする青少年組織が存在し

ており、その活動の一部はヒトラー・ユーゲントに応用されたと言われているが、実際は競合する青少年組織を制するのには時間を要し、1933年にヒトラーがカトリック系を除く非ナチスの青少年運動を禁止した後に本格的となったという（ルイス 12-13 頁）。ヒトラー・ユーゲントは、無知な幼い子供からナチス・ドイツの思想に洗脳していき、6歳から民族的純血であるという審査に合格した者のみが入団を許可され、12歳になると肉体も精神もナチス・ドイツのイデオロギーに合うように改造されていくのだ。この肌が白く青い眼の少年たちは、その競争心や攻撃性などの男性的な本能をかきたてられて、ナチス・ドイツの仕掛けた罠にはまっていった。

　　　ひとたび網にかかると、ナチの国家主義、軍国主義、人種差別主義、反ユダヤ主義、民族によって優劣があるという概念、同性愛者や知的障害者、さらにはアーリア人の理想型からはずれる者はすべて排除すべしという思想を、なんの抵抗もなく受け入れることとなった。（ルイス 11-12 頁）

この子供たちは、様々な場面で利用されるが、1943年創設のヒトラー・ユーゲント師団の団員は、戦場に送られて最前線で戦死を遂げたという（ルイス 14 頁）。
　しかし、創、達、ヒロミたちとヒトラー・ユーゲントの一行に何が起こったかは秘密であった。彼らの威力に圧倒され、その優位性にひれ伏し、裸になって踊った少女ヒロミの姿は、戦後白人に身を売る日本人女性の姿と重なる。ヒトラー・ユーゲントは、将来ナチス・ドイツのエリートを担う選ばれた若者たちであり、その後戦場に送られることになる。即ち、他国への侵入、女性への暴行、そして略奪に関わる者たちである。そしてこの子供時代のできごとは封印され、姪の絵美子が「フテキカクシャ」の話を誰から聞いたのかという疑問を抱き続けた結果、ついに暴露される。
　このヒトラー・ユーゲントに魅了された創、達、ヒロミたちは、戦後大人に成るに従いナチス・ドイツが犯した罪の大きさを知り、どこかでその事実を隠そうとする。創は、戦後出版社を立ち上げ、仕事の内容から、

第3章　津島佑子と優生学をめぐる対話

「注意深く、ヒトラー・ユーゲントを甲府駅に出迎えてはじめて味わった個人的な悲しみにつながる事柄を避けなければ」ならず、呪いのように、「体の奥から苦悩を伝えつづけている」（『狩りの時代』164頁）。そして、達は、「ヒトラー・ユーゲントへの思いを引きずりながら」、ナチス・ドイツが行ったことにショックを受けて、水資源について研究することになった（『狩りの時代』164-65頁）。創とは異なり、達はそれでもドイツが文学、哲学、音楽などですばらしい業績を残していることには評価を惜しまず、息子の晃にはその話をしている。一番小さかったヒロミは、二人の兄とは異なり、音楽を通じてドイツを好み、結婚して渡米した後には、夫を捨てて自由奔放な暮らしをする。そのヒロミ叔母さんからついに手紙をもらった絵美子は、そこにヒトラー・ユーゲントをめぐる「恥ずかしいこと」（『狩りの時代』189頁）の意味を知る。創は美しいドイツ少年が「暴れないように」ヒロミを差し出しキスさせるように仕向け、達はそのドイツ少年とけんかになりそうになった時に、ヒロミが咄嗟に衣服を脱いで裸踊りをしたことで、助けられた。彼らには優生民族であるアーリア人に服従しなければならないという恐怖があり、子供心に直感的に絶対服従をする。ヒトラー・ユーゲントが持つ威力や完璧性に圧倒され、その統一された美学が実は恐ろしいイデオロギーで支えられたものであることを知った後でさえ、完全に逃れることはできない。

　最後に、『ジャッカ・ドフニ』のチカは、日本が北海道開拓をすすめていく際に、産み落とされた子供であり、鉱山に入植した和人の父親は、子供を身ごもったアイヌの若い娘を捨てて、失踪してしまうという点から考えると、津島が取り組んできた捨てられた孤児の物語である。『ヤマネコ・ドーム』の中では、第二次世界大戦に関わる混血、その過程で、勝戦国で占領軍として日本にやって来たアメリカと原爆を落とされた敗戦国である日本との間に生まれた子供たちの「混血孤児」に焦点が当てられていた。しかし、『ジャッカ・ドフニ』においては、近代日本の発展史には避けることができない侵略の歴史があり、それが現代史における朝鮮半島や中国大陸への侵略だけでなく、今の日本地図ができあがる前の世界が描かれ、その決定していないボーダーの淵から零れ落ちていった混血孤児の問題が取り上げられている。

日本という国が発展していく過程において国内の勢力の統一がされる南北朝時代、室町時代、そして徳川幕府の時代にかけて犠牲となっていったアイヌやウィルタなどの少数民族の声を、津島は探し求める。それは、2011年に閉館されたサハリン少数民族のウィルタの資料館「ジャッカ・ドフニ」に対して、1620年前後の樺太に生まれたアイヌの血を引くチカの物語を解き明かしていくことにより、歴史を再構築し、そこに埋もれた人々の声と人生を再生させることであった。それは、ウィルタ語で「大切なものを収める家」という意味の「ジャッカ・ドフニ」に込められた意味と同様、失われ、忘れ去られていく民族の歴史と物語を書き留めておかなければならないという津島の強い意志がここにある。

　「ジャッカ・ドフニ」に象徴される少数派民族の人々の元へ戻ることは、魂の救済を意味している。3.11で福島原発事故に恐れている東京に住む「わたし」は、26年ぶりにジャッカ・ドフニが閉館されると聞き、「アバシリ」を訪れる。「わたし」は「あなた」として語り直され、そして物語は重なり合って、真実に近づいていく。そして時代は、資料館が開設されたころの1985年にもどり、さらには少数民族に関しての知識が全くなかった1967年へとたどり着く。

　2011の現在の「わたし」は、東北に大地震と津波が、そして福島原発の事故が起こった6か月後に北海道に旅にでる。それは、シングル・マザーでダアという息子を育て、その子供が8歳の時に出かけた最後の夏休み旅行がこの地であり、その地での出会いは孤独であった「わたし」を資料館の創設者であるゲンダーヌさんが暖かく迎え入れてくれたことによる。そして、26年前にダアを連れて行った1985年に戻り、ダアの事故死を体験した「あなた」は「弱い立場の人間は、少しでも強い立場に立とうとする。ところが、強い立場の人間は弱い立場に関心を持とうとはしない。弱い立場の人間は口を閉ざしていればいいんだ、としか思わない」（『ジャッカ・ドフニ』216頁）と思う。最後には、1967年の「あなた」の初めての北海道旅行へと戻る。20歳前の「あなた」は、無防備で無知で、オオハクチョウを見たいがために「クシロ」までたどり着くのであるが、観光化されていく中で本来のアイヌのことが心の中に残り、最後には次のように自問自答する。

第3章　津島佑子と優生学をめぐる対話

　あなたは立ち止まる。今からでもふたたび、アカン湖のアイヌ・コタンを
訪れるべきなのだろうか。そして、はたちになったばかりのこのシサムに、
あなたたちの歌を教えてくれますか、と問いかけるだけ問いかけてみよう。
　いや、この近くにもアイヌ・コタンはあるはず。あなたは思いつく。でも、
どこにあるのか見当もつかない。町まで戻って、だれかに聞かないかぎり、
あなたにはわからない。まして、ウィルタやニブヒについては、もっとわか
らない。トナカイ遊牧？　胸がことんと鳴る。見たいもの、聞きたいものば
かりが、どんどん増えていく。（『ジャッカ・ドフニ』458頁）

過去へ遡ることで、北方の少数民族が経てきた壮絶な歴史が明らかにな
る。昭和初期に生まれたゲンダーヌさんは、日本政府により日本人が設置
したアイヌやウィルタなどの北方少数民族の居留地オタスの杜に収容さ
れ、日本語を教える「土人教育所」に通わされ、北川源太郎という日本名
に改名され、軍国少年に造り替えられていった。オタスの杜の中では、そ
れぞれの少数民族が互いを尊重しながら、ウィルタたちはトナカイ遊牧民
族としての生活を維持していたという。しかし、彼らの尊厳は失われ、戦
争中には利用され、自分たちが暮らしてきた土地で後からやって来たソ連
と日本の犠牲者となり、戦後は功績も犠牲となったことも認められること
もなく、忘れ去られていった。

　サハリン島の南部が日本領だった時代に生まれたゲンダーヌさんは、日本
の特務機関によって現地召集され、ソビエトとの国境付近の偵察などに従事
し、戦後、スパイ幇助の戦犯としてシベリアのラーゲリに計十年近くも収容
された。正式に釈放されてから、先に兄が日本に引き揚げていた事情もあり、
ふるさとのサハリンには戻らず、日本への引き揚げ船に乗り、「日本人」の北
川源太郎となって、アバシリに住んだ。それから、日本政府に軍人恩給の請
求をつづけたけれど、正式の軍人ではなかったという理由で受け入れられな
かった。ゲンダーヌさんの存在は、そのことでも知られていた。（『ジャッカ・
ドフニ』23頁）

戦後の日本が再建され、その中で日本人として生きてきた北川源太郎は、
自らの出目を明らかにし、北海道で生存するウィルタとして認識され、
1978年に「ジャッカ・ドフニ」を完成させたとなっている。

記憶と共生するボーダレス文学

　一度は北川源太郎となったゲンダーヌさんがウィルタとして名乗り出て
「ジャッカ・ドフニ」を開設するまでには、多くの戦いがあった。1967 年
の「あなた」が古新聞を半分眠りながら読む部分は、当時の日本が北方少
数民族に対しての問題解決ができていなかったということだけでなく、そ
の問題が日本人の意識の中にほとんど皆無であったことを示唆している。

　　ベッドに入って、うつらうつらしながら、古新聞の紙面をながめる。地元
　の新聞なので、シリーズの飲み物として、サハリンの戦前から戦後にかけて
　の人種的事情や旧ソの開発を巡る問題などが書かれている。けれど眠気が強
　すぎて、記事の内容はぼんやりあなたの頭を通り過ぎていってしまう。トナ
　カイの遊牧のウィルタ（今まで、オロッコと呼ばれていた）のこととか、戦
　後南サハリンがソ連領になったため、多くの朝鮮人が見動きのつかない状態
　になったこととか、オロッコやギリヤーク（ニブヒともいう）も日本兵とし
　て駆り出されていたこととか、アイヌの貧困問題とか……。（『ジャッカ・ド
　フニ』451 頁）

　この「わたし」と「あなた」を紡ぐ現在から過去への旅は、日本におけ
る北方少数民族の歴史への旅であると同時に、彼らの太古から伝承されて
きた神揺「カムイ・ユカラ」の普遍性を確認する旅でもある。1967 年で
の旅でアカン湖の無人土産物屋で見つけた、アイヌの本、という小さな本
の中から、その伝承文学を知ることになるが、最後にクジラをうたった歌
が、波の向こうから聞こえてくる。その本には、次のような定義がある。

　　アイヌの歌や踊りは、世界でも類を見ない豊富さを誇っています。ホメロ
　スの叙事詩をしのぐと言われる英雄叙事詩「ユカラ」は少年英雄の活躍を歌っ
　ていて、なかでも最も有名です。
　　また神々がうたう神揺「カムイ・ユカラ」も広く知られています。
　　古くは、地震や嵐などの自然現象や病気、狩りのためのまじないとして、
　日常的に歌がうたわれました。自然界とそのなかで生きる自分たちの生活に
　対する宗教的な観念が生きていたのです。熊送りなどの儀式の歌、仕事の
　歌、子守歌もあります。自分の思いを即興でうたう叙情歌もあります。……
　（『ジャッカ・ドフニ』441 頁）

そしてこの「カムイ・ユカラ」が、科学で観測する以前の、人間と自然と

第3章　津島佑子と優生学をめぐる対話

の共存から生まれた歌であり、2011 年には津波の「カムイ・ユカラ」が
受け継がれてきたことが描かれているが、そこには古代から継承されてき
た文化遺産の見えない力が存在している。

　2011 年から 1967 年に遡る一人の女性の物語と反比例するかたちで、
1620 年から 1673 年まで生きたチカの物語は、現代史の中で虐げられてき
た北方少数民族の物語のルーツでもあり、樺太から日本の本州を貫き、長
崎からマカオに到着し、そしてマカオからバタビアへと渡って、再構築さ
れていく物語になっている。チカの生い立ちは記録に残っているわけでも
なく、謎につつまれているが、語り伝えられた断片と想像とで、隠れキリ
シタンの少年で兄のような存在となるジュリアンからチカに語られる。

　『ジャッカ・ドフニ』においてチカが最後の人生を送ることになったイ
ンドネシアは、度重なる植民地支配により複雑で多様な民族の混血がすす
んだところとして設定される。『ヤマネコ・ドーム』に出てくる 70 代の
オディールは、インドネシアのオランダ統治下に生まれた混血クォーター
の歴史と第二次世界大戦中に日本軍が侵略した時にオランダへ戻った混血
の子供たちの歴史を象徴している。

　　オディールの体には四分の一、インドネシアの要素が混じっている。イ
　ンドネシアをオランダが支配していた時代、オディールの祖父が地元の女性と
　のあいだに子どもを作り、日本軍がインドネシアにやって来たとき、祖父は
　子どもだけをオランダに連れ帰った。それが、オディールの父親で、インド
　ネシア女性の祖母の行方はわからなくなっているという。長いこと植民地時
　代を経験したヨーロッパでは、そうした混血はさほど珍しくない。自分が混
　血孤児であるミッチはヨーロッパをうろつくあいだ、そのことにも気がつか
　されるようになった。それがヨーロッパのひとたちに特有の影を残している。
　（『ヤマネコ・ドーム』274 頁）

　オディールはオランダ人でありながら、アジアの血を引いており、裕福
な夫が残したパリ郊外の森の奥にある要塞の原型をなんとかとどめている
古城に住んでおり、失業中だったミッチをアルバイトの助手として雇う
が、オディールとミッチの間に母子のような愛が生れる。彼女にはロンド
ンとミラノに独立した息子がいるが、夫が亡き後今まで収集してきた資料

記憶と共生するボーダレス文学

を整理するという、自分の人生の終活に入っている。そしてもう一つの終活は、死ぬ前に自分のルーツがあるインドネシアに訪れることだった。そのアジア大旅行の間に、ミッチの故郷である日本にも立ち寄るという予定を立てて、二人は日本にやってくる。二人は英語で会話をし、互いのルーツと人生を共有していく。実母がいなかったミッチが養母であるママを失った後、新しい母親に出会うような経験をする。二人が出会って8年経ち、インドネシアを第二の故郷として長期滞在し、その間に何度も日本を訪れていたオディールをヨン子は次のように感じる。それは、ミッチと双子の兄弟のように育ったカズが事故死し、同時多発テロが起きて、世界観が大きく変わった時だった。

　　ちょうどそんな時期だったのよね。カズ、あなたもオディールが気に入っていた。あのひと、きれいな英語を話すね、身のこなしもとっても優雅だし、気のせいか、あのさびしそうな表情がアジアっぽく見えるね、と言って。
　　　　　　　　　　　　　　　　　　　　　（『ヤマネコ・ドーム』302頁）

徐々に年老いていくオディールは母のようにミッチの仕事のことを真剣に考え、自分の趣味でインドネシアで買い付けたアジアンテイストの衣服や雑貨を山のように送ってきてくれて、ミッチは一度はやめてしまったママがしていた仕事に戻ることになる。この大地のようなインドネシア人の血をひくオディールのルーツが、『ジャッカ・ドフニ』の中に存在する。それは、特に長崎に在住していたオランダ人などの民族の血を引く子供たちが、徳川幕府の追放令により、マカオとバタビアに船で送られたということである。そして、チカが共にマカオからバダビアに逃避行をした人々、そして彼女がバダビアで出会った人々には、様々な民族の血が流れているのである。チカ自身が、その後のバダビアの多民族性の構築に一役買っており、北の大地からやってきたアイヌの女性が、南の地に根を下ろし、数世紀もかけて命を紡いできたのである。

5 結 論

　津島は、生涯を通じて、現代社会が持つ歪みとそこに生きる女性や子

第 3 章　津島佑子と優生学をめぐる対話

供、障害者やマイノリティなどの弱者を描いてきた。特に死を前にして、第二次世界大戦と 3.11 が津島にとって避けることができない大惨事であり、その物理的破壊力が人間に与えた影響は津島にとって永遠のテーマであったと言えよう。日本遺伝子学会は、2017 年 9 月に、「優性」「劣性」という言葉遣いを「顕性」「潜性」と変えた。しかし、劣性という言葉に差別があるのではなく、この優性にも恐るべき概念が含まれていることを忘れてはならない。1948 年から 1996 年まで存在した旧優生保護法下で障害がある人たちへの不妊手術が、国に委任された都道府県が強制的に行ったという問題に対して、現在事実確認と救済策が検討されている。『朝日新聞』によると強制不妊手術を受けた人は少なくとも 16,475 人はいるとされ、厚労省は 2018 年 4 月から実態調査に着手する。各地で被害者やその家族、また不妊手術を行った医師も名乗りを上げているが、資料が残っていないケースが多く、障害者の人たちの意志を徹底的に無視し、非人道的な政策が公然と行われていた。

　これらの人間の尊厳を無視した差別概念を超えて、津島が生涯追求した人間の本質は、どんなイデオロギーにも打ち勝っていく人間の精神性であった。

注

本論は、2016 年 11 月 24 日から 26 日にオーストラリアのシドニーで開 催 さ れ た 2016 International Conference on Languages, Literature and Linguistics において口頭発表し *Proceedings* に出版された "Voices against Violations" の一部と、また、2017 年 3 月 15 日から 17 日にイギリスのオックスフォード大学で開催された Oxford Symposium on Religious Studies において口頭発表した "Re-Mapping of Faith and Violence: the Ordeals of Hidden Christians in Endo Shusaku's *Silence* and Tsushima Yuko's *Jakka Dofuni*" の一部を、修正加筆したものである。

第4章　ジョセフ・オニールが描くディアスポラ
――『ネザーランド』におけるボーダーを超えていく声たち

1　序　文

　アメリカ合衆国において、グローバリズムは政治、経済、社会、宗教、文化、環境に至るまでの様々な課題を残し、21 世紀を駆け巡った。これらの課題は、ポスト 9.11 文学において、グローバルなレベルで起こる様々な大惨事を経験した人々の声がボーダーを超えて描く方向へと向かう。ジョセフ・オニール（Joseph O'Neill 1964-）の小説『ネザーランド』（*Netherland*）は、2008 年に出版され、2009 年 PEN ／フォークナー賞を受賞し、さらにブッカー賞の最終候補にもなった力作である。オニールは、多様な文化と言語のバックグランドを持ち、また作家になる前は法律家だったという職歴も異彩を放つ。オニールは、アイルランド人の父とトルコ人の母のもとに生まれ、トルコ、イランで暮らしたのち、12 歳でオランダに渡り、イギリスのケンブリッジ大学に進学する。大学では法律を専攻し、ロンドンで法律の経験を積んだのち、アメリカに渡り現在に至る。世界の様々な境界線が崩れていく 21 世紀において、オニールの存在自体が現代社会を象徴し、彼のポスト 9.11 文学作品である『ネザーランド』こそが、その特質を最適に表現したものなのであろう。

　『ネザーランド』には、ポスト 9.11 の世界に起きた人間性を危機に追いやる深く複雑な葛藤には、歴史に深く根ざし植民地主義によって様々な土地や民族に移植された矛盾や不条理が根底にあることが如実に描かれている。タイトルのネザーランドが植民地時代のニューヨークの名の一部であるように、時間と空間が現代のニューヨークを超越して、オニールは独自の世界を構築していく。時間は、ニューヨークとロンドン、そしてオランダのハーグ、さらにオランダ人のアメリカ入植に遡り、インド、パキス

タン、バングラデシュ、スリランカ、ジャマイカ、そしてインド人が奴隷として渡った西インド諸島のトリニダード（Trinidad）やセント・キッツ（Saint Kitts）にまで巡る。その時間と空間を繋げているのがクリケットであり、そのスポーツは植民地に広まり、19世紀にはアメリカでも一度は定着し、ほとんど野球やフットボールにとって変わられても、その後新たにアメリカにやって来た旧植民地からの移民によって受け継がれている。オランダのハーグ、ロンドン、ニューヨークの間をさ迷う語り手のオランダ人アナリスト、ハンス・ファン・デン・ブルーク（Hans van den Broek）は、イギリス人で弁護士の妻と息子との別居生活の中で、現在から過去へと身を投じる。そして、彼が知り合ったトリニダード出身のインド人ビジネスマンのチャック・ラムキッスーン（Chuck Ramkissoon）は、クリケットがアメリカでメジャーなスポーツとしての地位を取り戻し、新たな世界を創り出す可能性に賭け、新たなコミュニティ形成を目指すが、行方不明となり、2年後死体で発見される。

　ポスト9.11で崩壊した価値観をどのように取り戻すのか、それは主人公である若い夫婦の間にも、ブルックリンに住む様々なバックグランドを持つ南アジアからの移民たちの間にも、そしてブッシュ政権でイラク戦争を飲み込んでいく中で、ある種の葛藤となり、それを超えることにいかに時間がかかるかということは、この作品が7年をかけて完成したということに呼応している。『ネザーランド』の執筆中にブッシュ政権からオバマ政権に代わり、オバマはことのほかこの小説が気に入ったとされている。しかし、この小説の中でハンスの妻レイチェル（Rachel）が何度もアメリカを非難し、今後まだ続くであろう大惨事を予想しているように、政権が代わってもアメリカが世界を震撼させる戦争から手を引くことはなく、政治的に小説をどのように理解すべきかを論じる参考書『ジョセフ・オニールの「ネザーランド」とオバマ政権下のアメリカ』まで出版された。

　9.11はオニールにとって出会うべくして出会った必然的なテーマだったのだ。そのテーマとの対峙に関して、「僕のバックグラウンドのせいだね。ホームグランドが無いから、ポストナショナルな流れに身を任せるしかない」（Skidelsky n.pag）と語っている。即ち、9.11によりアメリカがグローバル化によって起こしてきた世界的経済危機と政治危機、それ以前

第4章　ジョセフ・オニールが描くディアスポラ

にアメリカという巨大国が誕生し、アメリカ大陸やアジアが発見される前にヨーロッパ帝国主義と植民地主義の時代があった。そして、大航海時代の前に、キリスト教とイスラム教の勢力争いが続いた。そのような大きな流れがあった結果、オニールのような多民族・多文化アイデンティティを持つ者たちが世界中に誕生したのだ。

　オニールにとってグローバルなテーマは、時代が求めただけでなく、彼自身にとっても、常に求めていたものだったのだ。オニールは『ネザーランド』で、アメリカが9.11後に体験したメジャーな混沌を描いているのではなく、ニューヨークの裏の世界で、名もないタクシードライバーや飲食店で働く南アジア出身の移民たちを中心に日常が繰り広げられ、唯一のささやかな余暇の楽しみとしてクリケットに興じる世界を描いている。小説の中で、ハンスは、アメリカで外国生まれの者たちがクリケットをしているという場面を、社会学者の言葉を借りて、「移民たちのサブコミュニティ探し」（156頁）と述べているが、それをさらに深く解釈する。それは、第一次世界大戦中にイギリス人兵士が「遥かなるティペレアリー（"It's a Long Way to Tipperary"）」という故郷を思う歌を歌ったように、各自のティペレアリーから遠く離れた異郷で、「一致団結してこの不公平な事態を忘れようとして」いるにも関わらず、一人一人は、「まったく理解できない類のホームシック、つまり地理の上や歴史の上に自分の居場所を見つけられない不安とかかわりのある望郷の念を抱いている」ことだと自覚する（156頁）。

　しかし皮肉にも、「遥かなるティペレアリー」は、第一次世界大戦を象徴する曲というだけでなく、軍歌として認識されるようになり、現在でもイギリス連邦の軍隊での行進曲になっている例もある。また、戦争に関わる映画やオペラ、ドキュメンタリー映画においても、様々な時代、異なるコンテクストで使われている。そして、軍歌としての枠から離れ、様々な国で替え歌が創られてもいる。この「遥かなるティペレアリー」のように、『ネザーランド』は、地球を駆け巡って来た声が、いかに押えつけられようと、文化、宗教、政治的なボーダーを超えて紡がれてゆく旅の物語なのである。

2　クリケットと共に旅する時間

　オニールの『ネザーランド』では、常に時間が旅をしている。それは、9.11 により、それ以降どのような生活を送っていくのか、あるいは自分はどの方向に進んで行くのかという考えに取りつかれるのと同時に、過去に戻らざるを得ない。それは、今まで自分がどのように過ごしてきて、今ここに辿り着いたのか、それまでにどのようなことがあったのかということに対する確認と再確認である。9.11 は、それだけ多くの課題を残った人々に残した。

　『ネザーランド』における時間は、2006 年にロンドンに戻って妻と息子との新たな生活を始めたハンスのもとに、チャックの死体が発見された知らせがニューヨーク市警から届くところから始まる。そして、時間は 2002 年に遡り、チャックとの初めての出会いの話になり、2003 年まではロンドンとニューヨークの間を行ったり来たりしながらクリケットにのめり込み、2004 年から 2005 年には家族との和解に向かい、そして最後にまた 2006 年にチャックの葬儀に出るためにニューヨークを訪れるところで終わる。しかし、その間、2001 年の 9.11 以前の時間、即ち、ハンスはイギリスでのレイチェルとの出会いと 1999 年にイギリスからニューヨークへ移住した時間に、さらにはオランダで過ごした子供時代と母との時間に戻る。チャックは、1975 年にトリニダードから新婚でニューヨークに移民としてやってきてビジネスを始めるまでの時間、さらにはトリニダードでクリケットに傾倒した子供時代へと戻る。その背後には、14 世紀に始まったヨーロッパ大航海時代まで遡る時間の大きな渦が存在する。そして歴史は繰り返し、地球規模の民族間の葛藤、侵略、略奪、破壊、最悪の場合は絶滅が何度も繰り返されてきた歴史がある。

　時間こそが、9.11 で様々な傷を負った人々にとって最も必要なものだった。小説の中で、ハンスは、人は皆時の流れの中にいて、注意しておかなければ、「何週間あるいは何年にもわたる逆潮にいつの間にか足を掬われ、面倒なことに巻き込まれてしまう」（85 頁）と思う箇所がある。また、その時間とは、自分の人生の中でごく最近起きたことにも、またすでに忘れてしまったほど昔に起こったことも、生まれる前に起こったことも含むものである。

第 4 章　ジョセフ・オニールが描くディアスポラ

　オランダ生まれのハンスは、9.11 後に妻と息子がロンドンに戻った後もニューヨークでホテル暮らしをしているが、偶然に巡り合ったステタン・アイランド（Staten Island）でクリケットにのめり込むところが小説の中核にある。このクリケットは、ハンスがオランダのハーグで子供のころに知っていたクリケットではなく、今までとは異なる居心地の良さを感じるクリケットであった。彼と妻レイチェルは、1999 年の夏、偶然にブロンクスのヴァン・コートランド・パーク（Van Cortlandt Park）でクリケットをしている人々を見たことがあり、そのクリケット場は荒れ放題で試合は混沌としていた。彼らのクリケット自体が正当なものとは言えないクリケットで、その時は、「陽気な大混乱」（14 頁）としか見ていなかった。キャリア・アップのためにアメリカに移住してきた二人には夫婦間の問題もなく、レイチェルは妊娠 7 カ月で、9.11 前の平和な日々には、この異質なクリケットはハンスの興味の対象ではなかったのだ。

　それから 3 年後の 2002 年の夏、9.11 後に世界が崩壊し、夫婦間の絆が壊れ、精神的に不安定になったハンスが、このクリケットとの出会いにより、さらにクリケットで世界を変えようとしているチャックに出会うことによって、今までとは異なる方向に動き出し、彼は新たな旅に出ることになる。ハンスが偶然に知って飛び込んだステタン・アイランド・チームは、出身地がトリニダード、ガイアナ、ジャマイカ、インド、パキスタン、スリランカと様々な民族の混合チームであり、対戦相手は、出身地セント・キッツ島のチームであった。その中に、勇敢にもハンスはたった一人の白人として参加し、「孤独から逃れるために何年もずっと遠ざかっていたクリケット」（14 頁）に興じる。この旧英領出身のチームメイトたちは宗教も様々で、ヒンドゥー教徒、キリスト教徒、シーク教徒、イスラム教徒の混合であるが、なんと、試合前は共に祈りを捧げるのだ。一方で、この相手チームは同じ西インド諸島セント・キッツ島出身であるが、自分たちのことをキティティアンと呼ぶように独自のアイデンティティを持ち、大勢の観客を連れてやってきている。ハンスは、チームメイトと共にクリケットをプレイするようになり、週末には近隣の様々なクリケット場に行っては、その土地のチームと対戦する。ハンスは、オランダでクリケットをしていた時とは全く異なるチームメイトや対戦相手の民族的、文

103

化的、宗教的差異が渦巻く中で、クリケットという共通項を認識し、新しい経験をする時間を過ごすことになる。

　ハンスが遭遇したように、21世紀のニューヨークで、オランダと南インドとのコミュニティができる意外性が、実は歴史を紐解くことになる。オランダは、非イギリス連邦であるにも関わらず、クリケットが盛んで、ハンスも幼い頃にクリケットに夢中になったことがあった。クリケットは16紀にイギリスで誕生したと知られているが、その語の起源は中期オランダ語であり、しかもスポーツ自体もフランドル地方が起源とされている。そして、ハンスをクリケット場建設のプロジェクトに誘いこむチャックは、実名をカームラジというトリニダード出身のインド系移民である。この全く相反する者同士の出会いが、ハンスにクリケットをめぐるディアスポラを求める旅に向かわせるのだ。

　クリケットには、その起源から発展、国外への発展とその変遷の軌跡を追っていくと、そこには大英帝国の構築、発展、そして衰退に至るまでの時間の推移がそのまま表わされている。大英帝国の植民地支配により、アメリカ、カナダ、オーストラリア、ニュージーランド、アフリカ、インド、西インド諸島、太平洋地域一帯が支配下あるいは自治領となるのであるが、そこに様々な職種の英国人が持ち込んだものの中に、英語や様々な英国文化、文学に伴い、スポーツがあった。大英帝国とスポーツに関して、次のよう記述がある。

　　帝国というものは、軍事力のみによって統合されていたわけではない。英国人がもってきたものは、植民地現地人の重要な階層に訴えることの多かった広範な文化的実践だけでなく、一連の強力な思想と信念であった。（中略）特定の英国のスポーツが大英帝国の最果ての地にまでもたらされただけでなく、これらのスポーツがどのように競技されるべきかという観念、そしてまた、これらのスポーツに固有の社会的意味づけまでもが、サッカー・ボール、クリケット・バット、ボクシング・クラブとともに普及した。（メイソン xii 頁）

様々なスポーツの中で、「植民地的保護領に導入したスポーツのなかで、支配者たちが被支配者たちに学ばせるのにもっとも重要な道徳的教訓を含んでいるようにみられたのが、クリケットであった」（メイソン xiv 頁）

第4章　ジョセフ・オニールが描くディアスポラ

と言われているように、クリケットの普及には目を見張るものがあった。これは、団体競技が将来国を背負う人材を養成するという意味でパブリックスクールの教育に取り入れられたように、植民地の被支配者にも取り入れられており、その中でクリケットが大英帝国の道徳規範を伝えるのに最も必要なスポーツだったという。また、公式には潔白を表す白いユニフォームを着用することが義務付けられており、一日がかりの試合では昼食だけでなくアフタヌーンティーの時間も設けられており、イギリスの上流階級の規範と習性を集約していると言えよう。クリケットは帝国主義のイデオロギーに色付けされていき、拡散する英領の支配者層が持ち込んだ余暇を楽しむスポーツが、英領の被支配者にも伝わり、大英帝国の精神性、価値観、慣習が植え付けられたのだ。

　『ネザーランド』の中で、クリケットの判定を巡ってけんかとなった後に両チームが反省会をする場面で、チャックが「クリケットではない」という英語の表現に「立派な行為ではない」という意味があることを説明して、参加者にクリケットの礼節を思い起こさせる（20頁）。

　　“立派な行為ではない”というものだ。納得できないことがあるとき、われわれは“クリケットではない”と言う。“野球ではない”とか“サッカーではない”などとは言わない。“クリケットではない”と言う。これはわれわれがやっているゲームへの敬意、われわれへの尊敬の念から来ている」（中略）「しかし、敬意を払われたほうには義務が生まれる。これを見てくれ」チャックはスタテン・アイランドの選手のユニフォームについている紋章を指差した。「“ルド・ルダム・インシニア・セクンダリア”とある。私はラテン語はわからないが、こういう意味だと言われている」（20頁）

「クリケットではない」という表現も生まれるほど、クリケットは正当性を象徴しており、それが21世紀のアメリカで、しかも南アジア系の移民の口から出てくるのである。しかも彼らはウイスキーのコーラ割にテイクアウトの中華料理を食べながら、真剣に話し合いを行っている。現代アメリカに生きる移民たちが、その現実とは全く異なるイギリス19世紀の価値観を持ち続けようとしている。

　英国は、植民地だけでなく他のヨーロッパやラテンアメリカにもスポー

105

ツを含む様々な文化を輸入した「世界的貿易国」であり、特にクリケットはオランダやアルゼンチンだけでなくアメリカ合衆国においても英国人の間で浸透した（メイソン xvi 頁）。しかし、イギリスに対して世界に君臨しつつあり、イギリスだけでなく様々なヨーロッパからの移民によって成り立っていたアメリカにおいては、英国のスポーツに対する抵抗が存在し、最終的にクリケットは浸透しなかった（メイソン xvi-xvii 頁）。アメリカは、ラグビーをアメリカン・フットボールに形成し直し、バスケットボール、バレーボール、そして野球を形成し、それらをアメリカが代表するスポーツとして成長させて世界的に普及することになる。

　クリケットの歴史は、大英帝国発展の歴史と植民地化の歴史と共にある。クリケットは、英国におけるスポーツの起源に遡るほど古く、最も古い資料は 13 世紀末のエドワード 1 世のラテン語に関する記述だというが、16 世紀には南英で "creckett" として記録されており（グッドマン 16 頁）、18 世紀末には国民的なスポーツとなっていたという。クリケットは南英から北と西に広まり、1787 年には、後にクリケットの最も権威ある組織となるメリルボーン・クリケット・クラブが設立された。クリケットは、芝生がクリケット場であったことからも英国のカントリーという空間に根付き、その秩序はそのカントリーの地主貴族がボールを投げて小作人がそれを打つという階級にそぐうものだったというほど階級制度に基づいている。その秩序と正当性が英国の支配層を養成するパブリックスクールの中でも取り入れられていくことになる。

　植民地においては、皮肉にも、クリケットによってヨーロッパ帝国主義が優先している中での不平等に基づいた民主主義を植民地支配に使ったのである。大英帝国の拡大と共にクリケットは国外でも盛んになり、19 世紀中頃には国際試合が開催されていた。現在の国際クリケット連盟の加盟国は 10 各国で、オーストラリア、イングランド、ニュージーランド、パキスタン、西インド諸島、インド、スリランカ、ジンバブエ、バングラデシュ、南アフリカ共和国である。現在世界最大のプロリーグは、インドのインディアン・プレミアリーグで世界のトップ選手が所属している。その経済効果は、『インディア・トゥデイ』（*India Today*）によると、2015 年の売上は 210 億円と言われている。これらの国々には、もともとは少数

第4章　ジョセフ・オニールが描くディアスポラ

の支配者層であったイギリス人入植者が自分たちの余暇のためにクリケットを持ち込んだのであるが、アメリカとカナダ以外では、ほぼ国技に近いところまで発展したことは皮肉である。しかも、そこには奴隷の反乱や独立運動、そして20世紀中ごろまで続いた人種問題が大きな壁となって立ちはだかってきたにも関わらず、クリケットは消滅するどころか大きな発展を遂げた。

　グッドマンとメイソンによると、イギリスがアジアにおいて最も重要として統治したインドにおいては、皮肉なことに、クリケットがイギリス統治下において最も排他的であったこととクリケットが本国イギリスをしのぐクリケット大国となり世界を制覇していることの間に大きな差異が生れる。インドにおいては、1721年に東インド会社の船員たちがボンベイでクリケットを行ったとされており、1792年までにはカルカッタ・クリケット・クラブが設立されていたという。これらは白人のクリケット・クラブであり、被支配者であるインド人にとっては最も遠い世界であった。しかし、インド人にクリケットを開放することは、イギリスにとって政治的な効果があるという考えが、イギリス人副王たちに浸透したという。当時のインド大陸では、ヒンドゥー教、イスラム教、パールシー教、バラモン教、ローマ・カトリックと様々な宗教が対立し、しかも厳格なカースト制度が存在していた。彼らを大英帝国に同化させる目的で、クリケット場の建設を促進し、宗教別に現地人チームを作る。1848年にパールシー教徒という少数派集団が現地人初のクラブであるオリエントを作り、優れた選手を生み出して、1886年には初めてのインドチームとしてイギリスに遠征している。その成功をインド全体に応用すべく、ボンベイ総督だったハリス卿を筆頭にそれに続く総督たちが、1890年代から20世紀初頭にかけて、現地人へのクリケット普及に全面的に尽力した。また同時に、インド貴族階級子弟の教育に関しても、インドにイギリス式パブリックスクールをつくり、キリスト教と同時にクリケットを導入した。そして、インドの王族の血を分けた最も著名なインド人クリケット選手、K. S. ランジートシンジ（K. S. Ranjitsinhji）（1872-1933年）を生み出すことになり、クリケットによる大英帝国のイギリス文化支配は成功することになる。

　インドと同様に英領となる西インド諸島におけるクリケットは、白人

107

のみのスポーツであったが、徐々に白人とアフリカ系黒人との混血のエリートにも広がっていく。C. L. R. ジェイムズ（C. L. R. James）は、トリニダードで自分自身がカレッジを出た後にどのクリケット・クラブに属するかという問題に直面した時に、クリケットの実力ではなく社会階級、宗教、肌の色がそれを決定するという現実に直面し、特に庶民階級の間では肌の色が大きな問題であったことに衝撃を受け、その後の彼の思想、政治活動に大きな影響を与えたことは有名な逸話である。ジェイムズがトリニダードを去る前の人口は、「その大部分が実際に肌が黒い人びと、そして15 から 20 パーセントが白と黒のさまざまな異なる配合の色の人々から成っている」（89 頁）と語っているが、それに加え、白人の中では白に近いほど優位に立っていたことがトリニダードにおける複雑な背景であったのだ。

　そのような複雑なトリニダードに、南アジア系移民が参入してくる。西インド諸島における南アジア系移民とは、現在のインド、パキスタン、バングラデシュ、スリランカであるインド亜大陸からの移民が、1833 年の大英帝国における奴隷貿易禁止令と共に、アフリカからの奴隷と入れ替えに、労働不足を補うために、英領であったインドから契約労働者が英国領に渡ったことが契機と言われている。第一次世界大戦後には、海外に移住したインド人は約 420 万人とも言われた。1830 年代には、サトウキビのプランテーションでの労働者として、主に、モーリシャス、ザンジバル王国、フィジーへ、1870 年代以降は南アフリカ、マレーシアなどの東南アジアへ、そしてトリニダード・トバゴ、南アフリカのガイアナ、東アフリカのダンガエーカ、ケニア、ウガンダに移民として渡っている。1947 年のインド・パキスタン分離独立後には、イギリス、カナダ、アメリカに渡る者が増加し、それに加えウガンダでのアフリカ化によりアフリカを追放されたインド移民がイギリスへと渡る。そして時代と共に、肉体労働から知的労働へと労働の種類も変化していき、肉体労働者は主に中東に、知的労働者は主に欧米に移住し、1980 年代以降は、IT 産業に携わるインド人が世界のグローバル都市に移り住んでいる。このような南アジア系移民は、英国領の中において、アフリカ系カリブ人とともに人種差別の対象となった。

第4章　ジョセフ・オニールが描くディアスポラ

　西インド諸島の中で中心となる、トリニダード・トバゴはカリブ海の小アンティル諸島南に位置するトリニダード島とトバゴ島の2島なる共和国で、イギリス連邦加盟国である。1498年のコロンブス3回目の航海時に発見され、先住民族であるカリブ族とアラワク族を抑えたスペインに征服されて1532年にはスペイン領となる。その後、1797年にトリニダードはスペイン領からイギリス領に、1802年にはトバゴがフランス領からイギリス領になり、1888年に両島は統合される。1962年に独立し、イギリス連邦加盟国となる。トリニダード・トバゴの2017年政府の報告によると、人口の比率は、アフリカ系が37.5％、インド系が40％、混血が20.5％、その他はヨーロッパ系と中国系で占めている。宗教は、カトリックが26％、ヒンドゥー教が22％、英国国教会が8％、セブンスデーアドベンチスト教団が4％である。

　また、ハンスが初めて対戦する相手が、セント・キッツ出身者で占めるクラブであるが、トリニダード・トバゴと同様、セント・キッツも植民地支配で多くの犠牲を払い、イギリス連邦加盟国となった国である。正確には、フェデレイション・オブ・セイント・キッツ・アンド・ニィヴィス（Federation of Saint Kitts and Nevis）というキッツ島とニイヴィス島の2島からなる小国で、イギリス連邦王国の中で立憲君主制国家として、現在もイギリス国王が同国の国王を兼ねている。1493年にコロンブスに発見され、1623年にイギリス人サー・トーマス・ワーナーが入植するが、1625年のフランス入植伴い、先住民族であるカリブ族は大虐殺され、生き残った者は追放されたという。サトウキビのプランテーション運営のため少数の白人入植者に多くのアフリカ系黒人の奴隷を送りこんだ。1664年には英仏間の間に争いが起き、最終的に1713年に正式に英領となる。2005年にはサトウキビ栽培を停止し、現在では観光を主な産業としている。アフリカ系黒人が86％、ムラートと呼ばれる混血11％、ヨーロッパ系が3％と言われている。公用語は英語で、宗教は英国国教会とローマ・カトリックが占めている。

　以上のように、カリブ海領域、特に小アンティール諸島出身の移民のルーツを調べてみると、彼らの存在自体が実はヨーロッパ帝国主義と植民地主義のもとで作られてきたものであることがわかる。コロンブスが

109

記憶と共生するボーダレス文学

1492 年に西インド諸島を発見して以来、ヨーロッパの二大勢力であっ
たポルトガルとスペイン間の争いが絶えなかったため、教皇アレクラ
ンデル 6 世が 1494 年に設定したトーデシラス協定（The 1494 Treaty of
Tordesillas）により、非キリスト教であるヨーロッパ以外の世界の新領土
の支配権を二分割して、ポルトガルは東周りで、スペインは西回りで世界
制覇を目指したことに起因する。そしてその裏には、イスラム教とキリス
ト教の壮絶な戦いがあり、キリスト教による非キリスト教世界への制覇は
最も重要な課題であったのだ。

　このヨーロッパの帝国主義と植民地主義、そしてキリスト教の庇護のも
とに、スペインが残酷にもカリブ海領域に侵入し、先史時代から生きてき
た先住民族をほとんど撲滅した。コロンブスが初めてカリブ海領域に到達
した時には、アンティール諸島にもともとアラワク（もしくはタイノ）、
シボネイ、カリブの 3 種の先住民族がおり、それぞれの中で複数の首長
社会をつくっており、その数は 75 万人を超えていなかったという説が有
力だという（加茂 22 頁）。その彼らは、殺戮、強姦、そして過酷な労役
や疫病により、生命も尊厳も侵略者たちに奪われたのだ。1492 年にコロ
ンブスがサンサルバドル島を発見したことをきっかけに、1502 年には本
格的な植民地建設が始まり、先住民を制圧してエンコミエンダという征服
者への制度を駆使して、金山などで過酷な労働に従事させた。スペインか
らの移住者も 1 万人を超えた頃、先住民が減少し、スペイン人たちはプ
エルトリコ、ジャマイカ、ハバナへと移っては、同様の手口で植民地支配
を続けていき、金と労力となっていた先住民族が減少すると、カリブ海領
域を捨てて、より巨額な富をもたらす大陸、特にメキシコやペルーへと移
動した（加茂 25-26 頁）。スペインがカリブ海領域の先住民族を撲滅させ
て利益を得るという方法は、カリブ海植民地化の王道となってしまった。

　スペイン人たちが大陸に移動した後に、イギリスとフランスがカリブ海
領域に入り、スペイン人たちが手を付けていなかった小アンティール諸島
の植民地化に乗り出し、本国から連れてきた契約奉公人を労役に従事させ
るが、17 世紀後半から始まった砂糖革命により、大規模は砂糖のプラン
テーションが出現する。それによって、小規模な定住移民地から大規模な
奴隷制度に基づくプランテーション植民地へと移行し、スペイン人には価

110

第 4 章　ジョセフ・オニールが描くディアスポラ

値が無いと思われたこれらの小島は巨額の富を生み出す宝となっていった（加茂 29-30 頁）。即ち、後発のイギリスとフランスは、労働不足を補うためにアフリカから奴隷を連れてきて、白人入植者に都合が良い社会を形成していったのだ。この奴隷制度はスペイン統治下ですでに始まっていたとされるが、それを拡大していったのがイギリスであり、16 世紀から奴隷制が廃止されるまでの間、カリブ海領域には推定 420 万人の奴隷が特に西アフリカから連れて来られており、これは南北アメリカ大陸に運ばれた黒人奴隷全体の 42％であり、この奴隷たちがカリブ海領域に広がり、少数の白人と多数のアフリカ系奴隷という社会を構成していく（加茂 33-37 頁）。イギリスの奴隷支配は非人道的であったとされ、労働の厳しさに耐えかねた奴隷の逃亡、自殺、さらには集団での反乱が相次ぎ、イギリス本国で起った奴隷貿易廃止の運動の結果、1807 年には奴隷貿易は廃止される。その後、奴隷の改善等を目指して、各地で大規模な奴隷たちによる反乱が起き、ついに 1833 年に奴隷制度廃止法が制定された。実質的に奴隷制度が完全に廃止されて、奴隷が自由の身になったのは 1838 年であった。英領と同様に、仏領、オランダ領、スペイン領などでも奴隷制が廃止され、その結果カリブ海領域にはアフリカ系カリブという社会が確立されていくことになる。特に西インド諸島の英領植民地政策は、北アメリカとは異なりイギリス人領主が不在で行われており、次第にアムールと言われる混血の数が増え、クレオール文化が栄える。

　奴隷制が廃止されると、19 世紀初頭から英領ではインドから契約労働者を調達し、奴隷同然に労役に就かせたことにより、西インド諸島にインド移民の社会が構成されることになる。これは、イギリス政府が植民地インドの人口問題を解決することと奴隷制度廃止後のカリブ海領域のプランテーションでの労働不足の解決という二つの課題が一致したことによる（内藤 28 頁）。今日、彼らの子孫は合計約 100 万人以上とされ、その多くがトリニダード・トバゴとガイアナに居住している（内藤 27 頁）。インド人の契約労働制度は 1845 年から 1917 年まで続いたというが、彼らはその契約が終わっても定住化した。契約労働制度は非常に厳しいもので、インド移民たちは契約した農地以外での居住も認められず、実質的には奴隷に近い状況に置かれていたという。しかし、1860 年末から、契約期間

111

終了後の無料帰国権の放棄を条件として、インド人に公有地が与えられることとなり、インド人の農地への定住が進み、19世紀末から20世紀初頭にかけてはトリニダードで譲渡された土地の3分の1はインド人の所有となった（内藤30頁）。これは、トリニダードの歴史において、初めての小農階級の出現を可能としたと言われているが、同時にインド系子弟のための教育が宣教師によって始まり、その教育を受けキリスト教に改宗したものたちが中心となってインド人の組織を作っていくことになる。しかし、イスラム教徒とヒンドゥー教徒は自分たちの宗教を維持し、1920年代にはインドにおけるM. K. ガンディーによる民族運動のスローガンである自治、国産品奨励、そして非暴力抵抗などの影響もあり、宗教やカーストを超えた東インド人としてのアイデンティティへの覚醒を導く指導者や大きな影響力を持つ宗教団体が誕生した（内藤34-35頁）。

　これらの西インド諸島には、ごく少数のプランターなど上流階級の白人たちは本国に残った為、定住はしなかった。それでも、白人がもたらした政治、経済、言語、文化、宗教は確固として残り、特に英領ではクリケットが大きな位置を占めた。

　しかし、英語が公用語になろうともクリケットが最も重要な礼節を学ぶスポーツとして受け継がれても、英領において人種差別は容易には消なかった。しかも、有色人種の加入を認めることは人種差別撤廃という考えに基づいてはおらず、有能なクリケット選手を確保し試合に勝つためであったという（グッドマン33-34頁）。西インド諸島でも、1806年にはブルバドス島で西インド諸島初のクラブであるセント・アン・クラブが設立され、1842年にはトリニダード・クリケット・クラブが設立された。特にバルバドス島にはパブリックスクールが3校あり、白人とアフリカ系のエリート教育を担っていて、クリケットを使って大英帝国の精神を植え付けていたのだ（グッドマン32頁）。西インド諸島の統一チームは、それぞれ国ごとのナショナリズムの異なりはあれ、統一チームは「国家のプライドというよりは、むしろ人種のプライドを表象している」（グッドマン33頁）と言われているように、クリケットには白人のみのチームからアフリカ系やムラート、南アジア系のメンバーが加入するようになり、西インド諸島において重要な価値観を培う共通文化となっていく。

第4章　ジョセフ・オニールが描くディアスポラ

　クリケットは、本当に英領を正しい道に導いたのか？クリケットにおける人種差別や社会変遷に伴う葛藤に関しては、前述のトリニダード出身のジェームズが名著『境界を越えて』（*Beyond a Boundary*, 1963）において鋭く指摘している。1910年にアフリカ奴隷の子孫としてトリニダードに生まれ、クリケット選手、クリケット記者であり、作家であり、また西インド諸島の独立運動に携わった革命家でもあった彼は、「西インド諸島の自治統治のために」と「これではクリケットとは言えない」即ち、それは公明正大ではないという思いが一緒になって成功したという（ジェームズ402頁）。彼は、1932年にイギリスに移住し、トロツキー派マルクス主義グループに入るが、1938年に講演目的でアメリカに入国した後15年滞在して政治活動を続けた。1950年にはトロツキー派から離脱し、1958年にはアメリカから追放され、イギリスやトリニダードなどを転々としながら、西インド諸島独立運動やパン・アフリカ運動に力を注いだ。ジェイムスの著作『西インド諸島独立政府案』（"Case for Wear-Indian Self-Government"）は、ヴァージニア・ウルフと夫のレナード・ウルフが運営していたホガース出版から1933年に出版されている。ジェイムズは、サバルタン研究の先駆者と崇められており、現代においてもポストコロニアル研究者に大きな影響を与えた人物なのである。21世紀になってもチャックはクリケットの正義と礼儀を信じて時間を巻き戻そうとするのだ。

3　塗り直される地図

　世界が発見されるごとに地図は塗り直され、戦争が起こるたびに、国境は書き換えられてきた。そして、グローバル化が進み、そのために様々な大惨事が世界中で毎日のように起こる21世紀は、毎日でも地図が塗り替えられていく時代となってしまった。そしてアメリカは、政治・経済を中心に様々な意味で、その地図の塗り替えのきっかけをつくってきた。そのアメリカでなぜクリケットを復興させようとするのか？それは、19世紀に白人たちによって支持されたにも関わらず消えていったクリケットに、その後アメリカに移民としてやってきた旧英国領、特にインドを中心とする南アジア人たちがアメリカで興じている点に皮肉があり、それが彼らが植民地支配時代からグローバル化が進みボーダーが消滅しつつある時代に

記憶と共生するボーダレス文学

至るまで共通して存在した記憶なのだ。

『ネザーランド』の中で、チャックはアメリカにおけるクリケットの歴史的意義とアメリカにおける現実に関して的確に要約している。

百年以上、毎年このウォーカー・パークでクリケットの試合がおこなわれてきたにもかかわらず。このグラウンドがクリケット用に作られているにもかかわらず。この街にいいクリケット場があるか？ない。ひとつもない。ニューヨーク地区には百五十以上のクリケットクラブがあるにもかかわらず。クリケットが世界で、いちばん競技人口の多い、いちばん早く普及したバットとボールを使うゲームであるにもかかわらず。そんなことは気にもとめられていない。この国にわれわれの居場所はない。われわれは物笑いの種だ。（21頁）

ウォーカー・パークは、ステタン・アイランド・クリケットクラブが1872年に設立された後、1920年までクラブが所有していたと語られている。その後、1930年代に新チューダー様式のクラブハウスが建築され、小説の中ではニューヨーク市公園レクレーション課が所有しているにも関わらず、ほとんど忘れ去られ、公園課の職員も「幽霊みたいな存在」としか認識していない（11頁）と説明されている。アメリカに入植したイギリス人がクリケットを行ったという記録は、18世紀にヴァージニア植民地の農園主の日記に記されており、その1世代後には『クリケッターたち』（1763年）と題するクリケットの上流階級のプレイヤーたちの肖像画が描かれている（グッドマン20頁）。また、独立後もクリケットの人気は衰えることなく、全盛期には、歴史に名を残しているクリケット選手がここで試合をしたのだ。その歴史と過去の栄光が、このクリケット場にはあり、明らかにアメリカにおけるクリケットの地位が明確に示されている。

チャックが敗退していくクリケットの復興を願い最高のクリケット場を造ろうとするのは、それがビジネスチャンスにつながるということだけではなく、アメリカという多民族国家で自分たちの地位を誇示することにもある。チャックは、アメリカで黒人である気分を味わうなら、クリケットの白い服を着てみればよいと言うが、それはイギリスにも排斥され、アメ

第4章　ジョセフ・オニールが描くディアスポラ

リカにおいても人種差別に遭遇している南アジア系移民が抱える二重の葛
藤を表している。そして、アメリカでクリケットが地位を復活すること
が、自分たちの地位と歴史の記憶をアメリカに刻むことでもあるのだ。

　その一つが、現代におけるニューヨークの十分な設備が無く数も不足し
ているクリケット場をめぐる現実と理想のギャップであり、そのギャッ
プを埋めることは、すなわち理想的なクリケット競技場をふくむスポー
ツアリーナを造ることである。小説の中で、この夢は崩れ去るのである
が、2013 年には、ブロンクスに 12 フィールドも設置した新しいクリケッ
ト場がヴァン・コートランド・パーク（Van Cortlandt Park）に造られ
た。2013 年 5 月 5 日の『ニューヨーク・タイムズ』では、"Sport of Many
Nations Finds a Home in Brox" というヘッドラインで、ニューヨークに住
む東インドと南インドなどの様々な国からの移民とその子孫にとっていか
にクリケットが重要かということと、この新たな競技場のことがレポート
されている。

　ハンスが所属するステタン・アイランド・クリケット・チームは実在す
るクリケット・クラブで、ハンスがニューヨークで初めて南インド移民の
チームメイトと試合に参加したウォーカー・パーク（Walker Park）はス
テタン・アイランドで唯一のクリケット場である。小説の中ではニュー
ヨーク市の公園課が公園の南西に野球場を設置したために、ソフトボール
の公式試合が終了するまでクリケットのプレイヤーがグラウンドを使用で
きなくなったと描かれている。ソフトボールをしている白人プレイヤーと
入れ替えに、クリケットをする南インド出身の移民たちが競技場になだれ
込む状況は、クリケットがいかに虐げられたスポーツであるかということ
と、南インド移民がいかに民族的差別の対象となっているかを物語ってい
る。

　チャックがなぜここまでクリケットにのめり込んでいるのかは彼自身
が、11 歳の時にトリニダードの村で、父親に反対されながらも、サトウ
キビ畑の納屋でこっそりクリケット試合のラジオ放送を聴いては、西イン
ド諸島出身のアフリカ系選手が活躍していることに歓喜し、「世界の広さ
を知った」ことだと言う（196 頁）。その中でチャックが夢中になった伝
説的なクリケット選手のフランク・ウォレン率いる西インド諸島代表有色

115

人種チームのインド遠征と 1960 年から 1961 年のオーストラリア遠征は、クリケットの技術や勝ち負けだけではなく、トリニダードなど西インド諸島をめぐる政治に大きな影響を与えた。それは、ウォレンが白人のキャプテンに代わってキャプテンになったこと自体に意味があり、そのウォレンの資質の高さに多くの人が共鳴したことに意味があった。それを、ジェイムズは、政党の機関誌『ネーション』に、ウォレンがクリケットの達人であるだけでなく、人々から敬意を集め、キャプテンとして大きな成功を収めた事を「誰もが認める事実」として記事にした（ジェイムズ 339-400 頁）。

　トリニダードでは、アフリカ系黒人は都市部に、南インド系移民の多くは農業に従事していたため耕地に住んでいたという。チャックの故郷であるラスロマスの村でも、クリケット人気の波が押し寄せ、ラスロマス・クリケットクラブに村の運動場を耕して、本物の競技場を造ることが提案され、村をあげて 4 年がかりで大格闘するが失敗する。トリニダードの土も気候もそれを邪魔し、費用も労力もかかることがわかり村人からは反対意見がでて、この案は頓挫してしまった。そして死ぬまでクリケットに反感を抱いていたチャックの父は、彼に決してクリケットをさせなかったために、なんとチャック自身はクリケットを一度もプレイしたことがないという。この皮肉な状況にも関わらず、チャックにはクリケットに対する異常ともいえる情熱がある。それは、クリケットの西インド諸島の有色人種チームの代表が結成され、キャプテンが生まれ、ラジオ中継から流れてくる世界的な活躍が、西インド諸島のプライドとなったからだ。それは、ちょうど 1960 年代にアメリカにおけるアフリカ系アメリカ人による公民権運動と同時期のことであり、西インド諸島の自治を目指して政治活動をしていたジェイムズによると、西インド諸島の政治的運命がかかっていたと言える。

　1975 年にトリニダードからアメリカに移住したチャックは、ポストコロニアル時代の幕開けとも言える時代の寵児であり、旧植民地のインド系移民が住む農村での生活から逃れて、さらに新しい天地を求めるインド人の代表でもある。チャックが、自分は西インド諸島という僻地からきたクーリーだと言い、「職なし、金なし、権利なし」（172 頁）と言う。西イ

第4章　ジョセフ・オニールが描くディアスポラ

ンド諸島に移民でやって来た南インド出身者はクーリーと呼ばれ徹底的に差別され、彼らの名称が西インドに対して東インドからやってきたということで東インド系西インド人（East Indian West Indians）と認められるには20世紀を待たなければならなかった。チャック自身の母方が南インドのマドラス出身であるように、彼らの多くが現在のウッタル・プレデーシュ、ビハール州、西ベンガル州、南インド出身で、経済的理由のために年季労働者としてやってきて、成功する者も出てきたが、小農園という限られた経済基盤から離脱することは困難でもあった。そしてそこで生まれて育った2世のチャックは、さらに良い生活を求めてアメリカに移民としてやってくる。

　アメリカでは、第二次世界大戦後の戦後景気の中で産業界での人手不足が著しく、新たな移民の受け入れが必要となり、段階的に移民法が改正され、出身国ごとに移民枠が設けられ、再び非白人の移民がアメリカ社会になだれ込むことになった。さらに、1960年代の公民権運動の影響で、1965年には人種差別条約を撤廃した移民法が施行された。この時期の移民は、19世紀初頭の肉体労働者としての移民ではなく、高等教育を受け、専門知識を持つ点で、エリートであった。すでにアメリカで留学していたインド人も母国で高等教育を受けたインド人も、専門家としてアメリカ社会に入ってきていた。さらに、英語圏の西インド諸島出身の南インド人がアメリカへ移住することに関して、チャックは、ニューヨーク都市部における1990年代以降急激に増加した南インド人たちは、掃除婦やタクシー運転手になりにきたのではなく、情報産業、医療、その他の高度な技術を要する産業に参入するために来たと言う。チャックは、2000年の国税調査では、南インド系の数は50万人とされているが、実際は倍以上いると推定され、この10年間でニューヨークにおけるインド人の人口は81％、パキスタン人は150％、バングラデシュ人は500％増えていると力説する（104頁）。さらに、チャックは、各地域で、それぞれの出身地のヒンドゥー教の大掛かりな祭りが開催され、地域の学校の校庭や駐車場では子供たちがクリケットをしていると語る。アメリカにおける西インド諸島出身の南インド人の移住の変遷をみてきたチャックには、このアメリカこそがクリケットを復興させるべき空間なのである。アメリカも地図が塗

117

り替えられ、そして新たな色が添えられていくのである。

　西インド諸島からの移民が多く渡った東部、特にニューヨークには、彼らのコミュニティが誕生し、衣食住、宗教から教育、スポーツに至るまで急速にそこに新たな文化圏を創りだした。この塗り替えられていくニューヨークを体験し、その特異性を感じ、代弁するのがハンスであり、彼が視覚、聴覚、臭覚、味覚、触覚という全ての五感を使い、そして鮮明に記憶し、彼の率直な言葉で表現する。西インド諸島出身者たちと初めてクリケットをした時には、そのクリケットの特異性に驚くと共に、一人時間通りにフィールドに着いてしまうという決定的なミスを犯す。その上、彼らが話す英語、即ち彼らにとっての母語である西インド諸島の英語が全く理解できなかった。しかし、それ以来、チームメイトの車に乗せてもらったり、一緒にマイクロバスで、フィラデルフィア、ニュージャージー、ロングアイランドまで遠征するハンスは、車の中で流れる陽気な西インド諸島特有のチャツネ・ミュージックの中にともに身を沈め、また土曜日にウォーカー・パークで開かれるファミリー・ディでは男たちが料理するチキン・カレーやレンズマメのプーリに舌づつみを打つ。ハンス自身にとって未知なる文化圏が、クリケット・チームに存在することを体験する。

　このクリケット・チームに凝縮された文化圏は、チャックをめぐる様々な人物、彼らが集うレストランや結婚式などの儀式、そしてチャックが住む西インド諸島の人のコミュニティがあるグルックリンのフラットブッシュ・アベニュー、さらにはチャックの二つの名刺と複数の会社名などに広がり、現代のアメリカの縮図が提示される。34歳で「自己分裂」している（66頁）と自覚しているハンスは、そのつなぎ目を探して、狭く深い世界に入っていくのだ。

　ハンスのポーカーゲームの仲間であるインドのバンガロール出身のレストラン批評家であるヴィネイ（Vinay）はニューヨークで穴場的な安食堂を専門に記事を書いているのであるが、その仕事自体と彼の各記事の真価に対する疑問が浮上する。彼はチャイナタウンからハーレム、マンハッタン以外にも足を延ばし、ネタが無くなるとダッカ出身のインド人のタクシー運転手など数名のタクシー運転手に情報提供を求めるのである。彼の情報源は安食堂に精通しているタクシー運転手で、しかも専門的知識を

第 4 章　ジョセフ・オニールが描くディアスポラ

持って記事を書いていると思っていたところ、ヴィネイと共に時間を過ご
せば過ごすほど、ニューヨークの食に関しての闇に近づき、ハンスは懐疑
的になる。ヴィネイはこれらの安食堂で働く移民たちを、英語もろくに話
すこともできない無能な人種として軽蔑し、嫌悪感さえ持っている。さら
に、ヴィネイは自分自身が、安食堂ではなく一流のレストランの取材をす
る十分な資料と「市民を啓蒙するだけの資質があると信じて」いる（67
頁）ほどプライドが高いのである。南アジア人が常連客のパキスタン料理
の安食堂で、ヴィネイが彼らが食べているのが 3 ドルのナンと野菜だと
言い捨てる。その上、客の多くが食を楽しむのではなく、テレビから流れ
るパキスタン対ニュージーランドのクリケット試合の中継に夢中になって
いるのだ。クリケットにも興味が無く、「カラルー」というタロイモの
葉っぱのことも知っているヴィネイは、自分たちの中のエスニック料理の
中にある特殊性を評価することもしないし（72 頁）、カラルーから連想す
るトリニダードのマラカス湾の風景や復活祭の話題にも入っていかない。
ヴィネイを鏡として、ハンスは同様の疑念を職場の同僚に感じ、彼の記事
が「誤解を生みだし」てそれを広めているだけ（68 頁）と結論付け、エ
スニックな安食堂を書き込む地図の中に自分が住む社会の矛盾を発見する
のである。
　ヴィネイと同様、インド系として多角経営をしていると自称している
チャックはハンスにとって「避難所」（175 頁）のようになるが、彼もま
た謎に満ちており、ニューヨークにおけるビジネスチャンスを狙っている
狡猾でありクリケットの正当性を純粋に信じるという率直な人格という二
面性を持つ人物である。ヴィネットと最後に入ったパキスタン料理店で初
めてチャックに出会い、彼が食産業とクリケットの両方に関わっているこ
とを知るが、その二つの領域を象徴している 2 枚の名刺に差異が示唆さ
れている。その 1 枚の名刺には、ユダヤ教徒の掟に従った料理であるコー
シャで寿司を作って、ユダヤ家庭に仕出しをしている。ユダヤ系に対する
ビジネスをインド系の自分が一人でできないことを周知しているチャッ
クは、マイク・アベルスキー（Mike Abelsky）というユダヤ人を相棒にし
て不動産会社を作り、彼を名目上の代表にして 25％手数料を払っている
（174 頁）。25 歳で妻とニューヨークにやって来たチャックは、妻がベビー

119

シッターをしていた裕福な家の別荘で修理の仕事を始め、改装業を営むことになり、バングラデシュ出身者のみのセメント職人のチームやアイルランド出身のペンキ職人のチームを作るなどして、民族別に労働者と技術者を分類して、成功する。しかし、市民権を得ても、不動産業においては、ビルの所有者がユダヤ人に独占されている社会では有色人種が所有権を持つことができずに、アベルスキーの民族性を借りることになる（173頁）。学歴も専門技術も、アメリカにおける安定した社会階級も持たない農村出身のチャックが、ニューヨークに渡り、様々な仕事について苦労をした上で、法律の網を潜り抜けては何らかの方法を見出してきたことは生き残るためのすべであったのだ。

　そしてもう一つの名刺が、ハンスとチャックとの繋がりを特別なものにしていくことになる「チャック・クリケット有限会社」の社長という肩書を示す。チャックが始めたばかりの新しいビジネスに、メガバンクで働いていることを自己紹介したハンスは、巻き込まれていくのである。そして、運転免許試験での失態に落胆したハンスは、5番街に戻って来た時に、名刺に書かれている会社に足が向く。垂れ幕には「チャック・クリケット会社」とあるが、203号室にはチャック・クリケット会社、チャック輸出入会社、チャック産業会社とい3つの会社名が書いてある（92頁）。その狭いオフィスには、チャックが「妻」だと紹介する白人の愛人イライザ（Eliza）がおり、いかにも成り上がり者の風体をしている。そのチャックとの再会で、ハンスは、抜け目なさとずる賢さを持ち、そしてそう簡単には「手の内を明かさない」（95頁）男であるチャックに、ある種の疑いを持ちながらも、あまりにばか正直で愛想良い人柄にひかれてもいく。

　9.11後のニューヨークで迷子になって途方に暮れているハンスに、チャックは手を差し伸べて、方向を定めてくれる存在となっていく。ハンスの心理を動かすためにチャックがしたことは、オランダ人のハンスに『植民地時代のオランダの伝承童謡』の1889年初版本を送ることにより、ニューヨークに新たな地図を再構築するアイデアをハンスに埋め込んでいく企てである。チャックとハンスの関係は、10歳ほどの年齢差から兄弟の関係の様であるが、人生の経験などから父と息子のような関係にも思えてくる。特に父を子供の頃に事故で失ったハンスと子供の影が無いチャッ

第4章　ジョセフ・オニールが描くディアスポラ

クとの関係は、密接となり、絡まっていく。また、インド系のチャックが
白人の愛人を持つことと白人のハンスがアングロ・ジャマイカ系の女性と
一晩の関係を持つことには、人種の色をめぐり植民地支配の皮肉が埋め込
まれていると言えよう。インド・トリニダード系であるが故に複雑なバッ
クグランドとアングロ・ジャマイカ系の家柄の複雑な事情（147頁）の間
にハンスは存在している。そして、ハンスが知らないところで、ハンスは
チャックの会社の取締役、そして理事になっており、それをチャックの死
後にハンスは知ることになる（330-31頁）。チャックが求める理想的な社
会を、オランダからの養子であるハンスに託していくことは、人生のグ
ローバル地図の構築を目指していることなのだ。

　そして、その父のようなチャックに連れられてハンスが出席する式典の
参加者は南インド系アメリカ移民が中心となって構成され、彼らのアメリ
カにおける成功を象徴している。議員などの政治家、公園課の職員などの
公務員、エア・ジャマイカなどの企業人、そして協賛企業の代表者、いく
つものクリケット・クラブ、スリランカ人の病理学者、エダムチーズの輸
入をしているガイアナ人兄弟などの早々たる出席者と彼らの妻たちに加え
て、チャックが特別招待者として出席し、ハンスはそのゲストとして同行
している。そのチャックに寄り添うトリニダード出身の若く高学歴の女性
アヴァロンは、ハンスにゆだねられ、ダンスに興じるのである。クリケッ
ト・クラブでと同様にこの式典でもたった一人の白人として、ハンスは
チャックという「背の低いトリニダード人の片割れとの連帯感に」飲み込
まれていく（182頁）。それまでの無力感や自己喪失から脱却して幸福さ
え感じるハンスは、チャックのかけた魔法に操られて、道が無い未知なる
世界へ旅立つことになる。

　そして、この異なる文化圏の地図は、西インド諸島の人々のコミュニ
ティであるブルックリンのフラットブッシュ・アベニューに辿り着き、そ
の下にはオランダ入植の地図が存在していたことをハンスは知る。美容サ
ロンからヘアピースの製造業、デリカテッセンからパン屋まで、西インド
諸島の人々の店ばかりが続き、カリブ人が経営するレストランからはダン
スレゲエの音楽が流れくる街に、オランダ入植の印である1796年に建て
られた改革派プロテスタント・オランダ教会と1654年にブルックリンに

121

初めて入植したオランダ人の墓地がある。その忘れ去られてしまった泥だらけの墓地とチャックが語る昔物語は、ハンスを惑わし、「追憶の義務を果たすために」何をすべきかわからなくなる（200頁）。それは、9.11の死者を思い起こさせ、またニューヨークの各地に垣間見られる広大な荒れ果てた墓地を思い起こさせる。ハンスは、ニューヨークという街には「忘れるという伝統があることを思い出し」、9.11後から全てが終わったことを実感する（201頁）。

　チャックがクリケット場を造ることを決めさせたもう一つの重要な理由は、9.11後にニューヨークの40番埠頭で起こった出来事であった。それは、9.11後に傷ついた動物たちに対してニューヨーク動物愛護協会が緊急トリアージを始め、民族や宗教や出身地を超えて多くのボランティアが集まり、力を合わせて一つの目標に向かってもくもくと働いた時間が、チャックには「人生でもっとも幸せな日々だった」と思わせたのだ（103頁）。クリケットは移民のスポーツではなく、純粋に「アメリカにおける最初の現代的チームスポーツ」（132頁）であるとチャックは述べる。これは、アメリカに限らず、イギリスのスポーツ史においても同等のことが言える。狩猟などのスポーツとは異なり、チーム制を重んじるクリケットは、現代のフェアプレイというスポーツ精神を誕生させるきっかけとなったと言われている。チャックは、その精神性を讃え、イギリスがパプアニューギニアでの民族間の抗争を止めるためにクリケットを導入して成功したのは、クリケットでは敵チームに対しても宿を提供するなどの精神があるからだと力説する。9.11後に分裂したアメリカの再興を目指して、クリケットを復興させようというチャックの企ては、理想主義的で極めて非現実的でありながらも、同じ意志を持って人間性を確かめ合うという点に関して説得力がある。

　チャックがクリケット場の建設に選んだ場所は、アメリカの経済の浮き沈みを象徴する場所である。そこは、1980年代に国立公園局がスポーツ振興のために借地を許可したが、土地開発は失敗に終わったというブルックリンのフロイド・ネット・フィールドという名前だけが残っている無人の広い土地だった。忘れ去られたこの土地は、廃墟となった倉庫や塔が残っているだけの空間である。この土地を見せられて呆然とするハン

第4章　ジョセフ・オニールが描くディアスポラ

スに、チャックは、「おれにはこの土地がある、賃貸契約がある、後援者がいる」（108頁）と自信を見せるのだ。チャックは、このほとんど価値が無い土地を最低限の金額で借地権を譲り受け、そこに「偉大なインド人と西インド諸島人のチームがこぞって試合をしたがる」（109頁）ニューヨーク初の本物のクリケット場を造り、テレビ中継も行うというシナリオを創ってしまう。

　チャックが創り上げたシナリオには、その理想とはかけ離れた現実が背後にあり、その企ての深みにハンスははまっていく。初めて西インド諸島出身者たちのクリケットの試合を見た時には、その野暮ったくて、アメリカ流にというよりアメリカに住む西インド諸島流に改ざんされたクリケットは、本来のクリケットの美に欠けると思ったハンスは、その中にどっぷりと身を置いて、チャックの陰謀につき合わされ、彼の壮大な理想に感銘する。

　チャックが主導してクリケット場を造る上でハンスが関わる作業には、「自然主義者ならではの注意力」（193頁）が必要とされ、その精神を持ってそれを実践することである。具体的には、単なる広い空き地に芝生を植えて手入れをすることと、美化運動の一環で水仙の球根を植えることである。チャックと共に出席した式典が終わり、運転免許の練習をチャックがハンスに申し出ると、チャックはハンスをクリケット場に連れていく。チャックがハンスに多民族が雑多に暮らしているコニー・アイランド・アベニューで何度も運転の練習をすることは、運転の技術を教えるということが目的ではなく「本当のブルックリン」を見せてくれたことだとハンスは認識する（190頁）。その後にチャックがハンスを連れていくのが、ハンスが契約を結んでいるクリケット場であり、なんとそこには青々とした芝生が広がっている。チャックは、敷地にコンテナを設置して、公園の元警備員だったトニーを雇って住まわせ、芝生の管理をさせているのだ。チャックとハンスは、トニーと共にフィールドを刈り込み、満足感に浸る。クリケット場の管理は非常に難しく、天候によって変化するクリケット場を理想的な形で維持することは至難の業なのである。11月にクリケット・クラブの仲間と一緒に公園の隅に沿って植えた水仙の球根をハンスは確認するが、葉が出てきているということに驚く。同時に草地がぬかる

み、4月にはかなりの時間と労力をかけて整地する必要があることを想定する。そして、最後の夏には度重なる雨でクリケット場の草は伸び続けるが、その時にはハンスは草刈りをする気にもなれない。チャックは破壊的になり、それに対してハンスは反感を抱き、クリケット場を造るという壮大な計画は崩れていく。

　チャックの死後、クリケット場を造る計画はとっくに消えているわけだが、ハンスは最後まで確認しようとする。クリケットをめぐる賭け事は、トリニダード人相手からジャマイカ人、中国人（222頁）と移っていき、「アメリカがイラクでまごまごしているあいだ、チャックはひたすら走っていた」（212頁）とある。チャックの陰謀には様々な嘘と謎と裏切りがあったことをハンスは知る。チャックはニューヨーク・クリケットクラブ会長になっていて、ハンスが知らないうちに、クラブの資金調達委員のメンバーになっていた。最後にアベルスキーは、チャックのことを単なる従業員だったと言い、チャックが後継者として頼りにしていた億万長者の導師ファルク・ペイテルに面会した時に、ハンスはチャックの会社の取締役、それから理事になっていたことを知らされる。それでも、ハンスはグーグルマップでチャックのフィールドを探すが枯れて茶色の草地のみが出てくる。その時ハンスは、「アメリカ合衆国という国家はどこにも見えない」（333頁）と思う。

4　流れる時間と空間にかかるベール

　小説の中の主人公であるハンスは、9.11以降、トライベカのロフトの自宅に戻る許可がニューヨーク市から出た後も、ホテルに閉じ込められて「虚脱状態」のまま滞在を延期している。ハンスは、自分がまるでチェルシーホテルに「入院」しているようなもの（42頁）だと言い、極めて精神的に不安定な状態にいる。妻のレイチェルも同様で、さらなる攻撃や崩壊の恐怖にさらされ、ついに息子と共にロンドンに戻ってしまう。しかし、ニューヨークより安全だと信じてロンドンに戻り、精神的に不安定な状況から脱しようともがくレイチェルは、7.7と呼ばれるロンドン同時テロ爆破事件に遭遇することになる。ロンドンに戻って2年目にはすでに世界が病んでおり、誤った方向に進んでいることを実感し、「少なくとも

第 4 章　ジョセフ・オニールが描くディアスポラ

ブッシュ政権が続いているあいだは、あるいは、次の政権が世界経済と軍事を支配するという似たような方針を取り続けているあいだは」、アメリカには戻らないとレイチェルは力説する（125 頁）。

　小説では、最終的にハンスがロンドンに戻るのが 2006 年であるが、その前年である 2005 年 7 月 7 日には、ロンドンの地下鉄 3 か所とダブルデッカーバスにおいて同時多発テロが起き、56 名の死者がでた。その前日から、イギリスではグレンイーグルス・サミットが開催されており、アフリカ支援と気候変動に関しての議論が行われていたが、7 日のテロによりテロに対する宣言へと移行した。ニューヨークにいてもロンドンにいても、9.11 から時間的にたとえ遠ざかっても、危機は訪れる。

　ハンスとレイチェルの 9.11 後の恐怖は、インディアン・ポイントの原子炉に対する恐怖へと拡大し、原発事故による放射能汚染という危機的状況を予想させるだけでなく、そのインディアン・ポイント（岬）という名前に込められたアメリカ植民地開拓時代の先住民族への弾圧と抹殺への恐怖を想い起こさせる。このインディアン・ポイント原子力発電所は、ニューヨークから 50 キロ離れたペンシルベニア州ウエストチェスターにあるアメリカ最古の原子力発電所で、1962 年以来稼働している。ハドソン川沿岸に立っており、ニューヨークへの影響も大きく、度重なる火事や爆発により、反対運動も盛んである。そして、今もどこかで爆弾が造られている可能性もあることに、歴史に刻まれてきた人類の大惨事である事柄が次々とハンスの脳裏に浮かぶ。大地震により埋もれてしまったポンペイから第二次世界大戦中のナチス・ドイツによるホロコースト、さらには冷戦時代の危機に至るまで、「歴史的誤りと称されることになるかもしれない事態を回避しようと」（32 頁）もがくのである。妻との別居が 2 年目に入り、仕事に対する意欲も失ってホテルに閉じこもってしまった 2003 年の 8 月に、停電が起きるのであるが、それはホテルだけでなく、またニューヨークだけでなく、トロントからデトロイトまでのアメリカ北東部全体が停電になったことを知る。そして、原因は何かと人々が集まって来たとき、「インディアン・ポイントの電力施設が攻撃されて停電したのだ」と誰かが言ったのだ（252 頁）。大惨事には至らなかったものの、停電により大混乱は起きず、なんと市民は互いに助け合うように動き出したの

だ。まるで9.11の教訓が生きているように、交通の便宜を図りあったり、必要であれば食事を提供したりと、市民の中に連帯感が生まれてくる。

　ハンスが9.11に代表されるグローバルな危機への不安は、ハンスが巨額の金融取引をする銀行の証券アナリストが常に持ち続ける不安と一致する。また、ハンスが世界経済を左右するアメリカでアナリストとして働いていること自体が、レイチェルの考えに相反することなのだ。さらに、故郷がイギリスという一つに限られているレイチェルに対して、ハンスにとっての故郷は一つではない。レイチェルとの別居生活が決定的となった時にハンスが感じる人生の解体は、彼自身のアイデンティティの問題でもあった。ハンスの漂っている自我の崩壊と復活は、チェルシーホテル、子供時代を過ごしたハーグ、そして母との関係に反映されている。

　ハンスが滞在するチェルシーホテルは、妻のレイチェルがどんなホテルか知らないまま予約してしまったとなっているが、このチェルシーホテルという空間には重要な意味がある。妻と息子がロンドンに去った後、ハンスはこの不思議な空間に魅惑され、徐々に癒されていくのだ。1週間ほど部屋に一人で引きこもってしまったハンスに、食べ物や飲み物を運んでくれる人たちがいて、なんとか「生存が維持されていた」（42頁）ことは、従来のホテルでは考えられないし、またニューヨークのアパートでもおそらく起こらないことであろう。やっとなんとか部屋の外に出ることができるようになり1、2週間後に、ハンスはこのホテルを探検し、人を観察し、そしてコミュニケーションを取るようになる。このホテルではそれぞれの滞在者が自由に暮らしており、フロントのほうでも余計な干渉をしない。フロントの職員たちは、テレビでフットボールを観戦しては、賭け事をしている。妻と息子に去られて絶望し、心の中がずたずたに引き裂かれているハンスのことを誰も推測したり、同情したり、意見を言ったりはしない。得体のしれない人もいれば、それぞれの分野での著名人たちがこのホテルには長期滞在しており、「人目を忍ぶ様と、さまざまに飾り立てた姿」（44頁）のギャップをハンスは楽しむようにもなってくる。ハンスは、偶然乗り合わせたエレベーターの中で、劇作家の男に、あのアーサー・ミラーを紹介されたことになっている。その中で一人、スーツにネクタイというビジネスマンであるハンスは、チェルシーホテルでは、変人であり異

第4章　ジョセフ・オニールが描くディアスポラ

常なのである。チェルシーホテルとハンスという最も起こりえないペアが、ニューヨークという社会をハンスが改めて体験するきっかけをつくる。

　チェルシーホテルは、都市ホテルの発祥の地であるニューヨークのホテルの中でも異彩を放っているランドマークであり、アメリカの芸術、文学、音楽、文化や映画を創りだしてきた空間であり、同時に時代を映してきた空間である。チェルシーホテルは、1833年にニューヨーク市マンハッタン区のチェルシー地区にオープンしたプライベート・アパートメントである。ホテルでありながらも、レジデンスの役割を果たし、特に著名な芸術家や作家のための長期滞在者用のホテルとして知られてきた。1966年にはニューヨーク市歴史建造物として、さらに1977年にはアメリカ合衆国国家歴史登録財として登録されたが、2011年に買収されて、現在は改築のため一時閉鎖されている。

　このホテルには、マーク・トウェイン、アーサー・C・クラーク、アーサー・ミラーなどが滞在し、ビート・ジェネレーションの詩人たちチャールズ・ブコウスキー、アレン・ギンズバーグが集い、ジャニス・ジョップリンが過ごし、ノーベル文学賞を受賞したボブ・デュランもここで曲を書いた。作家たちの自由な創作を保護し、理解し、そしてその時代を創っていった場所である。しかし、亡霊にも捕らわれており、1953年にはディラン・トーマスが肺炎でこのホテルで亡くなり、1978年にはセックス・ピストルズのメンバーの一人の恋人が刺殺体で発見されるなど、様々なスキャンダルにもまみれてきた。その特異性から、ポップ・アーティストのアンディ・ウォーホル（Andy Warhol, 1928-1987）は、1996年にアヴァン・ギャルドな実験的映画『チェルシー・ガールズ』（Chelsea Girls）を発表して、1960年代のヒッピー時代のチェルシーホテルの伝説を創り上げた。また、チェルシーホテルは1994年には映画『レオン』（Leon）の撮影に使われたり、2009年には『ホテルチェルシー』（Hotel Chelsea）という日米合作映画も創られた。

　『ネザーランド』の中で、チェルシーホテルは、ハンスが遭遇するのは未知なる世界であり、そこの住人たちはハンスに異なる価値観をぶつけてくるのだ。国籍や民族もバラバラで、年齢や性のアイデンティティも様々

なうえ、正体がわからない謎の人もいる。そうかと思うと、超著名人がいるという、自由な精神を尊ぶニューヨークの縮図の様である。精神的に打ちのめされて散々なハンスは、逆に様々な問題を抱える住人の話を聞いて、慰められるだけでなく、慰める役割も果たすことになる。その中で、最も印象的な人物は、トルコ人の男であり、ハンスは彼と穏やかに話をしたりするようになる。この天使の羽をつけ、短いウエディングドレスを身にまとい、ティアラをつけた外国なまりの英語で話す男性は、メフメト・タスピナール（Mehmet Taspinar）という名のイスタンブール出身のトルコ人で裕福な家の出身であると想定されている。かれは、9.11 の後テロリストに間違われてアパートを追い出され、2 週間前にチェルシーホテルに越してきたという。タスピナールは、ハンスト同様に 9.11 難民なのである。

　タスピナール自身のバックグランドが、アメリカ社会の縮図のアイロニーを表しており、9.11 後にイスラム教への理解が無いまま、全てのイスラム教徒へのヘイト・クライムやヘイト・スピーチが横行したというヒステリックになったアメリカ社会が見え隠れする。9.11 後にチェルシーホテルに避難してきたという点ではハンスと同じであるが、他の点では全く異なるバックグランドを持つ。故郷を出て、ニューヨークに来て数年が経ち住居を転々としており、30 歳を過ぎているようだが特に仕事をしているわけでもなく、コロンビア大学の大学院に通っているという「架空の事実」のみが親からの仕送りを止められない理由となっている。しかし、実際は、ニューハンプシャーの精神病院に入院していた経歴があり、2 年前から天使の恰好をしている。イスラム教徒の彼がキリスト教の天使のコスプレをしていることは皮肉である。彼は、ニューヨーク・シティこそが、自分自身でいられる「唯一の場所」（47 頁）だと言う。性的マイノリティであり、精神的疾患もあるトルコ人のタスピナールにとって、ニューヨークは表現や価値観を自由に持つことができる場であるにも関わらず、そこには底なしの落とし穴があったのだ。

　タスピナールの苦悩は、チェルシーホテルという前衛的背景のベールがかけられても解決不可能なのである。その白い天使の羽が汚れで真っ黒になっていくのと比例して、彼の苦悩は避けがたいものとなり、クリケット

第4章　ジョセフ・オニールが描くディアスポラ

という避難所を見出していたハンストの距離もできる。そしてついに、停電で混乱するなかで、ホテルの住人で屋上パーティが開かれる際、天使は母親とやってくるのだが、その時に何かがタスピナールを突き動かした。ホテルに隣接するシナゴーグの切妻の上に昇り屋根に横たわったタスピナールは、追ってきたハンスと共に、暗闇の中で星空に心をはせる。その翌日にタスピナールは母親とトルコに帰国するのであるが、それは自分の真の姿で生きることができるニューヨークという様々なバックグランドを持ち、どんなマイノリティも受け入れてくれると信じていた虚構の世界からの退去であった。

　そして、チェルシーホテルからもクリケット場からも出て、ハンスは拡大されていくアメリカ社会に対峙していく。チェルシーホテルがあるウエスト地区にあるチェルシー地区はまた、ハンスが出会った新たな空間であり、それは彼がアナリストとして働くオフィスがあるウォールストリートとは全く異なる。ハンスがニューヨークでの別居生活を始めて2年目にこのチェルシーに住む隣人たちに興味を持つわけであるが、そこにはゲイ、盲人、老人、ホームレスと様々な人々が暮らしている（157頁）。ニューヨークでの一人暮らしで2度目の冬が終わって2003年の春になり、時間が一挙に狂気をもたらして、その結果ホテル内では賭け事が活気づき、4月から5月には、4人の少年の溺死体とロシア人の女性の死体がニューヨークの水路に浮かぶというニュースが入ってくる。ニューヨークの中に潜む危険、そしてアメリカのバクダッド攻撃、野球シーズンの到来が襲ってくる。その最後の冬から春にかけて、混沌としたニューヨークの街で、ハンスが決定的な問題に直面するのは運転免許取得への長い道のりであった。

　突然アメリカの運転免許を取ることを決めたハンスは、「生活を圧迫する大きな欠落」（85頁）を補うように新しいものを獲得しようという意図以外は無かったにも関わらず、そこでそれまでの自分のアイデンティティを疑うような事実を突きつけられる。イギリスで発行された国際免許証が無効になっていたことを知ったハンスが、アメリカの運転免許を取得して、自分の車を買い、保険に入ろうと決心し、運転免許センターで筆記試験を自信満々に受けるが、その直後に申請書を突き返されてしまう。申請

129

記憶と共生するボーダレス文学

者は身分証明に必要な 6 点が必要であるが、ハンスが身分証明書として
持参した中で、社会保障カードにはフルネームで、クレジットカードには
二つのミドルネームがイニシャルのみで、さらにはグリーンカードには、
ファーストネームが "Johannus" ではなく "Johanus" と誤って記載されてい
たのだ（88-90 頁）。このグリーンカードのスペルミスは移民帰化局の打
ち間違いであるはずだが、ハンスはそれに一度も気づかないままだった。
身分証明ができなかったために、満点を取った筆記試験は無効となり、も
ちろん仮免許もおりない。このスペルミスは、アメリカという国が、皮肉
にも、19 世紀前半に東西から移民を受け入れたアメリカが移民たちの名
前を誤って記載したという頃から、何ら変わっていないという証明であ
る。

　運転免許取得ということが、クリケットと同様に、ハンスにとって重要
事項となっていく。無気力感と怒りで爆発しそうなハンスは、チャックの
クリケット場造りの企ての中に身を投じていくのだが、同時にその運転免
許取得に向けて、修正をしていく。移民局本部でのグリーンカードの名前
の修正は、必ずしも愉快なものではなく、エリートのハンスが多くの外国
人の列に加わり、アメリカの移民の中に投げ込まれるという体験をする。
そして無事に仮免許を取ることができ、安全運転の講義と 2 本の映画を
見て、後は路上の実技だけとなる。それと対照的に、ハンスの運転指導員
で古いビュイックを運転してくるガイアナ人のカールは、永住権を得るた
めに指紋採取が必要であり、その指紋採取のためにまだ 2 年かかると弁
護士に言われていると言う（153 頁）。ハンスとカールは、経済アナリス
トと運転指導員というキャリアの差異がありながらも、運転免許取得と永
住権取得を巡ってアメリカという国に振り回されている同じ移民なのだ。

　ハンスとカールの対立が際立つのは、カールがニューヨークでの運転の
特別な注意事項を教えてくれないばかりでなく、試験当日に練習してきた
車とは全く異なる機能がある車を用意したことで、ハンスが運転免許の実
技試験に落ちる時である。最悪の状況で、雨天という最悪の環境で、しか
も最低の海岸地区で、しかも最悪の試験管のもとで、ハンスはまた落第す
る。そして、さらに 8 月にチャックが運転免許の試験のために自分の車
を使うように言ってくれたにも関わらず、チャックへの疑惑や失望がハン

第4章　ジョセフ・オニールが描くディアスポラ

スを襲い、アメリカを立つ直前に運転免許試験の知らせが来た時には、レンタカーを借りて地図を頼りに北部の町ピークスキルまでたどり着く。愛想がよい白人で高齢者の試験官は、ハンスの試験を合格にして、ハンスは無事にニューヨーク州の免許証を取得する。そこに試験の様子を見に来たチャックと再会し、二人はハンスが運転する車でニューヨークまで戻ってくるが、それがハンスとチャックの最後の対話の場となった。ニューヨークを去ることがわかっているにも関わらず、使うこともない免許証を取得することは、ハンスにとってニューヨーク生活の卒業証書のようなものではなかったか。そして、ハンスを利用しようと巧みに近づきながらも、最後まで心配してくれるチャックは、クリケット精神を最後までハンスには見せたかったのではないだろうか。運転免許証はハンスにとって、市民権（230頁）と同じ価値があり、何よりも自分を肯定するために必要だったのだ。

　ハンスにとってなぜクリケットが大切かということは、ハンス自身も長い間気付かなかったことであり、自分のアイデンティティの問題であったのだ。それは、チャックの恋人イライザに息子ジェイク（Jake）の写真を編集してもらい、思い出の再構築を行う中で、オランダのハーグでの子供時代と母との関係が蘇って来た時に、自分がクリケットをしていたのは、母に見てもらうためだったことを思い出す。ハンスは、ロンドンでレイチェルと結婚カウンセラーにかかり、親子3人でインド旅行をして新たな絆を築こうとする。ハンスは地図を頼りに、カスピ海での仕事をして、さらに地図を頼りにインドの最南端の街へ向かい、最後に運転免許試験場でも地図を持ち出す。しかし、ハンスにとって母が亡くなって、はじめて母が自分にとっての地図のような存在であり、ハーグを出てからは頻繁に関わらなくなった母との思い出が次々と蘇ってくる。父親の事故死、母子家庭という環境における母親のハンスへの愛情と傾倒、そしてニューヨークにやって来た時の母との思い出、そして母の死——それらの事柄がハンスの心には点在していたものの、改めて見つめ直すことをしてこなかった。しかし、母の死後、葬儀でハーグを訪れた時に、母を慕っていた男性から母の話を聞き、母も一人の女性でありながら、ハンスのために生きてきたということを実感する。若くして未亡人となった母は男性から見ると魅力

131

的で美しい女性だったことを知り、またハンスができていない新聞配達の補充を自ら行っていたことを思い出す。そして、ハンスは、改めて母の愛と偉大さを知ると共に、クリケット場には必ず応援に来てくれていた母の姿を思い出し、自分が母に見せるためにクリケットに精を出していたという本質に気付く。家族を求める自分の姿もクリケットに没頭する自分の姿も、そのルーツは母親であることに母の死後やっと認識するのである。

　母の死と同様に、ハンスはチャックの死にも立ち会うことができなかった。それは、チャックが不明であったことによるが、実はハンスがニューヨークからロンドンに戻る前にチャックは死んでいたのだ。チャック本人はアメリカのブルックリンで埋葬してほしかったが、故郷のバプテスト教会の一族の墓地に返される。小説では、チャックが家族の話をする中で、両親のけんかの理由として不運にも15歳で亡くなったチャックの兄の葬儀をバプテスト教会で行うかどうかということだったと語る部分がある。そこで、チャックは、「バプテストを知っているか？シャンゴというのを知っているか？」（319頁）と自問自答して、ハンスに説明をする。このシャンゴ・バプテスト（Shango Baptist）とは、1812年にアメリカの元アフリカ奴隷がもたらしてトリニダードの村々に布教したバプテスト信仰であるが、スピリチュアル・バプテストの一種で、キリスト教とアフリカのブードゥー教が融合したものである。1917年から1951年には禁止されていたが、現在では宗教の自由が認められ、トリニダードでは4つの教会があり、アメリカにも6つの教会がある。チャックが、ブルックリンに来てみればわかると言っているように、ブルックリには Brooklyn Bethlehem Church と United Congregation El Bethel Brooklyn New York の二つの教会がある。なぜインド系のチャックの父が反対したかというと、シャンゴ・バプテストがアフリカ系黒人を中心に広まった教会であることだった。

　ブルックリンでもチャックの妻アン（Anne）が所属する教会は、神の教会とされ、信者たちは献身的に主教に尽くし、主教の誕生日のためにチキンの煮込みを作っている。そのアンにチャックは、自分が死んだらトリニダードへ埋葬せずに、火葬にしてブルックリンに埋葬してほしいと頼んでいた（207頁）。しかしアンはすでにトリニダードに埋葬する手続きを取っており、実際にチャックが行方不明になってからゴワナス運河に死

第 4 章　ジョセフ・オニールが描くディアスポラ

体が浮かんだ 2 年間、ただ一人チャックを待っていたアンがトリニダードにチャックを埋葬することになる。その時に、ハンスはチャックから兄の死、葬式のこと、そして両親のけんか、さらにはシャンゴ・バプテストのことを聞いたことを思い出す。そして、チャックは、兄が死んだことと同時に、狩りで森に入った時にマリファナ栽培の場に遭遇し、「命からがら逃げた」（324 頁）という経験を思い出してハンスに話していた。まるでハンスが息子であるかのように、チャックは自分の人生を伝えていたのだった。最終的に、チャックはシャンコ・バプテスト教徒として西インド諸島のバプテスト教会に埋葬され、チャックの長い旅は終わるのである。

5　結　論

　オニールが描くディアスポラは、地球を相手に着々と築かれてきた共同体であり、それをクリケットが取りなす縁で、多文化民族が織りなす世界観を包括している。ポスト 9.11 文学として世に出た『ネザーランド』には、ヨーロッパ帝国主義から現代に至るまでの数世紀に渡る物語が描かれており、そのイデオロギーに運命が決定づけられた先祖の霊が現代社会に生きる子孫たちに取りついたように生きている。アメリカという大国に生きる市民は、先住民族以外は全て移民であるという事実と同時に、現代社会においては多かれ少なかれ精神的な難民なのであるということを受け入れなければならないのではないか。

注

本論文は、"Migrating Words and Voices in Joseph O'Neill's *Netherland* and *The Dog*" と 題 し た ICELLL 2016：International Conference on English Language, Literature and Linguistics, Singapore (Four Points by Sheraton Singapore River View Hotel, 9 Sept 2016) での口頭発表論文、*International Science Index* 10.9 (2016): 2884-2888 掲載論文の一部を大幅に加筆修正したものである。

第5章　エイミー・ウォルドマンの新アメリカ庭園学
—— 『サブミッション』における遺構という記憶するグラウンドゼロ

1　序　文

　2001 年 9 月 11 日のニューヨークの同時多発テロ事件は、世界を震撼させる出来事であり、その後テロ事件は日常茶飯事となり、世界のどこかで毎日の様に起こる事件が新聞の一面に載るようになった。それは、政治や外交問題から教育や芸術に至るまでに底知れない影響を与え、アメリカ文学においても避けられないテーマとなった。9.11 テロ事件後のアメリカは、強いアメリカという理想像が虚構であったという現実を、アメリカとその外という対立の言説の中ではなく、アメリカが抱えてきた言説の中で捉える必要性が生れてきたと言える。アメリカという多民族多文化国家は、すでにグローバル化する社会において様々な局面を迎えていたのだ。

　そのような議論が沸騰する中で、エイミー・ウォルドマン（Amy Waldman）の『サブミッション』（*The Submission*）が、テロ事件の 10 年後である 2011 年に出版される。この作品の中では、テロ事件の記念碑デザイン公募が行われた際に庭園をデザインに取り入れた案が採用されるが、そのデザイナーが通称モーと呼ばれるモハムド・カーン（Mohammad Khan）というアメリカ生まれのイスラム教徒であるインド人であることが判明し、大きな論争が起きる。『サブミッション』は、テロ事件直後に出版された文学作品とは異なり、アメリカという大陸とその歴史を、崩壊したワールドトレードセンターの跡地グラウンドゼロにできる遺構という空間に集約させ、庭園という概念を再認識させるという完成度の高い作品であると言える。

　作者であるウォルドマンは、『ニューヨーク・タイムズ』の記者を 8 年間務めていたというジャーナリズムの世界に生きてきた女性である。それ

記憶と共生するボーダレス文学

故に、彼女は、『サブミッション』の背景に関する正しい観察力と冷静な態度を持ち、社会における弱者の視点を理解した上で、フィクションという形に書きあげることができたと言える。彼女は、ワールドトレードセンターが崩壊する場面をニューヨークで目撃した上に、事件後にニューヨークだけでなく、イランやアフガニスタンでの取材を続けたという。しかし、その過程においてジャーナリストとして事実を伝えるというフレームワークの中においては表現することができないことを彼女は発見したのであろう。フィクションという形で、真実とは何かを問うたのである。

　『サブミッション』では、グラウンドゼロとなった跡地と 10 周年の記念碑の建設という遺構を巡っての議論が基調となっている。そして、インターネットの普及により、様々な議論が沸騰するだけでなく、被害にあった家族のネットワークが創り出され、被災した人々の生活の記録が語られては、それらが地球上を駆け巡る。記憶する空間としての遺構に関する議論の中に、庭園論を入れることにより、一度壊されてしまった人間性の再構築と人間関係の再修復を願っているのではないか。

2　9.11 文学へ道

　大戦や大災害という大破壊が起こった直後、私達は言葉を失ってしまう。文学に携わる者は皆、この未曽有の大惨事をどのように表現するべきか、あるいは表現することさえできないのではないかという大きな壁に阻まれた。9.11 文学批評書『崩壊の後』（*After the Fall*, 2011）の中で、著者であるリチャード・グレイ（Richard Gray）は、9.11 にどのように反応したかということに関して、作家であれば皆が同意したことがあるとすれば、「言葉の機能不全（"the failure of language"）」（1 頁）であると述べている。また、『9.11 と恐怖文学』（*9/11 and the Literature of Terror*, 2011）において、マーティン・ランダル（Martin Randall）が、「作家の多くが、テロ事件に関して書かなくてはという思いがあるにも関わらず、その未曽有の大惨事を表現する際に倫理観と芸術観という難題に真っ向からぶちあたる」（11 頁）ことを語っている様に、作家にとって未曽有の大惨事をどのように作品にするかという点に関しては、大きな壁が立ちはだかることになる。

136

第 5 章　エイミー・ウォルドマンの新アメリカ庭園学

　9.11 文学は、純文学であれ大衆文化やメディアであれ、フィクション、詩、演劇、映画というようなジャンルを超えてきた。ワールドトレードセンターが倒壊する映像があまりにも衝撃的で、新聞やテレビだけでなくネット上における様々な記事や情報が溢れんばかりに流れたため、フィクション作家たちは自分たちの役割を探し求めることになる。特に北アメリカとイギリスにおいて、事件から 10 年余りの間に、著名な作家が我先にと 9.11 をテーマに作品を世に出すことになる。例えば、ピーター・ハミル（Peter Hamill）の『フォーエバー』（*Forever*, 2003）、シーマス・ヒーニー（Seamus Heaney）の『何でも起こる』（*Anything Can Happen*, 2004）、サム・シェパード（Sam Shepard）の『地獄の神』（*The God of Hell*, 2004）、スティーヴン・キング（Stephen King）の『暗黒の塔 VI：スザンナの歌』（*The Dark Tower VI: Song of Susannah*, 2004）、フィリップ・ロス（Philip Roth）の『エブリマン』（*Everyman*, 2006）、ジョン・アップダイク（John Updike）の『テロリスト』（*Terrorist*, 2006）、ドン・デリーロ（Don DeLillo）の『落ちていく男』（*Falling Man*, 2007）、ジョン・アービング（John Irving）の『ねじれた川での最後の夜』（*Last Night in Twisted River*, 2009）、トーマス・ピンチョン（Thomas Pynchon）の『血が流れるエッジ』（*Bleeding Edge*, 2013）などのように、有名作家たちがこぞって 9.11 に取り組んだ。

　また、若手の作家の作品では、よりテーマ性を多様化させたものが多く書かれ、中にはこの作品で高い評価を得た作家もいた。ある意味で、若手の作家たちには、待ちに待っていたテーマだったかもしれない。その中には、イアン・マキューアン（Ian McEwan）の『土曜日』（*Saturday*, 2005）、映画化されたジョナサン・サフラン・フォア（Jonathan Safran Foer）の『ものすごくうるさくて、ありえないほど近い』（*Extremely Loud and Incredibly Close*, 2005）、ジェス・ウォルター（Jess Walter）の『ザ・ゼロ』（*The Zero*, 2006）、クレア・メスウド（Claire Messud）の『皇帝の子供たち』（*The Emperor's Children*, 2006）、ジェイ・マキナニー（Jay McInerney）の『良い人生』（*The Good Life*, 2006）、モーシン・ハミド（Mohsin Hamid）の『反抗する原理主義者』（*The Reluctant Fundamentalist*, 2007）、前章で論じたジョセフ・オニール（Joseph O'

Neill）の『ネザーランド』、そして本論で取り扱うエイミー・ウォルドマン（Amy Waldman）の『サブミッション』がある。

　多くの作家たちが9.11を直視し、そして文学というフレームの中で表現しようと試みた。英語圏における9.11文学は、アメリカを中心としながらも、文学の再定義がなされるきっかけとなったと言えよう。

3　負の遺構という空間

　『サブミッション』は、多く出版された9.11文学の中で、この大惨事の背後にある国際社会における現実を最も正確に把握しながらも、その時点での一時的な民族問題、宗教問題、政治問題に関して激化する議論を超えて、より包括的テーマ性に重点を置いている。それは、グラウンドゼロに建設予定の9.11遺構のデザインを無記名公募したところ、一人の若い建築家の案が採用されるところから、新たな議論が展開するところにある。即ち、9.11を、残された者たちには、遺族に関わらず、どのように捉えて未来に向けて生きていくか、特にグローバルな時代に多民族性をどのように受け入れるか。さらには正義、他者性、同化、アイデンティティという互いに影響しあうテーマが必要とされるのだ。遺構をどうデザインするかは、残された者たちが、遺族であろうとなかろうと、過去への思いだけでなく、未来に向かってどのように歩んでいけばよいかということをデザインすることなのだ。

　負の遺構として最も有名なものと言えば、アウシュビッツや原爆ドームなどがあげられる。どちらも第二次世界大戦の負の遺産として、敗戦国のドイツと日本に造られたものである。世界を震撼させたナチス・ドイツのホロコーストで障害者やユダヤ人を大量虐殺した歴史を、アウシュビッツが代弁している。また、広島の原爆ドームは、原子爆弾という化学兵器が一瞬にして街を消してしまうという現代の軍事技術が生んだ最も残忍な殺人道具とその狂気性を表している。これらの遺構は、その過去を忘れない、風化させないという絶対的意義を持つものである。遺構は学びの場であり、アウシュビッツも原爆ドームも、中学・高校生たちがフィールドワークや修学旅行で訪れる場所となっている。近年、世界遺産登録を目指して多くの負の遺産が名乗りを上げている一方で、アウシュビッツでは、

第5章　エイミー・ウォルドマンの新アメリカ庭園学

落書きが見つかったり、「行かなければならないところ」として認識され、事実上の風化がすすんでいる。戦後70年以上が経ち、負の遺構としての意味が薄れ、ある意味で形のみが残っているのではないか。遺構は永遠ではなく、常に議論の対象となる。

　しかし、これらの遺構が造られるときにはさらに大きな論争があった。つまり負の遺構は、普通の博物館や資料館とは異なるからだ。負の遺構とは、戦争や内乱などの人的被害や台風、地震、津波、洪水などの自然災害の記憶を留めおくために建立され、そこには犠牲者の死を悼み、残された遺族の心に寄り添い、その思いが多くの人々と分かち合えるようにという思いで存続するものである。つまり、遺構とは造られる前から、すでにその物理的意味が精神的意義へと移行しているのだ。

　広島の原爆ドームを遺構として残すことに関しては、戦後様々な葛藤があった。戦後のアメリカ占領軍は、日本が戦争の遺構を造ることを決して許さなかった。また、その結果、1945年3月10日の東京大空襲では戦争史上最も多くの犠牲者が出たにも関わらず、その詳細を記録した公的な資料は無く、遺構も設立されなかった。戦後70年という節目に、東京の各区や地域で、一般市民の寄付によって地元に戦争記念碑をつくる動きが活発となったという。その結果、身元不明者として茶毘に付された戦死者の身元調査が行われ、その中には生存する家族のもとに遺灰が戻ったケースもある。戦後の日本では、現在のように負の遺構を残し、それをどのように運営していくかということが、様々な点で困難であったのだろう。

　その中で、原爆ドームは誕生する。広島の街の中心に、太田川沿いに建てられた産業奨励館は、原爆によって廃墟となったが、第二次世界大戦と原爆投下だけでなく核兵器廃絶運動の象徴として、犠牲者慰霊と共に、広島平和公園で最も重要な平和のシンボルとなった。しかし、原爆投下により未曽有の犠牲者を出した広島では、原爆による遺物を、遺構として残すことに対しては、一般市民から大きな反対運動があったという（頴原80頁）。原爆ドームを残すことが「安価な感傷主義」（福間17頁）であるという意見だけでなく、それを「売り物」にすることへの反感（福間20頁）も強まり、街が美しく整備していく中で廃墟はそれにそぐわないという意見も出た。しかし、醜い廃墟を積極的に遺構として評価し、復興の中で観

記憶と共生するボーダレス文学

光資源として活用するという見解が、戦後の復興計画に関わったアメリカ人やオーストラリア人の委員から紹介され、その意見を取り入れていくことになる。

　この負の遺構を残すという考えは、海外においても実践されていたことは重要な点である。第二次世界大戦で戦災都市となったイギリスのコヴェントリーにおける復興都市計画は、1940年という早い時期に始まっており、日本でもこの計画が紹介され、広島平和公園の構想に大きな影響を与えたという（頴原93-94頁）。1940年の11月14日にドイツ国防軍空軍（Luftwaffe）による空襲はコヴェントリー空襲（Coventry Blitz）と呼ばれ、その空襲により数百トンもの爆弾を落とされ、町はほぼ完全に崩壊し、その被害は物理的だけではなく犠牲者に大きな傷を残すことになる（Harby n.pag）。コヴェントリーは美しい中世の旧市街を残すイギリス中部の工業都市であり、その空襲により破壊された大聖堂は廃墟となったが、残された鐘塔を負の遺構として中心に都市計画の中に取り入れるという構想が生れる。また、その中で、ファウンテンズ修道院は12世紀に建てられたシトー派の寺院であり、その中世から続く歴史の重みを廃墟という形で残すことに意味があると解釈された。このコヴェントリー復興都市計画における、「廃墟となった大聖堂の鐘塔を軸線の焦点に捉えた手法、あるいは、風景式庭園の中でファウンテンズ修道院の廃墟に向けて軸線を設定した造園手法」は広島平和記念公園の構想に類似している点が指摘されており（頴原96-98頁）、負の遺構を廃墟として残すことの可能性を語っている。

　しかし、1950年に広島市平和記念都市建設専門委員会が設けられ、原爆で生き残っても後遺症に苦しみ、家族や生活基盤を奪われて困難な生活を送っている人々が河川敷や建設予定地の近くに住み着いている中で、平和記念公園や平和大通りが整備され始められていったことを、福間は「美化の暴力」と呼んだ（44-45頁）。1952年に平和記念式典が執り行われたが、原爆ドームの保存が完成するのは1967年8月5日を待たなければならなかった。しかし、戦後占領軍による検閲体制が続く中、原爆被害に関する情報には厳しい統制がかけられていたにも関わらず、原爆ドームとなった旧産業奨励館の廃墟は、プラスコードで規制の対象とならなかったことも幸運なことであったという（頴原92頁）。戦後の日本における

140

第5章 エイミー・ウォルドマンの新アメリカ庭園学

政治的な葛藤に巻き込まれ、原爆ドームは、多くの葛藤を繰り返しながら
も、原爆が風化する頃になってやっと公に認められた。

広島とは異なり、長崎では広島の原爆ドームにも匹敵した浦上天主堂
は、遺構として残されず、戦後13年経った1958年に取り壊され、同年
10月には新たな浦上天主堂が完成する。この失われてしまった遺構に関
しての記録と遺構として残されなかった経緯が最近注目されるようになっ
た。それは、戦後70年が経過したというだけでなく、21世紀に入り、阪
神大震災や東日本大震災が起こり、遺構を巡る議論が新たな局面を迎えた
だけでなく、福島原発事故により、もう一度原爆を考え直すことが必要と
なっていることからであろう（高瀬283-84頁）。そして、さらに長崎浦上
天主堂に関しては、宗教をめぐるアイロニーが存在することも忘れてはな
らない。キリシタン弾圧の壮絶な歴史を物語る文化遺産であり日本におけ
るカトリックの聖地である浦上天主堂に原爆を投下したのは、アイルラン
ド系でカトリック教徒の米軍パイロットだったチャールズ・スウィーニー
（Charles W. Sweeney）少佐であった（高瀬51頁）。爆心地となった浦上
天主堂の周辺は地獄と化し、浦上信徒12,000人中8,500人が被爆死した
という（高原・横手 iv 頁）。この廃墟となった天主堂を、「被爆の実相を
伝える「全人類の20世紀の十字架」として」残すべきだという強硬な意
見があり、何度もその嘆願書が長崎市に提出されたにも関わらず（高原・
横手 vi 頁）、当時の市長がアメリカの圧力に屈し、その案はアメリカとの
姉妹都市協定や浦上天主堂基金集めと交換され抹消されたという説がある
（高瀬246頁）。さらに、長崎の中に宗教を巡る「二重構造」があり、諏
訪神社で守られている市街ではなく、キリシタンの浦上に原爆が落ちたこ
とは、異教徒への「天罰」であり、その理論で行くと長崎には原爆は落ち
なかったことになるという長崎の中での認識のずれもあった（高瀬262-
64頁）。結果、長崎には原爆ドームに匹敵する負の遺構は残されず、被爆
都市としての認識も世界的に低くなったと言われている。

戦後70年の節目に、日本では戦争遺構を再考する動きがあった。広島
では、原爆の遺構は原爆ドームだけではなく、市街中に存在するという視
点に立ち、そのサイトマップを作成したり、地元の高校生たちが原爆投下
前の街を3Dで再現するなど、新しい遺構をつくりあげることに意味を

141

記憶と共生するボーダレス文学

見出している。原爆によって一瞬にして街が破壊され、多くの死者を出した広島では、爆心地で残った原爆ドームをその象徴として残し、公園地域に再構築して、原爆資料館を設立することで、そこに遺構を集中化させることになり、復興の過程で多くが失われていくことになる。その失われた記憶と失われた風景の再現を目的に、70年経って、新たな遺構を造ることになったのだ。

　2001年に9.11が起こった後、グラウンドゼロはアウシュビッツや原爆ドームと同様に、実際に遺構を残すかどうか、残すとすればどのような意味があるのかということが問題となる。リチャード・スタムルマン（Richard Stameleman）は、このグラウンドゼロは、破壊されてゼロとなった地点という普遍的な意味では、広島や長崎を含む多くの原子爆弾や水素爆弾の実験被爆地にもあったと主張する。

　　ワールドトレードセンター跡地のグラウンドゼロが、2011年9月11に起きた特別な出来事を表わすことは周知の事実である。しかし、同時に、現代にはグラウンドゼロと言える大惨事が数々あり、その化身には残虐なオーラがまとわりついてると言える。それは、広島と長崎の爆心地であるグラウンドゼロ、ビキニ環礁（中央太平洋）、ユッカ平原（ニューメキシコ）、さらには1946年から1950年代末まで行われたアメリカの水爆実験地などが、象徴的にグラウンドゼロの意味が解釈されて喚起される。（Stamelman 13頁）

不条理な方法で引き起こされた大惨事の跡地は、アメリカが加害者となった多くの国や地域にも存在しているのだ。アメリカは、9.11によっておそらくアメリカ史上、日本帝国軍によるパール・ハーバー攻撃を除いては、初めて国土を外国の力で大破壊されるという体験をし、その意味での遺構を造るという行為に関しては最初の体験ではなかったか。

　戦争の遺構としてのハワイのパール・ハーバーは、アメリカにとっておそらく9.11記念碑・博物館と同列に並ぶほどの負の遺構であろう。しかし、ハワイという土地は、アメリカ本土から離れており、1959年に正式に州となった土地である。パール・ハーバーの歴史は、1941年12月8日の日本軍によるアメリカ軍基地への攻撃に始まったわけではない。さらにこのアメリカ合衆国国定歴史建造物と認定されているパール・ハーバー

142

第 5 章　エイミー・ウォルドマンの新アメリカ庭園学

は、アメリカと日本の間に位置する集いの場とうたっているが、同時に
現在でも軍事基地なのだ。もともとハワイには先住民族が居住しており、
パール・ハーバーはハワイ語でワイ・モミ（Wai Momi）、即ち真珠の水域
と呼ばれ、その名の通り、多くの真珠が見つかったというハワイ州でも
最大規模の自然港であった。また複雑な入り江からなる湾であったため、
19 世紀から続くハワイの植民地化の中で、アメリカ海軍の基地が造られ、
現在でもアメリカ海軍の太平洋艦隊司令部があるアメリカ最大の海軍基地
として君臨する。

　このような略奪という背景があるにも関わらず、パール・ハーバーは日
本の攻撃に大きな打撃を受け、アメリカの第二次世界大戦参戦のきっかけ
となった場所として記憶され、広島や長崎の原爆投下に対して必ず引き合
いに出されてきた。パール・ハーバーの公式ホームページによると、この
4 館からなる記念館の中で特に有名なものは、1962 年に慰霊施設として
真珠湾攻撃で沈没して 1,120 人が死亡した戦艦アリゾナの真上に造られた
アリゾナ記念館である。この遺構に関しても様々な議論が繰り返され、廃
棄処分にするという議論まで出されたが、1958 年にアイゼンハワー大統
領が記念碑の設立を承諾し、政府からの補助金だけでなく、多くの個人か
らの寄付によって、建設が可能となった。このアリゾナ館をデザインした
アルフレッド・プライス（Alfred Price）は、オーストラリア出身で、第
二次世界大戦中にハワイのサンド島に収容されていた建築家である。この
長方形の白い建物は中央がくぼんでおり、酷評も出たそうであるが、プラ
イス自身は「平静」をテーマとしていると述べている。現在ではオアフ島
の中でも一番の観光地となり、年間 100 万人以上の来場者があるという。
アメリカにはパール・ハーバーという負の遺構が最も成功した例があった
のだ。

　また、遺構の一つでもある 9.11 記念博物館に関しても、記念館には
当時まだ身元確認ができていなかった 8,000 人もの犠牲者の遺体の一部
を収容しなければならないという理由で、特に犠牲者遺族から、強い反
対意見が出たという（Benitez n.pag）。ジェシカ・アウチャー（Jessica
Auchter）は、著書『国際関係における亡霊と記憶の政治学』（*The Politics
of Haunting and Memory in International Relations*, 2014) の 中 で、 記 念

143

碑とは、記憶専門家であるジェイムズ・ヤング（James Young）が呼ぶところの「土地が錨を下した行為（"land-anchored permanence"）」であり、定義をすると、それは「記憶される出来事が多様な語りの中で表される行為（"a performance of a multiplicity of narratives of the event being memorialized"）」（9頁）というように、記憶とは一つではなく、多様な語りによって創り出されるものであるべきなのだ。特に、負の遺構に関しては、その記念碑が持つ語りの部分は重要であり、またどのように表現するかというのは永遠の課題なのかもしれない。

　最終的に、9.11記念博物館は、当時34歳だった無名でイスラエル出身の建築家マイケル・アラド（Michael Arad）とランドスケープ建築家のピーター・ウォルカー（Peter Walker）のデザインに決定した。2001年からちょうど10年経った、2011年9月11日に一般公開された。テロ事件で破壊されたワールドトレードセンターの敷地には、もともととジオ横丁と呼ばれた電気部品を扱う商店や倉庫とリトル・シリアと呼ばれるアラブ系移民街、およびハドソン川横断鉄道があったという。拡大する海外貿易の拠点を作るために、第二次世界大戦直後から計画が練られ、最終的に1966年から1973年にかけて建設されることとなった。コンペの結果選ばれたのは、日系アメリカ人建築家のミノル・ヤマザキ（Minoru Yamazaki）の案で、広い低層ビルとプラザを基調として2棟の超高層ビルを建てるという斬新なものであった。この中央のプラザは、ヨーロッパの古都にある大聖堂と古い家々に囲まれた公共の広場であるプラザから発想されている一方で、ツインタワーの外壁支柱の形状はゴシック建築やイスラム建築の要素も取り入れられており、モダニズム建築として評価された。湾岸公社、市、州、連邦政府、世界の銀行、証券会社などのオフィスがテナントとして入ることとなり、スカイロビー、最上階の展望台とレストランなどを併設した多目的高層ビルとなった。約5万人の勤務者、そして来館者は20万人とも言われた。同時に、大規模な公共施設やビルを建てる際に建築費の1%をパブリック・アートに使うという条例を適応したビル群であったため、美術館ができるほどの質が高い多くの美術品が設置されることとなる。

　ワールドトレードセンターは、このようにアメリカの栄光、特に世界経

第 5 章　エイミー・ウォルドマンの新アメリカ庭園学

済の制覇を象徴する建物であった。そのため、1993 年と 2001 年の二度に
渡りテロの標的となり、2001 年のテロ事件によりワールドトレードセン
ターは完全に崩壊する。3,000 人を超える死者を出した跡地は、2001 年暮
れに公開され、グラウンドゼロと名付けられて残った鉄骨の十字架が建て
られ、多くの人々が祈りを捧げるために訪れた。また、2002 年に残骸撤
去が終了し、同時に遺体の捜索も打ち切られた。この倒壊したワールドト
レードセンターの再建計画がスタートするが、遺族感情も考慮の上、コン
ペによってダニエル・リベスキンド（Daniel Libeskind）の「メモリー・
ファウンデーション」が最終案として選ばれた。リベスキンドはポーラン
ド生まれドイツ在住の建築家で、ベルリン・ユダヤ博物館の祈念モニュメ
ントを設計した実績もあった。しかし、再建施工主の変更により、リベス
キンド案は大幅な変更を余儀なくされ、訴訟、和解、さらには保安上の問
題、管轄する公安公社や州の意向も加味しているうちに、さらなる変更が
何度も打ち出されることとなる。そして、再建は 2006 年に始まったが、
経済危機によって大幅に遅れて 2014 年の 11 月 3 日にワンワールドトレー
ドセンターとして開設された。

　そして記念公園の国際コンペが 2003 年に行われ、63 の国から 5,201 件
のエントリーがあり、その中からマイケル・アラドとピーター・ウォル
カーが選ばれた。公式ホーム・ページによると、メモリアル・プラザは迷
想の場としてデザインされており、倒壊したツインタワーの跡に二つのレ
フレクティング・プール（"Reflecting Pool"）があり、滝からそのプール
に絶えず水が流れるようになっており、そのプールの枠となるブロンズの
低い壁には 1993 年と 2001 年のテロ事件の犠牲者の名前が刻まれている。
そしてこのプラザには、オークの木々が植えられている。さらに、9.11
の跡地に「生き残った木」（"Survivor Tree"）として 2001 年の 10 月に発
見され保護されたマメナシの木（callery pear tree）が、2010 年にこの地
に移植された。また、記念博物館内では、展示品以外に、現代のテクノロ
ジーを駆使し様々な方法で 9.11 を語り継ぐ方法が取られており、ヴァー
チャル・ツアーも体験できる空間となっている。

　負の遺構の歴史は、第一次世界大戦にはじまる戦争や抗争の歴史と共に
誕生し、時代と共にその存在意義がまし、さらにグローバル社会において

その意義を再認識したものだ。

4 庭園哲学の迷路

　9.11 後、多民族国家としてのアメリカでは、特に大学などの高等教育の現場などでイスラム教やイスラム文化のことを学ぼうという姿勢を取りながらも、イスラム教へのバッシングやイスラム教徒への嫌がらせやヘイト・スピーチが容認されていたとも言える。むしろ、それまで評価する対象としても捉えなかったイスラム教という異教に対して、過敏となり、恐怖心を抱き、時には嫌悪感を持つようにもなっていく。そのような緊張感が続く中で、大惨事から 10 年後の記念式典とそれに伴うグラウンドゼロの遺構に関する問題から、新たな道を探ることを提示したのが『サブミッション』の大きな特徴である。最終候補のデザインが庭園で、その候補者としてノミネートされた若い建築家がイスラム系アメリカ人であるということがわかるやいなや、大混乱が起こり、アメリカ社会にはイスラム系の人々に対する嫌悪感や憎悪が根底に渦巻いていたことが判明するというアイロニーが巧妙に仕組まれている。人間と庭園が持つ意味は何かを最終的には問うているのだ。

　9.11 後のアメリカ社会におけるイスラム教徒の問題が議論される以前に、遺構に対する意見の対立が審査委員会の中にある点が重要であり、そこに庭園哲学が抱える問題点が示唆されている。つまり、遺構案が葛藤の空間であるのだ。遺構が持つ意味を考えると、そこには負の遺産として何かを残したいという考えと、遺族が抱える深刻な心理的なストレスや怒りを考慮に入れると消し去りたい場であるという考えが対立する空間なのであるが、それが庭園という空間を巡って起きる。この対立が、夫を 9.11 で失った未亡人のクレア・バーウェル（Claire Burwell）と審査委員会で最も影響力がある彫刻家のアリアナ・モンタギュー（Ariana Montagu）との間に、最初に確固として存在する。

　この遺構の意義に関して、『サブミッション』の中で、庭園案（"The Garden"）を全面的に推進する遺族の代表でもあるクリアは、記念碑を墓地と比較して、「"庭園"は私たちが──未亡人や、犠牲者の子供たち、どんな人でも──歓喜と出くわすことのできる場所」（7 頁）であると言う。

第 5 章　エイミー・ウォルドマンの新アメリカ庭園学

クリアの言葉を遮り、この庭園案に反対し、虚空案（"The Void"）を推進するアリアナは、次のように主張する。

「申し訳ありませんが、記念碑は墓地ではありません。それは国家の象徴であり、歴史的な記号です。そこを訪れる人たちに──彼らとテロ事件とのつながりがどれだけ時間的・空間的に離れていようとも──それがどのように感じられ、何を意味するのかを理解させるようなものなのです。"空虚"ははらわたに訴えます。怒りや闇を剥き出しに表わしています。あの日には歓喜などなかったのですから。…」（7 頁）

遺構すなわち記念碑が持つ重要な意義は感情を基本としており、庭園と虚空との対立は、遺構と共に起こる感情の対立、即ち、歓喜と怒り、光と闇という二項対立のものなのだ。クレアは喜びという感情からヒーリングという効果を期待しているが、アリアナは怒りという感情から心の闇の部分をえぐり出す効果を期待する。

　遺構と同様に、庭園という空間にも心理的対立が存在する。『サブミッション』の中で、審査委員会で力を持つ彫刻家のアリアナが、庭園案に反対する際に、「"庭園"はヨーロッパのブルジョワジーの嗜好品なの」（6 頁）だと言い、庭園はアメリカと共存しない空間だと論理的な主張をする──「庭園というものが私たちの語彙にはないということです。アメリカには公園があります。形式ばった庭園は私たちの伝統にはない」（6 頁）と論じる。つまり、アメリカ社会の中に「庭園」という語彙は無く、アメリカという国土には歴史的に庭園は存在せず、その言葉自体全く意味をなさないと言う。この庭園はヨーロッパの王侯貴族により支持され、造られ、維持されてきた特別な意味を持つからだ。しかしこれは、ヨーロッパのみをアメリカのルーツと見る、狭義の空間論ではないか。また、庭園のルーツと歴史的変遷を踏まえていない議論ではないか。そこに、皮肉が込められている。

　この狭義の空間論を覆すポイントとして重要な点は二つある。まず、ヨーロッパの庭園は、そのルーツを古代エジプトとオリエントとしており、ローマ帝国の庭からなる中世の庭を基礎として、16 世紀のイタリア・ルネッサンス庭園、17 世紀にそれがフランスに渡りフランス幾何学式庭

147

園、そして 18 世紀にはイギリスで風景式庭園が時代を経て生まれた（岩切 i 頁）。このように古代ローマ帝国で発展した庭園は、その後古典主義様式としてキリスト教文化圏に受け継がれると同時に、実は、ローマ帝国滅後にはイスラムにも受け継がれていったのだ。即ち、相反すると思われる二つの文化圏の庭園はルーツを同じくしているという点が重要である。

　また、中世ルネッサンスから発展してきたキリスト教文化の庭園は歴史的変遷において庭園の意味が変化し、それが一般市民の台頭により、開かれた場としての都市型公園が誕生する。貴族の館が持つ広大な私有地を改造しイギリス風景式庭園が造られ流行するが、それが北米、東欧、南欧、ロシアにまで広がったという（岩切 201 頁）。アメリカにおける風景式庭園は、ヴァージニアで初代大統領ワシントンが造ったマウント・ヴァーノン、さらにジェファーソンが造ったモンティチェロの庭園が初期の例としてあげられるが、その後 19 世紀になると上流階級の人々が東部を中心に風景式庭園を造り、特にハドソン川の河畔には多くの名庭園が誕生した（岩切 201 頁）。この流行の背後には、ニューヨークの造園家アンドリュー・ジャクソン・ダウイング（Andrew Jackson Downing）により1841 年に出版された『風景式庭園の理論と実際』の影響が多くあったという（岩切 201 頁）。イギリスで生まれた風景式庭園は、アメリカという新しい大地で根付くことになった。

　そして、その風景式庭園がさらに閉鎖された空間から解放された空間に移行するという点において、現代化していくのである。これが、アリアナが言うところの公園（public park）である。イギリスにおいては、早くは 17、18 世紀において、王や貴族が所有していた庭園が公開されており、それが現在のハイドパークやセントジェームズパークである（白幡 19 頁）が、その概念が生かされるのは、19 世紀を待たなければならない。この一般庶民が無料で、あるいは入場料を払って、訪れることができる公園の概念は、実はドイツにおいてはもっと古くから存在しており、荘園邸宅や上流階級の館が公開されたり、さらに都市型公園が造られたりするのは、歴史的意義がある。

　アリアナが指摘している庭園とは、フォーマル庭園あるいは整形庭園と一般に呼ばれる庭園であり、それは古代ローマ帝国により発展したもので

第5章　エイミー・ウォルドマンの新アメリカ庭園学

ある。ヨーロッパでは中世から王侯貴族がこぞって城や邸宅に造りあげた閉ざされた空間である。この整形庭園は、幾何学模様などが綿密にデザインされて、その空間に入ることが許された者のみが体験できる場であった。古典主義のスタイルである左右対称が守られ、注意深く維持されてきた文化遺産であり、中世ルネッサンス期にはそれがイタリアからフランスへ、そしてイギリスへと伝わることとなる。館の主は競ってこの整形庭園を造り、その巨大で多額の費用を使って造られた例としてはフランスのベルサイユ宮殿の庭園があげられる。この庭園は、館と同様に、権力の象徴であり、そこにはゆるぎない中世の秩序と価値観が集約されていた。

　この整形庭園は、イスラム圏にも受け継がれるが、イスラム教が誕生する7世紀の中東、特にペルシャをルーツとして発展し、その後イスラム王朝が樹立されたスペインやインドにも伝えられる。現存するイスラム庭園で代表的なものが、スペインのグラナダにあるアルハンブラ宮殿のパティオ（中庭）やヘネラリーフェ庭園と、インドのアーグラにあるタージ・マハル、カシュミールにあるシャーラマール庭園ということからもわかるように、イスラム文化圏が拡大したイベリア半島やインドに、イスラム庭園も建築様式と共に伝えられることになる。

　『サブミッション』の中でクレアがカーンの庭園案を簡潔に説明する箇所があるが、そこにはこのイスラム庭園の特徴が埋め込まれている。カーンがデザインした庭園は、幾何学模様の整形庭園であるが、イスラム教の庭の概念に基づいて作られている。クレアは次のようにそのデザインを語る。

　　この案のコンセプトは単純だった。壁で囲んだ長方形の庭で、その形は厳格な幾何学的配置に基づいている。中央には、瞑想のためとされる、背の高い東屋（パビリオン）が建てられる。二本の幅広い水路が垂直に交わり、六エーカーほどの土地を四分する。それぞれの部分に小道が走り、木々の中に基盤の目状の模様を加える。木々は生きているものと、鋼鉄のものとがあり、果樹園の木々のように並べられる。外周には八メートルほどの高さの白い壁が建てられ、敷地全体を取り囲む。犠牲者の名前は壁の内側に列挙され、倒壊したビルの幾何学的な被覆金属板を模す形にデザインされる。鋼鉄の木々は、回収された瓦礫から作られるため、倒壊したビルを文字どおり蘇らせる。（4-5頁）

イスラム文化における庭園もまた、キリスト教文化における庭園と同様に、特権階級にのみ共有され閉された空間である。

　イスラム庭園の特徴は、中東における乾燥して酷暑が続き熱風も吹き荒れるという過酷な自然から身を守るという役割があり、その求心的な空間には水と緑が配置されオアシスとしての意味を持つ。また、イスラム教では偶像崇拝を厳しく禁止しているために、建築においてもアラベスク、緻密な幾何学模様や唐草模様を用い、それが庭にも応用されている。砂嵐や熱風から守るために、堀や建物で取り囲まれその中に木陰と水を配置する方法は、パイリダェーザと呼ばれ、パラダイスの語源とも言われている。さらに、水路を４分割して４つの庭園を造る技法をチャハルバーグと呼び、四分庭園と訳される。カーンがデザインした庭園は、まさに、このパイリダェーザとチャハルバーグを取り入れた空間である。

　このイスラム庭園には、偶像崇拝以外で、キリスト教文化圏の庭園とは異なる点がある。それは、パラダイスとエデンの園との関係性にある。庭園学の新たな論を打ち出したロバート・ポーグ・ハリソン（Robert Pogue Harrison）は、次のように述べている。

　　イスラム教とキリスト教の違いで重要な点を他にあげると、それはイスラム教では天国とエデンの園を明確に同一化していることである。すなわち、イスラム教では、死後の二つの柱は地獄と地上の楽園なのである。これに対して、キリスト教の死後の世界は、エデンの園は地獄と天国の中間地点にあり、それによってキリスト教徒にとって祝福されるとことは、地上の楽園ではなく天国そのものなのである。（137頁）

　しかし、カーンの庭園は、この伝統に基づくイスラム庭園に新しい意味を加えており、そこに負の遺産としての意義が存在するのだ。そこには自然の木と鋼鉄の木が並んでおり、その鋼鉄の木はテロの瓦礫から造ることになっている。白い壁の内側には、やはり倒壊したビルを幾何学的模様でデザインして金属板に描き、そこに犠牲者の氏名を銘記するという。また、４枚の絵にはその庭園が四季に応じてどのように変化するかということが描かれており、砂漠の中の乾燥地帯とは異なる自然を表現するとともに、ニューヨークという大都会にある庭であるというサインも入ってい

第5章　エイミー・ウォルドマンの新アメリカ庭園学

る。クレアはこのカーンが創り出した庭園に対して、「自然の要素に大きく依拠しながらも、人造物であることを思い出させるものだ」（5頁）と言っているように、庭園とはいくら自然に見えても、自然を取り込んでも、人の手によって造られたものである。ニューヨークという大都会の砂漠に、伝統的な庭園をオアシスとして設置し、その中で人々の心を一つに集約することがこの庭園案のコンセプトであろう。

　庭園がその形を変えながらも上流階級の限られた者の所有物であり閉鎖的な空間であったという歴史の上に、近代社会が形成されていく過程で都市公園が誕生していく。『サブミッション』の中で、コンペの投票の前に、委員の一人である歴史家イアン（Ian）が、都市公園の近代のルーツから現代にかけての例を挙げて、次のように庭園案を支持する。

　　酔っ払っていても、イアンは講義をせずにいられなかった。市民のための庭は、十八世紀ヨーロッパにおける都市郊外の墓地に起源があります、と彼は言い、ドイツのダニエル・シュレーバーによる庭を基盤とした社会改革へと話を展開させていって（「彼の社会改革には興味はありませんけどね、あの哀れな息子たちに押しつけた改革には」）、そこからソムの戦いの戦没者を称えるエドウィン・ラッチェンズの記念碑がどれだけ恐怖を与えるか、という話に飛ぶ。この記念碑には、七万三千人もの名前が内部の壁に刻まれているのだ——「七万三千人ですよ！」とイアンは叫んだ。さらに彼はヴェルダンでの「国家としての記憶」と「帰還兵の記憶」との違いについて考察し、約十五分後に、ようやく「それで、"庭園"を支持します」と締めくくった。（18-19頁）

イアンが語る18世紀から20世紀にかけての都市公園の歴史は、死を悼むという負の遺構が最も強く表れているシンボルを強調したものとして提示される。

　ここでドイツでの改革者としてイアンが紹介しているダニエル・シュレーバー（Daniel Gottlob Maritz Schreber）は、19世紀、ドイツのライプツィヒ（Leipzig）の医者であり教育者でもあった。彼は、小規模な家庭菜園や市民菜園貸付地（allotment gardens）を取り入れたシュレーバーガルデン（Schrenbergarten）の推進者として知られており、彼の運動は第二次世界大戦後の荒廃したドイツの復興に取り入れられたという。彼の息子

151

のことが述べられているが、それは 3 人の息子が精神病で苦しみ、その
うち一人は自殺をしており、もう一人はフロイトの診察を受け、著書もあ
る。シュレーバーガルデンは、自分の小さな庭園の中に精神的な癒しの空
間を作ることと、労働者や都会に住む広い土地を持たない人にも庭を持つ
ことができるという現代の社会運動として広まった。

また、ソンムの戦い（The Battles of the Somme）とヴェルダンの戦い
（The Battle in Verdan）は、第一次世界大戦で最も残酷な戦いで多くの犠
牲者を出した戦いであり、それらの戦争記念碑には広大な墓苑がある。ソ
ンムの戦いは、北フランスで戦死したイギリス人と南アフリカの兵士、
72,246 名の犠牲者を出し、イギリス人建築家のサー・エドウィン・ラン
ドシア・リンチェンズ（Sir Edwin Landseer Lytyens）が設計した。また、
ヴェルダンの戦いでは、フランスとドイツの壮絶な交戦で 70 万人以上が
犠牲となり、アラブ系の植民地兵も埋葬されていて、祈りのためのモスク
も設置されている。

都市公園は、緑地化が計画的に進められる 19 世紀以前はほとんど存在
しなかったと言えるが、その中でイアンが述べているように墓園が重要な
位置を占めていたことは事実の様である（白幡 18 頁）。しかし、この戦
争で破壊された場所に大規模な墓園をつくることは、第一次世界大戦前に
はほとんど例がなかった。戦争記念碑は、国家的な意味合いや英雄をたた
えるもので、無名兵士や遺骨が見つからなかった兵士が魂を休める意味を
持たせることはなかった。この戦争記念碑が無名の兵士たちの墓苑となり
彼らの名前が刻まれるのが、ソンムの戦いとヴェルダンの戦いの記念碑か
らだという。

そして、都市公園が市民権を得るのは 19 世紀を待たなければならず、
都市公園の発展こそが、一般市民の政治的・経済的台頭に起因している。
『サブミッション』の中では、伝統的整形庭園と対立する空間として、公
園（"park"）という空間が示唆されているが、この公園にも庭園と同様に
隠された記号がある。しかし、ここで皮肉なことに、アリアナがアメリカ
にある空間として掲げている公園（park）は、もともとはこの私有地ある
いは狩猟地という意味だったのだ。ここに、公園という語に実は隠された
葛藤があることが示唆されている。英語で park とは、イギリスの貴族や

152

第5章　エイミー・ウォルドマンの新アメリカ庭園学

上流階級が所有していた広大な私有地のことを意味し、王侯貴族の趣味である狩猟を楽しむ場であり、庭園と同様に特定の階級の人々にのみ入ることが許される閉じられた場所であった。しかし、18世紀になると、広大な敷地に自然の風景に似せてデザインされた風景庭園（landscape garden）が流行する。これは、整形庭園に対する反動として、イギリスで起こったもので、広大な私有地の中で自然景観を造りあげてできた庭園である。その館や庭を見学するということが、中産階級の人々の楽しみとなる。この概念がより発展して、一般の人々が階級や社会的地位の違いに関わらず出入りできる公園という空間ができるのは、19世紀のロンドンにおいてであったのだ。当時の公園は、木々が植えられている程度であったが、そこに様々な余暇を楽しむものが誕生し、parkの意味が現代の公園という意味になっていくのだ。その後に、ロンドンのハイドパークが、アメリカに伝えられて、ニューヨークのセントラルパークが誕生する。

　『サブミッション』の中で、カーンの庭園が造られると、セントラルパークに次ぐニューヨークのパークになることが示唆されているが、この時点でアメリカにおける都市公園の重要性と象徴性が確立されていることがわかる。庭園は夫が帰る場所だと信じるクレアは、ケルン（道しるべ）を残すために、幼いウィリアム（William）とペネロペ（Penelope）を連れて、マディソンスクエア公園、タイムズスクエアの軍隊リクルート局（"military recruiting station"）、そしてセントラルパークなどを巡る。その中で、タイムズスクエアの軍隊リクルート局は1946年に設立されたものであるが、2008年に爆弾事件が起こったところであり、セントラルパークのストロベリー・フィールズ (Strawberry Fields) は、銃殺されたジョン・レノン（John Lennon）の慰霊碑として1985年に設立された。クレアのケルンを残す道のりは、ニューヨークの負の歴史を再考することでもある。

　セントラルパークは、1858年から1873年にかけて造られた、アメリカではじめてのテーマ・パークとして定義され、そのテーマは自然であったという（Miller 12頁）。1811年に始まった都市開発計画の中で、拡大しつつあった市街地にロンドンのハイドパークの様な都市公園の必要性が、詩人のウィリアム・カレン・ブライアント（William Cullen Bryant）

やアメリカにおける初めての造園家であるダウニングにより提唱された。その結果、1858年にコンペが行われ、アメリカ人造園家フレデリック・ロー・オムステッド (Calvert Law Olmsted) とイギリス人建築家のカルバート・ヴォクス (Calvert Vaux) の "Greensward" と呼ばれた田園風景 (pastoral landscape) に基づくデザインが選ばれた（Mills 15頁）。この二人は、ブルックリンのプロスペクトパークも造っており、発展途上のニューヨークの公園建設が持つ意味を構築した人物たちである。セントラルパークは、南北に長い敷地に、森林、人工池、牧草地で地形を整え、その間に散歩道や乗馬道を巡らせ、時代と共に、スケートリンク、動物園、温室、テラス、噴水、ジョギングトラックなどが加わった。また1937年には、温室跡地に3種類のヨーロッパ整形庭園である、イタリア式庭園、フランス式庭園、イギリス式庭園が造られた。また、ヨーロッパの中世を彷彿とさせるベルヴェール城、エジプトのオベリスクの彫刻、不思議の国のアリス、アンデルセンの彫像、そして多くの記念碑が造られていく。即ち、セントラルパーク自体が、アメリカの文化背景と歴史を物語るものであり、文化遺産でもあるのだ。文化的・教育的空間として、セントラルパークにメトロポリタン美術館が建設され、周囲にはアメリカ自然博物館やグッゲンハイム美術館も設立された。犯罪が多発した時期もあったが、市民の憩いの場として屋外コンサートが開かれたり、スポーツを楽しむこともできる都会のオアシスとしての役割を果たしている。

　庭園が上流階級の特権的な空間から一般市民の憩いの場となる過程において、庭園が人間に及ぼす影響に関する研究も盛んになる。第一に、庭園が果たす役割であるが、ハリソンは次のように的確に要約している——「これらのように古代、中世、そして現代のテクストにおいて、庭園は会話、対話、交遊、そして語りの場——端的に言うと共同体構築——として頻繁に描かれている」（45頁）。歴史的に庭園が変容し、そのスタイルが変わっていっても、庭園が人間にとってなぜ大切かということは普遍的なのだ。庭園とは、人と人との対話を生む場であり、人間の内的苦悩を癒す場所であり、さらには一つの共有精神が誕生する場なのだ。

　庭園が人間の対話と共有精神が誕生する場であるということは、庭園がどんな形であれ、自然そのものではなく人の手が入っているということに

第5章　エイミー・ウォルドマンの新アメリカ庭園学

関係がある。

> ここで我々は、ケアと庭園に相関関係を見出す。人間によって創り上げられた庭園がそれぞれの時代に移り入る。庭は、まず最初に、庭師がプランを立て、それに応じて、種が植えられ耕される。そして収穫時期になると、実や予想通りの収穫をもたらす。その間、庭師は日夜、新たなケアに心を悩ます。なぜなら、物語のように、庭園にはそれ自体の発展していく構想があり、それであるゆえに、その構想によってケアする側の者は多かれ少なかれ常に切羽詰まった状態におかれることになる。本当の庭師とは、どんな時でも「不屈の庭師」なのだ。（Harrison 7 頁）

イギリスの風景庭園が流行した時、いかに自然に見える庭園も、緻密に計算され、人の手が細部に至るまで入っており、その後十分な手入れが必要であった。ハリソンが言うように、庭とは「物語」であり、その物語には登場人物も風景もあり、また物語が発展していく中で、平面に書かれた文字から様々な情景が創り上げられる。庭を手入れすることは、その庭に新たな生命を誕生させ、それらの命の共存の中で、人の心に訴えかける空間を構築することなのである。

5　時間と空間の和解

　『サブミッション』の中で、9.11 というテロ事件の犠牲者を弔う記念碑を造る上で、民族差別からさらなるテロが起こるという点が、この作品の焦点であろう。そこには、様々な市民団体、政治家、またジャーナリズムにより、事実が捻じ曲げられたり、誤解されたり、また必要以上に誇張されたり、あるいは真実が抹殺されたりという現代社会が生み出すひずみが描かれている。それらは、短い時間の中で肥大し、解決できないほどの大きな問題と化ける。そして、カーン論争が激しくなるのと比例して増加するイスラム系女性のスカーフが切り取られるという事件 ("headscarf puller") は、アスマ・アンワール（Asma Anwar）というバングラデシュ出身の不法移民で夫が 9.11 の犠牲になった若い寡婦の殺人にまで発展する。そして 20 年後に時間が飛び、カーンは 60 歳近くになっている。カーン論争は過去のものとして新たな脚光を浴び、カーンが不在のニューヨーク

で彼の回顧展が開かれ、カーンはニューヨークを去り移り住んだインドの
ムンバイで建築家として大成功している。彼がデザインしたあの庭園は造
られており、若者たちによる記念碑コンテストの20周年記念のドキュメ
ンタリー映画が作成されていく過程でこの小説が終わる。20年後、カー
ン論争は一時的な熱であったという反省とカーン再評価により、カーンは
再び脚光を浴びるのだが、皮肉にもカーンはすでに世界的な建築家として
成功しているのである。

　カーン論争は熱病のようにアメリカ人に取りつき、イスラム系女性殺害
という事件で、カーンは全ての責任をとるかのように辞退し、表面的には
カーンの負けで終わるが、それはアメリカという国が犯した誤りである
のだ。カーンというイスラム系の名前が最終候補者であるとわかるやいな
や、国籍がアメリカである事実などお構いなしに、あるいはこれが国
際コンペであることなどとっくに忘れてしまったかのように、全員がパ
ニック状態になり、「マヤ・リンの再現だ。でも、あれ以上にまずい」（26
頁）と言う場面がある。このマヤ・リン（Maya Lin）は、実際に、ベト
ナム戦争戦没者慰霊碑を設計した世界的に著名な建築家として9.11のコ
ンペの審査員の一人であったのだが、30年前の1981年、「マヤ・リン」
は2011年の「モハメド・カーン」と同じ意味を持っていたのだ。カーン
が9.11を引き起こした憎むべきイスラム教徒であるということと同様に、
マヤ・リンは多くのアメリカ兵を殺したベトナム人と同じアジア人だとい
うことで、彼女が最終候補者として発表されるや否や、退役軍人や政治家
からの反対運動が起き、リン個人にとってだけでなく、多民族国家を謳
い、平等と自由を掲げるアメリカ社会に大きな傷を残すことになるのだ。

　ワシントンDCに建てられるベトナム戦争戦没者慰霊碑のコンペが
1981年に行われ、1,421人のエントリーの中から、8人の審査員によって
満場一致で選ばれたのが、無名のマヤ・リンのデザインであった。当時
21歳であったマヤ・リンは、イエール大学で建築を学ぶ学生で、ちょう
ど記念碑とは何かを学んでいたところだった。マヤ・リンは、中国系移民
を両親に持ち、オハイオ州で1959年に誕生した中国系アメリカ人である。
リンの父親は陶芸家でオハイオ大学の学部長も務め、母親と兄は詩人とい
うインテリ一族である。彼女が提出したデザインのスケッチだけでなく、

第5章　エイミー・ウォルドマンの新アメリカ庭園学

それと一緒に出されたエッセイに審査員は感動したという。

　しかしリンがアジア系であるというだけで、退役軍人団体はそのデザインをこき下ろし、初めての記者会見では、アジア系の者がベトナム戦争の記念碑を作るなど皮肉だと思わないかという無神経な質問をして、さらに『ワシントン・ポスト』には "An Asian Memorial for an Asian War" と民族差別を示唆する記事が掲載され、リンは大きなトラブルに巻き込まれたことを実感したという（Ng 72-73 頁）。建築学や芸術など全く理解もしていない無知な退役軍人たちの感情的な反感、目に見えない言葉の暴力、あるいは威嚇に近い行為にも恐怖を感じたと思う。名門大学で建築学を学ぶアジア系の若い女性に対するジェラシーもあったであろう。

　その後この論争に関してリンは多くを語ることはなかったが、リンに関するドキュメンタリー映画 Maya Lin: A Strong Clear が 1994 年に公開され、その映画がアカデミー賞を受賞する。リン自身、建築家、デザイナーとして、数々の賞を受賞し、母校であるイエール大学からだけでなく、ハーバード大学、ウィリアムズ・カレッジ、スミス・カレッジから名誉博士号を授与されるなど、名実ともに世界的な建築家となり、現在では "What is Missing?" という環境の慰霊碑ともいえるプロジェクトにも取り組んでいる。そして重要な点は、リンの基本的考えは一貫して変わっていないことである。リンをめぐる論争が激化し政治的圧力を経験する中で、リンは 1982 年には慰霊碑が完成しかけていた時にエッセイを書いており、それを長い間公にすることはなかった。その中でリンは自分のデザインの背後にある慰霊碑に対する考えを次のように語っている。

　　私達は、はなはだしい若者中心の文化にいて、死とか臨終を人生の一部として受け入れようとしなかったり、受け入れることができなかったと感じている。死者を弔う儀式は、もっと本質的で古い文化においては人生の一部として重要であったが、現代においては抑制されてきた。遺構をデザインする際に、根本的に重要な点は、死に関して正直になることだった。というのは、喪失に打ち勝ち始めるためにはその喪失を受け入れなければならないからである。喪失感が常に痛みとなり、常に心の傷となる。しかし、私達は前に進むために死を受け入れなければならないのである。(Lin n.pag)

リンのコンセプトは、民族や文化の違いを超え、普遍的である。人間にとっての生と死をどのように捉えるのかということが根底にある。過去の戦争の記念碑を調べたリンは、ソンムの戦いの記念碑には、身元が判明した兵士の氏名だけでなく、身元不明の兵士も埋葬され、その間を歩くと失われた命の尊さを感じ、そのメッセージの強さに圧倒されたという。

　『サブミッション』のカーンもまた、マヤ・リンと同様、インドから1966年に移民してきた両親のもとにアメリカで生まれたアメリカ人で、輝かしい学歴と経歴を持つ37歳の建築家である。また、カーンの父は上級エンジニアで、母は画家で大学でも教えているインテリ一家である。審査委員会の議長のポール・ルービン（Paul Rubin）は、カーンがイスラム系であるとわかった時点でその経歴などを調査するが、調べれば調べるほど問題がないどころか、野心に満ちていた若い頃の自分を思い出すと同時に、同世代の自分の息子と比べるとはるかに優っていることに心が動かされる。カーンは、ヴァージニア大学卒業、イエール大学大学院建築学科を出て、一流の設計事務所で働き、アメリカ各都市の博物館や、高層マンション、図書館などの主任建築士としてすでに新聞でも取り上げられていた。その上、カールのイエールでの指導教授で、建築学科長を務めるアーサー・チャン（Arthur Chan）は中国系アメリカ人である。カーンはアメリカン・ドリームをかなえつつある若者であり、アメリカの誇りでもあるのだ。そのカーンに、アメリカは背を向けるのである。

　カーン論争で最も愚かな議論は、彼のデザインを評価する議論ではなく、彼がイスラム庭園を造ったこと自体が、イスラムの勝利を表すという解釈に基づいている点である。最終的にはカーンの才能を認めながらも、ルービンはカーンに今回の記念碑を辞退することを勧めるのだ。民族的バックグランドに関してカーンと話しているルービンは、彼自身、ユダヤ系の移民ということで、曽祖父はルビンスキー(Rubinsky)という名前だったが、祖父がアメリカに来た時にルービンに改名したことを思い起す。それをルービンは、「私たちはみな自己を改善していきます。時代とともに変化する」（110頁）と要約する。裏を返せば、アメリカという国には民族差別があるため、出目を隠して生きる必要があり、それが時代と共に生きるという意味だと解釈できる。

第5章　エイミー・ウォルドマンの新アメリカ庭園学

　しかし、辞退を勧めるルービンに対して大いに憤慨し、さらに過激に
なっていく世論に対して、カーンは次のように言う。

　　しばらく間をあけてから、カーンは続けた。「私は作品を取り下げるように
　要請されました。あるいは、残るのであれば、設計者として名乗らず、匿名
　のままでいてくれとか、誰かと共同制作ということにして、その人の名前で
　提出したらどうか、などとも言われました。しかし、私は作品を取り下げま
　せんし、このような妥協の仕方もしません。そうすることは私自身を裏切る
　だけでなく、この国の信条を裏切ることになると思うからです。その信条と
　は、名前や宗教や生れではなく、物事そのものを評価するということです。
　委員会はこのデザインを望みました。それには設計者が伴います。もしこの
　デザインを望まないのなら――」（156-57頁）

カーンにとってアメリカは自分の国であり、また名前はルーツを表すアイ
デンティティである。その多様なアイデンティティを受け入れているアメ
リカにおいて、彼は建築家としての力を評価された点を力説する。
　カーンの記念碑論争を巡って、カーンの意思やデザインの真価とは全く
異なり、政治的な動きが大きな波となってカーンを襲ってくる。カーンに
反対する団体「"アメリカをイスラムから救う会"」や「"記念碑防衛委員
会"」（220頁）とカーンを擁護する団体「"モハマド・カーンを守る委員
会、モハマド・カーン防衛基金、モハマド・カーン防衛連合"」（262頁）
が生れ、アメリカ全土でイスラム系の女性への暴力行為が蔓延し、声を持
たない弱い女性が犠牲となり、最終的にアメリカの理想は崩壊する。平
和を望んで造られる遺構を巡る議論が新たなテロを生む。ヘッドスカー
フ摑み事件が全米で起きたことをきっかけにイスラム教徒の男性による
自衛団が結成され、ヘッドスカーフを巻いている女性は自分が住む地域
から出ることができなくなる。テレビでは、「ヘッドスカーフ危機」("The
Headscarf Crisis") という見出しの特別ニュースが流れ、イスラム系と非イ
スラム系の間の歪はさらに深くなるのだ。
　アメリカにおけるジャーナリズムも、カーン議論を歪め、真実を伝え
るべき役割を果たしていない。大衆紙の野心に満ちた女性記者アリッサ・
スピアー (Alyssa Spier) は11年間で8回も職場を変えて、やっと『デイ

記憶と共生するボーダレス文学

リー・ニュース』の記者となるが、スクープの為なら手段を択ばない。
『ニューヨーク・ポスト』にスクープを売り、カーン議論のきっかけを
作ったアリッサは、軽率で無責任なアメリカン・ゴシップを象徴する存在
である。

　編集者や社長、役付のお偉いさんたちは、それとは違った。真実に忠実な
のは、それが自分たちの仲間たちにとって不都合でなければの話だった。だ
から彼女は離脱したのだ。そしてその離脱の結果が、ニューヨーク市に雨の
ように降り注ぐことになった。これに先立つ二年間、「親族の思い」という
ジャーナリズムのジャンルが発展し、フル稼働していた。記者たちは誰もが、
犠牲者の遺族たちの連絡先を携帯電話に保存していた。配偶者を亡くした
人々、犠牲者の親やきょうだい、あの日のことについてコメントできる人な
ら誰でも、だ。グラウンドゼロの状況について、容疑者の逮捕について、容
疑者への拷問について、補償について、陰謀説について、事件の記念日につ
いて（最初は一カ月、それから六カ月となり、あとは一年ごとになった）、惨
事を利用した不快な関連商品の販売について、など。どういうわけか、遺族
たちは何かしら言いたいことがあるものだった。（101 頁）

アリッサは、この「親族の思い」というジャーナリズムのジャンルをフル
に活用し、さらにカーンがアフガニスタンに建てるアメリカ大使館に関わ
るコンペに参加した時のことを湾曲してクレアに伝え、上流階級で世間知
らずのクレアを惑わし、その後、彼女は病気になる。ジャーナリズム自体
がテロ行為であり、事実を歪めて嘘を語り、人権を侵して、言葉の暴力で
世界を破壊していくのである。

　カーン論争が政治的な抗争と発展していく過程で、カーンの物語に重ね
てもう一つの物語が語られるが、それは、テロ事件の犠牲者であるイスラ
ム教徒の物語である。バングラデシュ出身の不法移民である夫をテロで
失った妊娠 8 カ月のアスマのアメリカでの葛藤は、民族的、経済的、政治
的、そしてジェンダーの問題を含むものである。イスラム教徒であるがゆ
えに、テロの犠牲者であるにも関わらず記念碑から排除される危機に直面
し、さらに政治に巻き込まれていく。カーンとアスマは、イラン系アメリ
カ人弁護士であるレイラ・ファティ（Laila Fathi）を通じて繋がっており、
最終的に公聴会でのアスマの言動により、負への道程を辿ることとなる。

160

第5章　エイミー・ウォルドマンの新アメリカ庭園学

彼女は公聴会で意見を述べたために、不法移民でありながらバングラデシュ政府から見舞金をもらったという不正に対して非難され、結局はバングラデシュに送還されることになる。アメリカで生まれた息子と二人で、母国では達成できない明るい将来を夢見ていたアスマは、出国を前に、反イスラム主義者に殺害される。そして、アスマを殺した非イスラム教徒であるアメリカ人が裁かれるのではなく、その罪もカーンに着せられ、カーンは孤立し、追い詰められていく。

　アメリカ社会がテロ社会となっていき、アメリカ人がアメリカ社会を抹殺していき、アメリカ社会はカーンを最も危険な人物だという「レトリック」が創られていく。カーンがその真っただ中にいる時に、レイラは過去の歴史的事実である第二次世界大戦中のナチス・ドイツのユダヤ人迫害やアメリカにおける日系人収容所問題を取り上げ、最後は強制収容されることを示唆する。

　　モーの心はしばらくよそに移ろった。以前見たことがある、日系アメリカ人が強制収容されたマンザナ収容所の庭の写真を思い出したのだ。収容された人々は石を積み上げ、池を掘り、さらにはコンクリートで木の幹や枝を作っていた。自分はこれと同じような精神の粘り強さを保てるだろうか？モーは、自分が鉄条網の張られた収容所の中にいる姿を思い浮かべた。小さな庭の境界線を引き、水路を掘り、木を植え……。（301頁）

アメリカの民主主義という名のもとに行われるテロ行為にレイラは戦う姿勢であるが、カーンは最後まで自分のアメリカでの地位を信じる。

　最後の公聴会における不調和音は、カーンのイスラム教に対する無知がさらけ出されたことにより、今度はカーンがイスラム教徒から避難され、警戒の対象が非イスラム教だけでなくイスラム教にまで広がるという最悪の結果に終わったことである。インターネットで死刑宣告さえされたカーンは、同じく裏切り者としてつるし上げられたアスマの死により、非難され全ての原因をかぶる。

　一貫して自らの姿勢を持ち続けるカーンは、どの支援団体とも関わらず、様々なイスラム教団体を統括しているMACC（イスラム教アメリカ小説評議会）とも、弁護士で恋人ともなったレイラとも決別する。カーン

161

がデザインした庭には、全てのものと切り離して人の心に訴えるものがあり、公聴会が終わり、カーンのデザインが完全に敗北した時に、クリアもルービンもその真価を感じることになる。公聴会の後で平穏な時間を取り戻すためにセントラルパークを訪れたルービンは、カーンの庭園が、150年前に完成したセントラルパーク以来、初めての公園になるはずだったことを認識する。しかし、最終的に委員会は分裂したアメリカ合衆国をまとめるためであるという大義名分のもと、カーンにデザインの撤回を求めることになる。カーン論争が独り歩きをしたために、新たなテロが起こり、身の危険を感じて住まいを転々と変えていたカーンは、仕事の依頼人との接触もできなくなり、イスラム系と非イスラム系が結束してカーンを加害者にしたてた「危険な民主主義」の渦の中で全てを失い、アメリカが造り上げた見えないアウシュビッツに送られることになる。

　20年の月日が過ぎ、記念碑候補から降りたカーンはアメリカを去り、インドに移り住み、建築家として成功しているところに、ドキュメンタリーフィルムを取りたいというアメリカ人の若者二人が彼を訪れる。20年の歳月の中で、カーン論争に関わった人々の中で亡くなった者もいれば、いまだに図々しくスクープを追っているアリッサのような者もいる。しかし、皮肉なことに、この20年で最も精力的に生きて、仕事において功績を残したのがカーンであり、そのカーンがもう一度脚光を浴び、カーン論争の関係者で次の世代の者との和解が誕生する。

　20年間で変化した関係者の一人が、クレアの息子であるウィリアムである。アメリカ中がカーン論争で分裂している時に、幼くして9.11により父を失った息子に対して、クレアは夫の魂が帰る道しるべとなるケルンを造ることを息子に提案していた。彼女はケルンが持つ意味、即ち、「記念碑や道程標として、積み上げられた石」（140頁）の重要性を息子と共有したかったのだ。経済的に恵まれているが、父の不在と精神的に不安定な母との生活の中で、ウィリアム自身進む道を見失いかけていた。そのウィリアムが映像を学び、ガールフレンドと共にカーン論争のドキュメンタリー映画を撮ることを決意する。20年後に病に伏しているクレアに、そのフィルムでカーンの庭を見せる場面では、最後にウィリアムがカーンの庭に積み上げたケルンを見せる。

第5章　エイミー・ウォルドマンの新アメリカ庭園学

　「お母さん」ウィリアムの声が聞こえてきた。「お母さん——大丈夫？　もう一つだけ、見てもらいたいものがあるんだけど」
　カメラは、庭の隅に積み上げられた石をクローズアップで映し出した。
　「僕にはこれくらいしかできなかったんだ」とウィリアムは言った。「あまり時間がなかったんで」
　彼は母の反応を待っていた。石ころが少しばかり積み上げられている——彼が何を見てほしいのか、彼女にはわからなかった。
　「道しるべだよ。覚えてない？」
　あの日のことが心に溢れてきた。石の一つ一つの色合い、キャルのために残した石の山の一つ一つの形。あれは、キャルが道に迷わないようにするためのものだった。それなのに、彼女が道に迷ってしまったのだ。
　息子はカーンの庭に手を入れたのだ。石の山を積み上げることで、一つの名前を書いたのだ。（512頁）

　最後のシーンには、私達が平和に向けての正しい道しるべを造っていかなければならないというメッセージが込められている。20年の時間と空間が、和解を導き、それが次の世代に継承されるのである。

6　結　論

　9.11という歴史的事実が基盤にあるにも関わらず、『サブミッション』は、ある書評で言われているような単なる歴史小説（Messud BR21）ではない。狭義では、21世紀における新たな宗教と政治をめぐり地球上で繰り広げられる構想である。しかし、この作品は、歴史という枠を超えて、文学が持つ様々な境界を越える可能性を試した作品である。
　著名な書評家であるミチコ・カクタニ（Michiko Kakutani）は『サブミッション』に関して、アメリカ文学の中で確立した新しい社会リアリズムでありながら、そこにはより現実味を帯びながらも政治色の強さと人間的な味があると語っている(n.pag)。『サブミッション』は文学のグローバル化が進む中で、近代から現代にかけて地球上の市民が体験してきた戦争や抗争、そしてそこから生まれて負の遺構や記念公園の建設を軸に、庭園という宗教が世界を制覇する以前から存在する人間の精神性の宝庫を造り上げる壮大なテーマを抱えている作品である。

注

本論は "Encoding the Design of the Memorial Park and the Family Network as the Icon of 9/11 in Amy Waldman's *The Submission*" というタイトルで、2016年1月ロンドンで開催された International Conference on English Language, Literature and Linguistics においてポスター発表し、*The Proceedings of the 18th International Conference on English Language, Literature and Linguistics.* に掲載された論文を大幅に加筆修正して書き直したものである。また、遺構に関しては、2015年10月8日にカナダのトロントで開催された American Studies Association Annual Meeting において口頭発表した論文 "Memorial Sites, Globalized Networks, and Literature of Catastrophe 'Before and After' 9/11" の一部を入れ、大幅に加筆修正したものである。

第6章　カズオ・イシグロの暴力のルーツを探る神話再構築
──『忘れられた巨人』の中に生きる私達

1　序　文

　カズオ・イシグロ（Kazuo Ishiguro）が 2015 年に発表した『忘れられた巨人』（*The Buried Giant*）は、それまでの作品とは大きく異なり、驚いたことに神話であるアーサー王伝説を基盤に創作されたものである。これまでも、イシグロは一つの決まりきったスタイルに限らず、ミステリー仕立てや SF を軸とした作品を創ってきた。しかし、スタイルが異なっても、イシグロは一貫して歴史の中に過去の物語がどのように描かれてきたか、あるいは声なき人の物語が描かれることなく、記録されたりすることもなく、忘れ去られていったかを小説の中で描いてきた。『忘れられた巨人』について、イシグロはインタビューで次のように語っている。

> I was tempted to look at the actual contemporary events: The disintegration of Yugoslavia, the Rwanda genocide, France in the years after the Second World War. . . . But I didn't really, in the end, want to set it down in any of those particular settings. I didn't want to write a book that looked like a piece of reportage. . . . As a novelist, I wanted to retreat to something a little bit more metaphorical. (Simon n.pag)

特に第二次世界大戦を軸とする歴史的事象やそこから派生した現代社会が抱える問題に固執してきたイシグロが、この『忘れられた巨人』においては、現代という時空から完全に離脱して、神話の異世界を描きハイ・ファンタジーで現代を再構築したのだ。それは、神話の持つ普遍性よって、歴史的事象を変身させ、歴史が構築されてそれが神話化する過程において浄化されてしまったものにもう一度光を当てて、読者を導くという行為であ

165

る。特に、21 世紀において世界中で繰り返される無差別殺人であるテロ、その結果ヨーロッパを中心に起きている移民問題を、イシグロは直接描くことをせずに、ファンタジーという世界に投影している。

　ファンタジーは、20 世紀において神話を再構築するという点において、ひとつの確立した系統として特に注目されるようになる。第一次世界大戦を契機に、モダニストたちが神話をモチーフに世界観の危機を描き、ジェイムズ・ジョイス（James Joyce）は『ユリシーズ』（*Ulysses*, 1922）においてホメロスの『オデュッセイア』をモチーフに現代社会の葛藤を描いた。特に第二次世界大戦以降は、1937 年から 1949 年にかけて執筆された J.R.R. トールキン（J.R.R. Tolkien）の『指輪物語』（*The Lord of the Rings*, 1954）や C.S. ルイス（C.S. Lewis）の『ナルニア国物語』（*The Chronicles of Narnia*, 1950-1956）などに見られるように、現代ファンタジー文学が構築された。近年では、アメリカ人のアーシュラ・K・ルグインの（Ursula K. LeGuin）『ゲド戦記』（*Earthsea*, 1968-2001）が前 2 作に続く作品として高く評価され、また最近では J.K. ローリング（J. K. Rowling）の『ハリー・ポッター』（*Harry Potter*, 1997-）が世界的な人気を博した。現代ファンタジーの特徴は、トールキンやルイス、ルグインに見られるように、言語学、宗教学、神話研究などのバックグラウンドを持つ作家たちが持っている知識の深さにもある。

　また、現代のイギリスが、ヨーロッパ大陸の西に位置する群島であったために、様々な異民族が何世紀もの間侵入しては戦争を繰り返し、多民族だけでなく様々な神話や文化がそこに根付いてきたことも、重要な点であろう。それは、ケルト文化や神話から北欧やゲルマン神話に至るまでの伝説や伝承を含み、その結果 8、9 世紀には『ベオウルフ』（*Beowulf*）が、5 世紀頃にはアーサー王伝説が誕生する。特にアーサー王伝説は、イギリス人にとって何世紀もの間、様々な形で語られてきた。前ローマ時代にトロイアからブリトン島に移り住んでいたケルト系民族であるブリトン人の王であるアーサー王が、北ドイツからブリトン島に渡って来たゲルマン系民族であるサクソン人を 5 世紀末に撃退したという話で、騎士道精神と英雄伝で最も知られている伝説である。キリスト教徒であるブリトン人と異教徒であり侵入者であるサクソン人との対峙に、アーサー王の 12 の会

議、そして円卓の騎士たちのロマンスが加わり、壮大な物語となっていった。特に、トーマス・マロリー（Thomas Malory）の『アーサー王の死』（*Le Morte D'Arthur*, 1485）は中世文学を代表する大作であり、ロマン主義時代には、アーサー王の伝説に基づくアルフレッド・テニソン（Alfred Tennyson）による『国王牧歌』（*Idylls of the King*, 1856-1885）がイギリス愛国主義の証として称賛された。

　近現代ファンタジー文学の系統の中で、特にトールキンに代表される異世界・異次元を描いたハイ・ファンタジーを念頭に置き、イギリスにおける英雄伝説の中で最も広く知られているアーサー王伝説を題材にして、イシグロは新たな領域にチャレンジしたのである。そして、『忘れられた巨人』には、21世紀における重大なテーマが埋め込まれているである。

2　歴史：記憶と忘却の繰り返し

　『忘れられた巨人』の中で、霧が立ち込めて人々から記憶を奪っていくことが繰り返し語られている。主人公の高齢となった農夫であるブリトン人夫婦のアクセル（Axl）とベアトリス（Beatrice）は、家を出て行った息子を探す旅に出るのであるが、それは同時に、奪われた記憶と失った自己を探す旅でもあるのだ。イシグロはインタビューの中で、『忘れられた巨人』のテーマは一種のラブ・ストーリーだと言っているが、それは単にこの夫妻の個人の物語ではなく、個人を巡る社会の物語なのである。そしてそこにあるのは、記憶と忘却の二項対立である。

> It's actually about the long haul of love.　I was just telling you I was fascinated about how societies remember and forget.　So, exactly the same questions that fascinate me about a society that buries memories of past atrocities seem to apply to a marriage.　So, yeah, at the center of the story there is this journey and this elderly couple maybe going on that last journey together.　Across the land, they sense that. (Simon n.pag)

どのようにして社会は物事を記憶し、忘れていくのか？そしてこの記憶と忘却の葛藤に対するイシグロの思いは、人類が歴史から学ぶこと無く現代社会の中にまだ理不尽な戦争や抗争が起こっていることへの憤りである。

第二次世界大戦が終わっても危機的な状況が地球上で起こっていること
に対して、社会が過去の記憶を忘れ歴史が繰り返されることを、結婚した
夫婦が高齢となり心身ともに衰え、認知症も患うようになっていくことに
当てはめながらも、イシグロはそれをさらにアーサー王伝説という中世社
会にゆだねる。この神話の世界が、民族と宗教の相違によって絶え間なく
続く戦い、その中で失っていく記憶と求め続ける愛を描くにふさわしい世
界を象徴し、長引く戦闘や人間の力で変えることができない自然の力や地
形によって人が肉体的にも精神的にも大きな傷を負うということを内包す
る世界を表象するとイシグロは結論を出したのだ。それは、社会が誕生
し、変貌を遂げ、確立していく過程において、人間の生命そのものだけで
なく人間性もが傷つき、破壊され、最悪の場合は消滅させられることでも
ある。社会の暗闇は個人の心の闇でもある。危機は人間の心の中で肥大す
るにも関わらず、隠し通されて、ほとんど忘却の彼方へと追いやられてし
まう。

　それでは、ここで言う記憶とは何であろうか？イシグロは、『忘れられ
た巨人』の中で、記憶の多様で複雑な意味を駆使しており、同時にその
記憶の蓄積が歴史のもとになっていることを読者に悟らせる。記憶とは、
起ったことに対して、個人の意思や能力で覚え、それを頭脳にとどめてお
くことである。そして、記憶には、その集合体としての記憶が歴史を形成
するという機能がある。その集合体としての記憶は、記録され、保管さ
れ、ゆえに検索可能な文書や資料となり、それが歴史として残るのであ
る。一方で、記憶には死者の記念物と、起こった事柄、経験、事件、人を
覚えている期間を有するものがある。つまり、ある人の人生が終わった時
点で、記憶は時間切れとなる。ポール・リクール（Paul Ricoeur）は、『記
憶・歴史・忘却』（La Mémoire, L'Histoire, L'Oubli）の中で記憶には3種
類があると言っている。それらは、麻痺した記憶、操作された記憶、そ
して屈辱的にまでコントロールされた記憶であり、これら3種類の記憶
を経ていくと、記憶が利用され悪用されて形を変えていくという（4頁）。
このリクールの論を使って、ユージン・テオ（Yugin Teo）は、『忘れられ
た巨人』より前の作品に関して、イシグロの作品における記憶が持つ意味
に関して議論を重ねてきた。しかし、全ての前作品の中で、『忘れられた

第6章　カズオ・イシグロの暴力のルーツを探る神話再構築

巨人』において、この記憶、歴史、忘却が持つ意味が最も顕著に表されているのだ。

　記憶が何層もからなる経験を含んでいる限り、忘却もまた現代社会に置いて再定義されるべきであろう。そして、歴史と忘却のパラドックスもまた、再定義されるべきなのだ。その一例として、テッサ・モリス－スズキ（Tessa Morris-Suzuki）は、第二次世界大戦における日本の帝国主義と植民地主義が、中国と韓国における教科書問題において未だに解決されていないことに対して、このグローバル時代における歴史と忘却のパラドックスであると指摘している。特にこのグローバル化しつつあるインターネットの世界において、歴史が抱える危機を次のように分析している。

　　わたしたちが思いえがく歴史は、たくさんの源泉からの寄せ集めである。その源泉は、歴史文書の叙述だけではない。親から聞かされたこと、写真、歴史小説、ニュース映像、漫画、そして（このところ伸張著しい）インターネットなどの電子メディア。そうした無数の断片が入った万華鏡をくるくるまわしながら、わたしたちは自分の生きているこの世界の起源と本質とを説明してくれる理解のパターンをつくっては、またつくりなおす。そうしながら、その世界で自分の占める位置を規定しては、また規定しなおす。（モリス－スズキ4頁）

この「無数の断片が入った万華鏡」とも言える歴史を創り上げてきた多岐にわたる源の中に現代社会は存在することに対し、イシグロは『忘れられた巨人』においてはそれを一度白紙に戻し、最もシンプルでありながら本質的な世界、即ち、神話の世界から出発しようとする。この簡素化されたモチーフは、歴史をただ表面的で基本的に映し出す鏡という役割だけではなく、歴史の源がより開放的で潜在的に象徴化されたものなのである。ネット上で様々な情報が交差する21世紀だからこそ、神話という歴史が創り出された原点に立ち返る必要があるのだ。

　このようなコンテクストの中で、『忘れられた巨人』における健忘症は、歴史が歪められていく最初の段階に起こる病であり、歴史がジレンマを抱えていく原因であるのだ。この健忘症に関して、モリス－スズキは、特に植民地主義時代の民族差別や不当な処遇や戦争責任を例にとり、現代に

エスカレートしているコメモレーション（記憶の共有化）、謝罪、歴史責任、特に国家の罪を裁くことだけが重要ではないと述べている。

> …、歴史の危機はたんに健忘症の問題ではない。むしろ、深いところでおこっているジレンマの反映である。グローバルな移動と、急速に変化する多様なメディアの時代に、過去についての知識を世代から世代にどう伝えるのか？現在の暮らしを過去の出来事とどう結びつけるのか？過去のどの部分を自分の過去であると言い、それを自分のものとすることにどのような意味があるのか？（モリス–スズキ 8 頁）

この歴史の危機を描くにあたり、過去をどのように捉えるのか、またどのように伝えるのか、さらにはその過去にどのような意味があるのかというジレンマにイシグロは挑戦していると言えよう。神話の世界を再構築することにより、イシグロはこの歴史のジレンマを解き明かそうとする。現代社会における記憶とは、ホロコーストやヒロシマに代表されるような人類に忘れてはならない傷を残し、それを後世に必ず伝えなければならないという了解のもとで、調査し、さらに再調査して、残していくべきものである。記憶と忘却の葛藤は、新たな歴史を構築していく義務がある現代人にとって、極めて重大で通らなければならない関門なのである。

　『忘れられた巨人』では、個人の記憶から歴史がいかに構築されなかったかが描かれている。歴史を創りだす集合体としての記憶は、もともとは個人の記憶であるがために、信憑性に欠け、薄れていったり忘れたりする中で構築されるものである。『忘れられた巨人』の中で忘却の淵にいるアクセルとベアトリスは、彼らが出会う様々な人物と共に、否定的で落胆するような記憶に取りつかれている。1995 年に出版されたイシグロの『充たされざる者』（The Unconsoled）に関して、ブライアン・W・シャファー（Brian W.Shaffer）は、主人公がする超自然的で異常な（"uncanny"）経験は、この経験が恐怖や戦慄に結びついているというフロイトの論で説明がつくと述べている（89-99 頁）。この超自然で異常な体験は、『忘れられた巨人』にぴったりと当てはまる。小説は、家を出た息子を探す旅に出る高齢の夫婦の個人的な旅で始まり終わるのであるが、彼らの語りが主観的で直感的であるがゆえに、矛盾した恐怖に満ちた感覚や感情が常に表れてく

第6章　カズオ・イシグロの暴力のルーツを探る神話再構築

るのだ。彼らの語り自体が矛盾から成り立っており、信憑性に欠ける個人の記憶へと造り替えられていく。

　個人の信憑性に欠ける記憶は、良い記憶ではなく悪い記憶を消し去って来た結果でもある。小説の中で高齢となった夫婦の旅の中で、彼らの問題が次第に明らかになり、また解決していくのであるが、彼らが社会から排除されている状況が過去の記憶を取り戻すことで明らかとなる。しかし、彼らの過去は、村の過去であり、その過去は逆に遠のいていっているのである。

　　過去を確かめたければ周囲に問うてみればよい、と思うかもしれない。なぜ尋ねてみないのか、と。だが、それは言うほどやさしいことではない。まず、この村では過去がめったに語り合われない。タブーというのではなく、ただ、過去を語り合うことに意味が見出されない。村人にとって、過去とはしだいに薄れていき、沼地を覆う濃い霧のようになっていくもの。たとえ最近のことであっても、過去についてあれこれ考えるなど思いもよらないことだった。（12頁）

過去は彼ら個人と村人たちに共有されているものである。彼らが村の端に追いやられ、村人たちから排斥され、蝋燭の使用さえも禁じられている生活を送っていることは、彼らが埋めて忘れてしまった過去の闇の部分に関係している。二人の恵まれない処遇は、村人たちの彼らに対する敵意と嫌悪感に満ちた態度や子供たちからも悪口を言われていることからもわかるのであるが、それが何故なのか、以前はそうではなかったかさえも二人は忘れているのである。

　　この老夫婦は巣穴のような村の外縁に住んでいた。当然、それだけ外界の影響を強く受けたし、夜、村人全員が大広間に集まって火を焚いていても、暖かさのおこぼれに恵まれることが少なかった。昔はもっと火の近くに住んでいたような気がする、とアクセルは思った。それはまだ息子らと一緒だったころではないだろうか…。夜明けの前の何もない時刻、ぐっすり眠る妻を横に感じながらベッドに横たわるアクセルの心に、しきりにそんな思いが忍び込んできた。その思いは正体不明の喪失感をともない、アクセルの胸をいらだたせて、眠りに戻ることを許さなかった。（9頁）

171

記憶の欠落が、その記憶を隠したい、あるいは忘れたいという彼らの思いに基づいているものでもあるので、生きる意味が最初から曖昧なのである。しかし、そのような状況の中で、しかも何故息子が家を出たかも思い出せないまま、彼らは息子を探しに旅に出ることを決意するのである。記憶と忘却の矛盾に関して、イシグロはこの小説が、基本的に「個人的な記憶と葛藤している個人」について書かれており、「何時彼らの過去から身を隠すのか、また何時この過去に対峙してある種の解決に向かうのかということは知らないまま」の葛藤なのだという（Wood n.pag.）。失った息子を探す旅は、失ったすべての記憶と失った自分自身を探す旅である。

　そして、息子を探す旅が、それまで忘れ去られてきた過去との対峙となるわけであるが、その記憶は過去の過ちと暴力的な行いに充たされたものだと発見する旅となる。旅の途中で、忘却の原因が霧であり、その霧は雌竜のクエリグ（Querig）が原因だということが次第に明らかになり、記憶の断片がアクセルとベアトリスに戻ってくる。それは、記憶が戻ることを恐れ、戻らないほうが良いのではないかという思いを抱かせることにもなる。

　　　「たいしたことではないんだ、お姫様。クエリグが死んで霧が晴れ、記憶が戻ってきたとする。戻ってくる記憶には、おまえをがっかりさせるものもあるかもしれない。わたしの悪行を思い出して、わたしを見る目が変わるかもしれない。それでも、これを約束してほしい。いまこの瞬間におまえの心にあるわたしへの思いを忘れないでほしい。だってな、せっかく記憶が戻ってきても、いまある記憶がそのために押しのけられてしまうんじゃ、霧から記憶を取り戻す意味がないと思う。だから、約束してくれるかい、お姫様。この瞬間、おまえの心にあるわたしを、そのまま心にとどめておいてくれるかい？霧が晴れたとき、そこに何が見えようと、だ」（334 頁）

アクセルは、アーサー王の甥で元同志の騎士ガウェイン卿（Sir Gawain）に出会い、さらにサクソンの兵士であるウィスタン（Wistan）に出会うことで、徐々に彼らの記憶の中で位置づけられ、最後には、アーサー王の時代の功績とその失敗を思い出し、自分たちがなぜ社会的に葬られたかを自覚する。

第6章　カズオ・イシグロの暴力のルーツを探る神話再構築

　そして、「何も覚えていない」と逃げるアクセルに、ベアトリスの前で
ガウェイン卿がその過去を暴露し、アクセルが最後まで回避した記憶が明
らかになる。アクセルにとって、記憶こそが自分の中に潜む鬼であり、忘
却こそが砦であり、霧こそが味方であったのだ。ガウェイン卿とアクセル
は、記憶に関して、次のような問答をする。

　　「…。思い出せないと貴殿は言う。クエリグの息のせいか。ただ年月が経っ
　たせいか。あるいは、賢者たる僧をも愚か者にするこの風のせいか」
　　「そういう記憶には関心がありません、ガウェイン卿。いまのわたしが欲し
　いのは、妻が語る別の嵐の夜の記憶です」
　　「心よりの別れであった、アクセル殿。これも白状しよう。貴殿がアーサー
　王をののしっているとき、わしの小さな一部も貴殿の声を借りて語っていた。
　貴殿の仲介で成立したのは偉大な協定であった。何年もよう保たれた。…」
　　「あの日まで、法は両者間でよく守られていました、ガウェイン卿」とアク
　セルが言った。「あれを破るのは不正義でした」
　　「ほう、思い出したのか」
　　「神ご自身が裏切られたという記憶です。この記憶だけは、霧にさらに奪わ
　れても、わたしは文句を言いません」
　　「かつては、わしも霧に奪ってほしいと願ったことがあったが、すぐに真
　に偉大な王のなさりようというものを理解した。戦がようやく終わった。違
　うか、アクセル殿？　あの日以来、平和がわしらとともにある、違うか？」
　（353-54頁）

　ガウェイン卿は、おそらくすでに思い出しているアクセルに、それを認め
させて確認させたい。ガウェイン卿にとってのアクセルの記憶は、最終的
にアーサー王を裏切った者であり、アクセルにとっては協定が崩壊して
アーサー王が再び戦争を勃発させたことが裏切りであり、それは神の裏切
りでもあったという記憶である。その結果訪れた平和は、アクセルにとっ
ては平和ではない。その平和は歪められた過去の記憶として存在する。ア
クセルにとってのこの記憶は霧に覆い隠されることなく、深く闇の中に隠
していたものである。それは、ガウェイン卿が語る話が、正当な記憶とし
て記録され、勝者の歴史を構築していく一方で、アクセルが語る話は、敗
者で裏切り者の記憶として記録されること無く、歴史から逸脱するのだ。
　アクセルが最も恐れている記憶は、上記の会話に示唆されているよう

173

に、妻のベアトリスとの負の記憶である。病に苦しみ夫とのつながりを常に求めるベアトリスは、雌竜のクエリグが退治され、忘却の霧が晴れた時に、夫婦間に起こったことを思い出す。それは、アクセルが「特別に苦痛をもたらす記憶」（403 頁）である息子の家出である。この息子の家出には二人の責任があることを、最後にアクセルとベアトリスが認め合う。アクセルが浮気をし、その裏切りにショックを受けたベアトリスも他の男性と浮気をした結果、二人の関係が亀裂して、その不和に耐えられなくなった息子が家を出ていき、その直後に国中に広まった疫病で息子が死んでしまったのである。そして、アクセルは息子の墓に行くことをベアトリスに禁じてしまったのであった。忘却の霧の中に紛れて、アクセルは、「復讐を望む小さな部屋を心の中につくって」（405 頁）、妻に息子の墓参りをさせず、また自らも墓参りをしなかった。老夫婦が人生最後の望みとして息子に会いに旅にでる決意をするわけだが、ずっと昔に息子は死んでいたのである。ベアトリスが覚えていたことは息子が西の島に渡ったことで、二人が西に向かったことは初めての息子の墓参りを意味していたのだ。もう一つの記憶とは、アクセルとベアトリスに起こった裏切り行為であり、それは高齢になり守ってくれる者が誰もいない弱者となった時、互いに相手を必要とし、最後まで人生を共にしようとしている二人が、最も思い出したくないことであった。

　高齢となって社会的弱者となったアクセルとベアトリスが互いを支え合おうとする一見して理想的な関係は、実は家と彼らから去っていった息子によってすでに壊れていたのだ。二人は互いに裏切りあい、傷つけ合っていたことを思い出す。ベアトリスの病はこの互いの裏切り行為からくる精神的な病でもある。旅に出ると、二人は他に誰も頼る人間がいないため、二人の強いつながりで結びついていることと、何が起ころうと愛し合っていることを再確認する。しかし、この旅の最初に、彼ら個人の記憶にある愛と憎しみのパラドックスは、彼らの人生の核としてすでに心の奥底に刻み込まれていたのだった。最後に、アクセルとベアトリスが息子はすでに亡くなっていることを認め、それでも二人で生き続ける最終的な結論を出すという皮肉に満ちて衝撃的な結末が待っている。人生における過ちと息子の死は、人生における最悪の記憶となり、その後の彼らの生き方を決定

第6章　カズオ・イシグロの暴力のルーツを探る神話再構築

し、忘却の中に閉じ込めてしまう。彼らの旅が終わる時、自分たちの中に
ある過去の記録を発見し、人生においてこの過去がどのような意味を持つ
のかということを認識するのだ。

　アクセルとベアトリスの個人の記憶と忘却は、歴史の記憶と忘却へと繋
がり、歴史の再構築が行われる。アクセルとベアトリスは、旅の間に、過
去の記憶を証明するものに出会ったりする。彼ら二人の秘密と息子の家出
は、内的および外的葛藤と災いのアイコンとして最終的に提示される。二
人の不義と息子との確執が忘れられていたように、アーサー王が独裁者
で、その甥で英雄であるガウェインは大量殺人に関わった残忍な参謀で
あったことは忘れられていたのである。イシグロは、普遍的な悪が繰り返
し起こることに警告を発している。即ち、何か起こると、過去になった時
点で、'むかし、むかし'（Once upon a time）と語られることとなり、悪意
に満ちた負の遺産としての過去は、意図的に隠されて、次第に忘れ去られ
るのだ。小説の中で、霧は忘却あるいは健忘症と同義で用いられている
が、神話を解き明かす時に必要な要素の一つである。それは同時に、霧が
濃くなったり、あるいは霧が晴れたりすることが、忘却が単なる言い訳で
あるがゆえに、忘却の深淵にどっぷりつかったり、記憶の断片が心に浮か
んで来たりという流動的なもののメタファーなのだ。記憶を紐解くことは
物理的葛藤とそれに対する精神的な苦悩の原因に直面することなのであ
る。

　そして、このブリトン人とサクソン人の間の戦いとアーサー王の統制
は、ブリテン島という枠を超えて、グローバルな世界における歴史構築に
反映される。現代社会におけるボーダレスな世界観の中で起こっている
様々な大惨事は、忘却の淵に追いやってはならない記憶としてとどめら
れ、歴史として刻まれるべきなのだ。イシグロはそれを次のように語って
いる。

Setting the book in an other, magical world allows me to do that. Every society, every person even, has some buried memories of violence or destruction. *The Buried Giant* asks whether awakening these buried things might lead to another terrible cycle of violence. And whether it's better to do this at the risk of cataclysm, or whether it's better to keep these memories buried and forgotten.（Chang 3 頁）

　失われた記憶を取り戻すことによって真実に向き合うことができるということを、イシグロは『忘れられた巨人』に込めたのではないか。

　私達個人の記憶の中には社会の中に埋もれて忘れられたままで、その忘却が最終的に人間の意識をコントロールする力さえ持ってしまうものもある。そしてそのコントロールによって、歴史が創り出されてしまう。イシグロは、『忘れられた巨人』を描くことで、現代社会に生きる私たちにその危機を悟らせて、警告を発しているのである。

3　神話：虚構と真実の葛藤

　神話は現代文学において大きな役割を果たすようになって久しい。特に第二次世界大戦以降は、様々なスタイルのファンタジー文学が誕生し、ファンタジー文学の研究も盛んになって来た。20 世紀初頭においてジェイムズ・ジョイス、ウィリアム・バトラー・イェイツ（William Butler Yeats）、T. S エリオット（T. S Eliot）などのモダニストたちが、神話と人間の意識や精神とを関連づけて捜索をすることで、20 世紀における文学を創り上げたことは周知の事実である（White 6 頁）。ファンタジー研究の先駆的役割を果たしたロバート・H・ボイヤー（Robert H. Boyer）とケネス・J・ザホロスキ（Kenneth J. Zahorski）は『素晴らしい想像力』（*The Fantastic Imagination*, 1977）の中で、超自然現象や非合理性を含むファンタジーは、実はリアリズムとは表裏一体で補完関係にあると定義している。さらに、トールキンは、リアリズム文学のアンチテーゼから脱却し、人工言語を創りだし、神話や宗教学の専門性を挿入したハイ・ファンタジーを構築した。イシグロ自身はインタビューの中で、『ガウェイン卿と緑の騎士』（*Sir Gawain and the Green Knight*）を読み、それが『忘れられた巨人』を書く契機となったと認めているが、なぜアーサー王伝説をモチーフにしたかという理由は、一般的に理解されているアーサー王伝説そのものにではなく、"this kind of barred, weird England, with no civilization, that could be quite interesting" (Alter 11 頁) だと述べている。即ち、ある意

第6章　カズオ・イシグロの暴力のルーツを探る神話再構築

味、限りなくオープンな空間、異次元の世界に物語を構築する可能性を見
出したのではないか。神話が持つ限りなく原点に近い空間を背景に、この
ように神話が果たす役割とそのスタイルがイギリス文学の中に確立してい
る点を踏まえた上で、イシグロの『忘れられた巨人』は創作されており、
イシグロが創り上げた21世紀のファンタジー文学とは何かを考察するこ
とが必要であろう。

　『忘れられた巨人』の中で、繰り返し語られることは、人々が持つ怒り
であり、それがアーサー王のサクソン鎮圧と死後の混乱期において、憎し
みと復讐の連鎖となっていることである。この点が、神話というモチーフ
の中で、イシグロが現代社会の抱える闇を投影させた理由であろう。特に
毎日のようにテロへの脅威、人種差別、不条理なヘイト・スピーチがはび
こり、核兵器、核実験、そして原子力発電所と科学の進歩によって人間を
破壊に追い込む現代社会をイシグロが忘れるはずがない。アクセルが忘れ
ていることに、アーサー王が最後にサクソンを制圧した時に行った大量殺
人がある。それも、残された子供も復讐心にかられた少年も将来は兵士と
なって自分たちに歯向かうからという理由から赤ん坊も殺したということ
である。サクソンの血を持つものは全て抹殺しようとしたブリトン人は、
まるで優生学を正当化して、純血アーリア人以外の者を抹殺しようとした
ナチス・ドイツである。

　『忘れられた巨人』はブリトン人であるアクセルとベアトリスの息子探
しの旅がモチーフとなっているが、同時にサクソン人の若く有能な戦士
ウィスタンとまだ12歳の少年エドウィン（Edwin）の旅でもある。この
二つの旅が続くにつれて、それぞれ二つの民族の葛藤が世代を経て次第に
明らかになっていく。その4人は旅の途中で様々な困難に立ち向かうこ
とになるが、その最も大きな関門がキリスト教の修道院である。ブリトン
人が守るキリスト教の修道院に、その赤ん坊も含む大量の頭蓋骨が収めら
れている埋葬場所あり、まだ記憶の断片しか戻らないアクセルとベアトリ
スが現実に直面する。自分たちを守ってくれると信じて訪れたキリスト教
の修道院から逃れる途中で、アクセルとベアトリスは地下からトンネルを
進んで行き広い空間に出る。その暗いトンネルの中で、ベアトリスは足に
触れたものが子供だと一瞬にしてわかる。それを否定していたガウェイン

177

卿は、そのすぐ後、大きな空間に出た時に、そこが埋葬地であることを認めざるを得なくなる。なぜなら、そこには数え切れないほどの頭蓋骨が2部屋に渡って埋葬されていたからである。この過去の時代の埋葬地を見てガウェイン卿は、「わが国土のすべてが同じよ。美しい緑の谷。目に快い春の木立。だが、地面を掘ってみよ。雛菊や金鳳毛の咲くすぐ下から死体が出てくる。キリスト教による埋葬を受けた者だけではないぞ。この土地の下には昔の殺戮の名残がある」(221頁)と告白するのだ。自分たちの先祖が、そして自分も含めて戦いに挑んだ者がこの残虐行為に関わったのである。パンドラの箱が開けられ、それまで一緒に旅を続けていた4人がブリトン人対サクソン人という対立の中に身を置くことを余儀なくさせられる。

　この子供を含む虐殺に関しての記憶が現実となってアクセルに蘇ることは、協定の失敗とそれに続く大規模な戦いの存在を認めることである。まるで第一次世界大戦が終結してドイツの敗北が決定的になり、1919年にはヴェルサイユ条約が結ばれたにも関わらず、ドイツではナチズムが台頭し、20年後の1939年にはドイツのポーランド侵攻によって第二次世界大戦が勃発したように、二度目の戦いは最悪の惨事をもたらした。ナチス・ドイツは、優生政策に基づき、健全なアーリア民族を脅かす全ての者を抹殺した。そしてポーランド侵攻以来、侵攻する国々で略奪、破壊、性暴力を繰り返し、最終的にホロコーストで大量虐殺を行った。復讐の連鎖で、第二次世界大戦は世界観と人間観を崩しつくしたと言っても過言ではない。ブリトン人とサクソン人の戦いに関して、アクセルが尽力した和平協定が破られた理由、そしてその時の殺戮の状況、その殺戮の意味をガウェイン卿が思い出し、雄弁に語る。アーサー王の命による復讐の連鎖を断ち切るために行った子供を含む皆殺し作戦には、ガウェイン卿もアクセルも関わったことであるが、「赤ん坊殺し…それがあの日のわれわれだったのだろうか」(275頁)と記憶の断片でしかそれを思い出せないアクセルに、ガウェイン卿は、「アクセル殿が心を痛めておられるサクソンの少年たちは、やがて戦士となり、今日倒れた父親の復讐に命を燃やしていたはず。少女らは未来の戦士を身籠ったはず。殺戮の循環は途切れることがなく、復讐への欲望は途絶えることはありません」(274頁)と自分たちの行い

第6章　カズオ・イシグロの暴力のルーツを探る神話再構築

を正当化した。その時、協定が破られることに対してアクセルは、その無
意味さを説き、次のように主張した。

> 今日、われわれは戦士も赤ん坊も区別せず、サクソン人を血の海に沈めまし
> た。ですが、サクソン人はいたるところにいます。東から船でやってきて、
> 海岸に着き、日々、新しい村を造っています。憎しみの連鎖は途切れるどこ
> ろか、今日の出来事によって鍛えられ、強化されるでしょう。(275頁)

記憶を失っているアクセルが、夢の中で、はるか昔に何百人もの敵と戦っ
たことを思い出す。それは、夢ではなく現実だったことにアクセルが気付
いた時には、アクセルが心配していたこと、即ちサクソン人たちの復讐は
すでに始まっていた。ガウェイン卿を殺害しクエリグを退治したウィス
タンは、アクセルとベアトリスに、これから来たるべき世に関して、「こ
れまで遅れていた正義と復讐が、いまや大急ぎでこちらへやってきます」
(382-83頁)と説き、「わが軍の兵力は、沼沢地においてさえまだまだ貧
弱です。ですが、国土全体を見渡してみてください。谷という谷、川辺と
いう川辺にサクソン人の村があります。どの村にも強い男たちと成長しつ
つある少年たちがいます」(383頁)と語る。アクセルは、自分がかつて
予期した通りのことが現実となったことに愕然とするが、それでもウィス
タンを説得しようとする。復讐の連鎖は途切れることなく、次の世代に受
け継がれていくという記憶と現実の葛藤がここに見られる。
　復讐の連鎖がさらに若い世代に受け継がれていく。少年エドウィンの旅
は、少年から大人への旅であり、同時に彼の記憶の中に埋められかけた母
の物語を知る旅であり、少年兵士への道である。まだ12歳のエドウィン
には、5歳の時に突然村にやって来た3人のブリトン人の元兵士たちに母
親がなぜ連れ去られたのか理解できていない。ブリトン人の残虐行為の例
として、大量殺人以外に、サクソン人の女性を拉致し、強姦し、性的奴隷
として監禁する話が作中に散りばめられている。『忘れられた巨人』の中
には、この女性拉致の話が散らされているが、その中心となるのは12歳
の少年エドウィンであり、彼の視点を中心に物語られている。即ち、まだ
少年で大人に成り切っていないエドウィンには、ある日突然なぜ母親が連

179

記憶と共生するボーダレス文学

れ去られ、なぜその後母親代わりとなった叔母の「醜く歪んだ顔」（112頁）に捕らわれるのか、そして村の長老はそれを、村に狼が3匹やってきて、やりたい放題して行った時、立ち向かう男は一人もいなかったという話として語るのかが理解できない。ブリトン人の男たちの弱者に対する略奪、暴行、拉致という現実を隠しておとぎ話にすることにより、それらは記憶の中で浄化されそうになる。しかし、ウィスタンとエドウィンが、自分たちの母の隠された秘密を共有することにより事実が明らかになり、拉致された15、6歳の少女に偶然過去に出会ったことを思い出すことで、エドウィンの中にある理解が徐々に生れてくる。

　12歳で悪鬼に誘拐されて兄を殺され、さらに鬼の傷をつけて帰ってきたために身内であるサクソンの村から追放されることになったエドウィンは、アクセルとベアトリスに託されて、鬼の傷の秘密が知られない、またサクソンの迷信から逃れられる遠いブリトン人の村に逃亡する旅に出る。この旅の中で、大人へと成長していくエドウィンに母の声が聞こえてくる。その声は、「わたしのために強くなっておくれ、十二歳なら、ほとんど大人だよ。…強くなって助けに来て」（114頁）という嘆願だった。母はどこかで幸せに暮らしていると思い込んでいたエドウィンが初めて母の拉致に疑問を持つのは、母の助けを求める声が聞こえ、その後、偶然池の近くである少女と出会った時のことを思い出したためである。その少女の話は、母の拉致の話と重なる。突然極めて残忍で乱暴な男3人が村にやってきて少女を連れ去り、それ以来、少女は逃亡を繰り返しながらも捕まり、最後には逃げることもあきらめて、彼らと旅をしている。助けようとするエドウィンに、少女は、自分を拉致して引きずり回している、エドウィンよりも年上の少年たちのことを、「人をぶんなぐるのが大好きな連中」と言って、「あんたが気絶するまで、そこの泥水に頭を突っ込むかもよ」と警告する（242頁）。少女は縛られたままわざと放置され、縄をほどこうとしながらも、彼女はその行為自体が無駄なことを語る——「ときどきね、まだわたしがほどけないうちに戻ってくることがあるけど、そんなときも絶対にほどいてくれないの。自分で何とかして両手を自由にできるまで、何も言わずに、ただ見てるの。そこにすわって、股座から悪魔の角を生やしながらいつまでも見てる」（244頁）。自由を奪われ、強姦や性的欲

第6章　カズオ・イシグロの暴力のルーツを探る神話再構築

求のはけ口とされている少女は、エドウィンも拉致した男たちと同じ男だと思い警戒するが、自らの体験を語る。それでも少女が置かれた状況をエドウィンは理解できないどころか、拉致された母親が幸せに暮らしていると少女に言い、「どうして幸せになれるのよ。誰かに助けにきてもらいたがってるって思わないの？」と諭されても、「もうほとんど大人でしょ？」と指摘されても（244頁）、少女が涙を流しても、エドウィンにはまだ現実が理解できない。

　エドウィンが旅の途中でウィスタンの教えを受けて戦士として教育されていくに従い、エドウィンが大人へと成長し、あの少女を思い出す時、彼自身「股座から悪魔の角」がでてくるという様に性への関心が目覚めると同時に、自分自身が戦士として母を男たちから救出しなければならないと悟っていく。エドウィンはウィスタンへの忠誠を果たせない自分を責めるが、そこには母の呼びかけが続いていた。闘志が沸き上がる中で、エドウィンは母を拉致した若者たちがすっかり粗暴な男になっており、母がそこから逃れようと必死でもがく光景を心の中で見る。エドウィンの中に、押し殺すことができない強い意志が働き、クエリグの打倒ではなく母の救出が最優先であるという思いに駆られる。狩人としての本能とウィスタンに鍛えられた戦士としての資質を持つエドウィンに、母の叫びが日に日に強くなって届く──「わたしのために強くなってくれないの、エドウィン。結局、まだ幼すぎるのかしらね。わたしを助けにきてくれないの、エドウィン。あの日、約束してくれたのに」（286頁）。エドウィンの中で、母の救出が最優先となり苦しむのであるが、それをウィスタンに告白した時に、ウィスタンも母を拉致されたことを告白し、二人の少年期の経験が同じであることがわかる。

　　「わたしの母も連れていかれた。だから、君の気持はよくわかるよ。わたしも、母が連れ去られたときは子供で、弱かった。戦がつづいていた時代でな、人が殺されたり吊るされたりするのをあんまり見ていたものだから、連中が母に笑いかけてくれたときは嬉しかった。てっきり母をやさしく丁重に扱ってくれるものと思ってな。ばかだった。きっと君もそうだったんじゃないのか、エドウィン。まだ小さくて、男とはどんなことをするものか知らなくて」（312頁）

このウィスタンの告白を聞いてもエドウィンはまだ母が連れ去られた理由がわからないが、それを「一緒の男たちに意地悪されること」（312頁）としてしか認識できない。それでも、母を連れて行った男たちと対決しようとする意志は変わらず、また母が待っていることも確信している。このエドウィンに対して、ウィスタンは自分たちの母親たちを連れて行ったブリトン人と同じ血が流れる者たちを憎み、彼らに復讐することという考えを植え付ける。そして、洗脳されたエドウィンは、母の救出には間に合わなかったが、復讐にはまだ間に合うという結果に至る（388頁）。復讐の連鎖は、アクセルとベアトリスが知らないところで、着々と次の世代に受け継がれていっていたのである。

　もう一つの復讐の連鎖は、ブリトン人が敵のサクソン人の少年たちを収兵して少年兵として訓練し、その少年たちが兵士となった時に、ブリトン人を裏切ることによって生じる。ウィスタンは、エドウィンの年頃に、西の果てにある厳重に警護されている砦で、「ブリトン軍の戦士になるために日夜訓練を受けていた」少年20人ほどの一人であったと告白する（282頁）。少年兵たちは互いに兄弟のように暮らし、尊敬できる指導者とも出会う。しかし、サクソン人であるが故にいじめにあうことと尊敬できる指導者の裏切りによって、ウィスタンはブリトン人への復讐を誓うことになる。サクソン人でありながらブリトン人にブリトン人の兵士になるように教育されることは、サクソン人にとり屈辱である。優秀なウィスタンは領主の息子であるブレヌス（Brennus）によっていじめの標的となり、その経験によりウィスタンはブリトン人に対する憎しみをさらに募らせることとなる。

　また、少年兵の養成は、旅の間に着々とウィスタンからエドウィンに行われており、ウィスタンの力が最後に弱まった時にはエドウィンという少年兵が誕生している。ウィスタンは、少年時代の教育の担当者がアクセルであり、人間として尊敬されていたアクセルにウィスタンは尊敬の念を捨て去ることができない。アクセルとの出会いから、過去に会ったことがあるという記憶をたどろうとするが、それが「何か重要な記憶につながりそう」（141頁）ということしかわからない。アクセルとの旅の間にその人柄に触れたウィスタンはその人間性の深さに心が動くが、復讐心に燃える

第6章　カズオ・イシグロの暴力のルーツを探る神話再構築

ウィスタンは、エドウィンに兵士としての資質を見て取るや否や、自分も同じような訓練を受けたと言って、殺し合いの場をわざと見せ（159頁）、その結果エドウィンは、修道院で一人捕らわれたままのウィスタンを救助に向かうまでに成長する。この時点で、ウィスタンのサクソン兵の養成が成功しており、心身ともにたくましい少年兵をつくりあげることになる。しかし、ウィスタンは、アクセルとベアトリスの寛大さと慈悲深さに触れ、またアクセルがかつて志の高い人だったことを思い出し、その影響を受けて自らが弱くなったと言い、二人を逃すことになる。

　イギリス社会におけるアーサー王は、伝説を超えて、まるで実在していたかのように語られることがある。またアーサー王という英雄は時代を超えてイギリスおよびヨーロッパ社会の中に永住権を持っており、現代の歴史や記憶とも大きな関わりを持っている。1956年、ウィンストン・チャーチル（Winston Churchill）は、著書『英語圏の人々の歴史、ブリテンの誕生』（*A History of the English Speaking People, The Birth of Britain*）の中で、アーサー王伝説に関して次のように正当化している。

> Let us then declare that King Arthur and his noble knights, guarding the Sacred Flame of Christianity and the theme of a world order, sustained by valour, physical strength, and good horses and armour, slaughtered innumerable hosts of foul barbarians and set decent folk an example for all time. （Finke and Shichtman 1頁）

第二次世界大戦の記憶がまだ一般市民には生々しく残っている時代に、戦争に勝ち抜いたイギリスを称え、その功績をアーサー王の功績と比較している。キリスト教の教えを守り世界平和のためには、手段を選ばずに、武力で敵を退治する英雄像をここに掲げているのだ。

　しかし、このアーサー王伝説は、イギリスのナショナリズムを鼓舞すると同時に、第二次世界大戦においてファシズムという最も危険で残虐な思想を掲げたナチス・ドイツにおいても、中世への回顧という形で崇められている。中世を好んだヒトラーは、アーサー王の伝説をファシズム思想の中で実現しようとした。

Hitler's reading of the Middle Ages is mediated by Richard Wagner, whose music drama, *Parsifal*, is the subject of the Führer's lecture. Like Wagner, Hitler transforms Arthurian romance into an originally historical moment.（Finke and Shichtman 194 頁）。

ヒトラーは、芸術の擁護者でもあったが、その中世回顧は、民族差別と大量殺人によって理想郷を創りだすという恐ろしいロマン主義思想を呼び起こすものだったのだ。アーサー王がサクソン人を鎮圧してブリトン人の世界を構築したように、ヒトラーはアーリア民族の純血に相反するものを全て抹殺してドイツを再構築しようとした。中世の英雄伝説が、20世紀のファシズム思想の中においても理想的な戦闘精神に置き換えられている。

　アーサー王伝説の、誤った英雄伝と武勇伝は、誤ったイデオロギーの中で正当化され、記憶を忘却の淵へと追いやり、歴史を歪めることになる。イシグロは、『日の名残り』（*The Remains of the Day*）や『わたしを離さないで』（*Never Let Me Go*）の中で、ナチス・ドイツに対して間接的に批判していると言える。原点に戻ると、アーサー王伝説のイギリスは、時間と空間の概念から解放された世界である。書評でも指摘されているように、『忘れられた巨人』には「哲学的な難問」が潜んでおり（Gaiman n.pag）、それを解き明かすことが私たちの使命だと考えられる。神話という異世界と異次元、ある時代をそして自分たちの人生を生き抜いてきた男女の最後の旅、彼らが遭遇する異次元の者たち、そして霧という自然現象を描くことによって、イシグロは人間の内面に深く潜入すると同時に、歴史が持つ闇の部分に到達し、現代社会に起こっている大惨事を読者に呼び起こさせている。『忘れられた巨人』において、イシグロは、神話という普遍的で真っ白なカンバスに、虚構と現実が交差する形で、現在進行している歴史を刻んでいったと言っても過言ではないであろう。

　アーサー王伝説は、全くの異世界ではなく、また民族も架空ではない点から、イシグロの『忘れられた巨人』は、トールキンが創り上げたハイ・ファンタジーとは正確には異なるファンタジーであると言える。しかし、ハイ・ファンタジーに必要な愛、性、結婚などの成人に向けてのテーマが

第6章　カズオ・イシグロの暴力のルーツを探る神話再構築

入っている点では、イシグロは意図的にハイ・ファンタジーに取り組んだと言える。同時に、アーサー王伝説が、イギリスの創設期においてブリテン島を舞台としたイギリスを代表する王と騎士たちの物語としての国民的伝説とも言える点が、難しい点ではなかったであろうか。つまり、あまりに広く知られているが故に、それをどのように使いこなすかという点において苦労したと推測される。そして、史実的な部分も含まれているため、虚構と現実のパラドックスという点で、最新の注意を払って神話を再構築したと考察できる。

　アーサー王伝説は、ある意味、現実という史実の世界と虚構という文学の世界が融合した世界である。中世から現代にかけて、アーサー王の伝説が歴史家たちにどのように捉えられてきたかは、"a potent, but empty, social signifier to which meaning could be attached that served to legitimate particular forms of political authority and cultural imperialism"（Finke and Schichtman 2頁）と定義され、その通時性ではなく共時性が指摘されている。この共時的特質が、中世文学の構築に必然であったとすれば、中世文学もまたこの共時性を共有していることになる。イギリスにおける中世文学に関して、次のような指摘がある。

> …not only as an assertion of dominant Christian traditions but also as a complex and vibrant confluence of mythic influences: in the medieval literary traditions of Britain, the voices of the gods of the Celts, Romans, Saxons, and Vikings, combine in a chorus that can seem chaotic and confused, but one that also offers us a rich and distinctly British melody. (Fee ix 頁)

　紀元前700年にはケルト人が定住していたブリテン島に、紀元前55年にローマのユリウス・カエサルが侵入して以来、ブリテン島はキリスト教化された。ローマ人は先住のケルト人をブリトン人と呼んだが、彼らは後にウェールズ人と呼ばれるようになる。そして4世紀から5世紀にかけてアングル人、ジュード人と共に、北ドイツ低地で形成されたゲルマン民族のサクソン人がブリテン島に渡ってくるが、その中で、特に、サクソン人はフランク王国に征服され、7世紀にキリスト教化が進められるまで、

185

キリスト教を絶対受容することなく、独自の伝統的な神々とその祭礼を守り続けたという。アングロサクソンのキリスト教化でブリテン島が平穏となったころ、北欧のバイキングが侵略してきて、キリスト教と対立する文化と価値観をもたらす。これら全ての要素が、イギリス文学の基礎となり、独自の 英国の調べ（"British melody"）を創りだしたと言えよう。しかし、この英国の調べは、武力による侵略、鎮圧、征服、文化破壊、人間性への抑圧、性暴力、大量殺人という名前をあげてもあげ切れないほどの暴力と抹殺の結果に生まれたものでもある。このようなアーサー王伝説が、歴史と文学の中で現実と虚構という世界を創り上げながら、大きな可能性を秘めたものであることがわかる。

　アーサー王伝説には、時間は中世であるが、物理的時間を超える人間の精神の流れがある。それは、神話の中に、侵略、略奪、殺戮、暴動、強姦などのあらゆる悪と暴力が潜んでおり、記憶の中に閉じ込められた現実を内包しているが故のことである。神話が現代において語られる時、それはイデオロギーをさらに掛け合わせて理解される。それでも、神話であるが故に、イデオロギーを超えて、愛、性、結婚、人生の流れの存在を確認することができる。

4　空間構築：忘れられた巨人が住むところ

　最後に、この小説の巨人とは何を表しているのか？　それは、この小説の中で描かれている空間を紐解くことで理解することができる。霧の原因となっているクエリグの死が平和をもたらすと信じていたアクセルに向けて、ウィスタンは次のように言い放つ。

> 「かつて地中に葬られ、忘れられていた巨人が動き出します。遠からず立ち上がるでしょう。そのとき、二つの民族の間に結ばれた友好の絆など、娘らが小さな花の茎で作る結び目ほどの強さもありません。男たちは夜間に隣人の家を焼き、夜明けに木から子供を吊るすでしょう。川は、何日も流れ下って膨らんだ死体とその悪臭であふれます。わが軍は進軍をつづけ、怒りと復讐への渇きによって勢力を拡大しつづけます。」（384頁）

アーサー王伝説以前、小説の中では、霧の原因である雌竜のクエリグが魔

第6章　カズオ・イシグロの暴力のルーツを探る神話再構築

術師のマーリン（Merlin）によって山奥に閉じ込められており、アーサー王の死後、サクソンの謀略を恐れた王がガウェイン卿に託したことが雌竜のクエリグを守ることである。旅の途中、クエリグの毒殺を試みた少女が毒を仕込んだ山羊をアクセルとベアトリスに託すのであるが、それを巨人のケルン（“the giant's cairn”）まで届ける。ここで巨人が出てくるわけであるが、小説の中で巨人が出てくるわけではない。それでは、巨人はどこにいるのであろうか、そして何故忘れ去られているのであろうか？

　この忘れられた巨人とは、アーサー王伝説以前、紀元前3000年頃から1600年頃にかけて建造されたと想定されている巨石群ストーンヘンジ（Stonehenge）ではないかと思われる。多くの巨石が残るイギリスの中で、ストーンヘンジは、イギリスの南西部の平原に突如出現したかのように並んでいる最も有名な巨石群である。それは、円陣状に並んだ直立巨石とそれを取り囲むように並んだ土塁から成り立っている。この後期新石器時代から初期青銅器時代という枠組みは、1960年代になって正確に年代測定ができるようになって特定されたもので、それぞれの時代に、ブリテン島にやって来た全ての様々な民族によって、その時代を映し出す建造物として何度も再構築されていったと言われている。現在は、コーヴベリーの遺跡と共に1986年にユネスコ世界遺産に登録されているだけでなく、イギリス文化遺産としても登録され、ナショナルトラストが中心となって保存している。

　伝説では、このストーンヘンジは、アーサー王伝説の中で、魔法使いのマーリンが一晩で出現させたと言われている。有名な説である12世紀にウェールズ出身の歴史家モンモスのジェフェリー（Geoffrey of Monmouth）によって書かれた『ブリテン列王史』（*The Historia Regnum Britanniae*）によると、アーサー王の祖父であるアウレリウス・アンブロシウスがサクソン人との戦いで亡くなった首長たちの死を悼むために記念碑を造るために、アイルランドにもともとあった「石の環」をマーリンに命じて奪って来させて、南西の平原に運んで組み立て直したという（山田20頁）。もう一つの説は、マーリンが悪魔に命じて、アイルランドの老女の庭から岩を運び出して、たった一晩で平原に移し替えたという（山田20頁）。ジェフェリーは、マーリンに関して詳しく語っていないにも関わ

187

らず、洞察力に優れ、アーサー王との関係を構築し、預言者としての将来を設定した（Jenkins 61頁）。ジェフェリーのマーリンは、ウェールズに伝わる Myrddin の物語が一緒になったとも言われている。このジェフェリーの説を基に様々な物語が生まれるが、アーサー王とマーリンとの関係を強くし、マーリンをアーサー王の助言者として設定したのはマロリーであると言われている。

　『忘れられた巨人』の中で、アクセルとベアトリスが旅の途中で遭遇する老いたガウェイン卿が、老馬ホレスに乗って、自分の元に近づいてくる4人を待ち受けているのが、マーリン木立と名付けた場所である。ガウェイン卿が、クエリグ退治に徐々に近づいてくる一行から自分を守ってくれそうな木立を見つけた時、マーリンの偉業を讃えてこのように語る。

　… マーリン殿！　たいした男だった。一度、この人は死神にすら魔法をかけるのかと思ったが、最後はやはり死神の軍門に下ってしまわれたか。いまは天国におられるのやら、地獄におられるのやら。アクセル殿に言わせれば悪魔の召使だったそうだが、あの方の力は神を喜ばせるためにもよく使われていた。それに、勇気のない方ではなかったことも言っておかねばならぬ。降り注ぐ矢と振り回される斧に身をさらされたことも一度や二度ではない。ここをマーリン木立と命名しようか。この木立の目的はただ一つ。わが時代の偉業を無に帰させようとする者が現れたとき、その者をわしが待ち受ける場所となることだ。五人のうち二人までが雌竜の前に倒れた。だが、マーリン殿はわれらとともにクエリグの尾の届く範囲にとどめられた。（337頁）

ガウェイン卿はアーサー王から受け継いだ巨人のケルン近くに捕らわれているクエリグに、もう一度マーリンの力を欲している。マーリンは、聖女の母と悪魔の父から生まれたとされ、その両方の資質を兼ね備えた魔法使いとされており、アーサー王との関連では円卓の案を造ったとも言われている（Day 51頁）。

　しかし、ストーンヘンジの歴史・文化遺産としての意味は、時代を経て変化し、天文学、度量衡、幾何学、そして考古学の分野で様々な研究が試みられて、20世紀に至っては科学的方法での解明が進められているが、今だ謎である（ヒース 2-4頁）。一般に、石器時代の神殿か祭壇と理解さ

第6章　カズオ・イシグロの暴力のルーツを探る神話再構築

れているが、中世には様々な空想が付加され、遺跡は略奪と損傷の犠牲となり、また雨風による浸食や崩壊の危機にさらされ、さらには見学者の落書きにも悲鳴を上げ、ついに遺跡として保存する運動が生れてくる。しかし、1960年代後半のカウンターカルチャーの中で、毎年、夏至の日には、4万人の人々が巨石から上る朝日を見にストーンヘンジを訪れる（ヒース2頁；山田39頁）。

　アーサー王伝説以外に、ブリテン島の空間には、先史時代から多くの巨石があり、『忘れられた巨人』の中の巨人のケルンが持つ意味はさらに深くなる。例えば、北アイルランドには巨人の石道、ジャイアンツ・コーズウェーという4万個の石柱群があり、巨人にまつわる奇石が多く残る。また、コーンウォールの巨人伝説はセントマイケルズ・マウントに残っており、ケルトの文化遺産がブリテン島の南西には多く確認されている。これらの巨石が創り上げる風景は、『忘れられた巨人』で描かれているイギリスの風景とも違うし、またそれ以前のローマ人の遺跡からなる風景とも異なり、ブリテン島の原風景なのだ。つまり、アクセルとベアトリスが歩む道は、これらの原風景の中を突き進む道なのである。

　巨人のケルンは、クエリグの食べ物がよく置かれている場所と知られているため、そこに毒をしこんだ山羊を連れていき、クエリグを退治するというシナリオが語られる。アクセルとベアトリスは親に忘れられて自分たちだけで暮らしている子供たちに遭遇し、そのうちの一人の娘から頼まれる。子供たちは、ブロンウェン（Bronwen）に言われた通り、山羊に毒の餅を仕込んでは、鬼たちにそれを与えて実験をしており、最後に残された山羊を巨人のケルンまで連れて行ってほしいと嘆願する。

　「…ブロンウェンって不思議な枝を持つ人で、だからまえはとても怖かったんですけど、わたしたちが親に忘れられ、子供だけで暮らしていることを知って哀れんでくれました。だから、お願いです。ご老人方。力を貸してください。今度誰かが来るのなんていつのことになるでしょう。兵隊さんや変な人たちじゃ、来ても怖くて姿を見せられません。お二人こそ、わたしたちが神イエス様にお願いしていた方々なんです」。（330頁）

ブロンウェンとはウェールズの中世文学に登場する女性の名前、Branwen

から来ていると思われる。荒野の中に放り出された孤児たちが自分たちの力で身を守り、毒殺という方法で両親の復讐をするという物語の中で、巨人のケルンは人々の道しるべとなっているのだ。

　また、ブリテン島には他にも巨人にまつわる伝説が存在し、ブリテン島の古名であるアルビオン（Albion）は、ラテン語の albus に由来するとされる説があり、13 世紀半ばまでブリテン島をさす詩にうたわれた別名だと言われている（Barber 3 頁）。アルビオンとは、ブリテン島にやって来たローマ人が、その石灰岩の白い岩と地形から、「白い国」という意味の名前をつけたことに由来するという説が一般に知られている。現在でも残るドーヴァー海峡の白い崖は、White Cliffs of Dover と呼ばれたことから、その色と地形が想像できると言われている。

　また、アルビオンは、ブリトンの伝承の中で、アルビオーン島に住む巨人の名前でもある。伝説では、大地には巨人が住んでいるとされていたが、それは実はエドワード 1 世がスコットランド征服を試みていたという政治的な意味が含意された結果、この伝説によってブリテン島が一つの政治勢力の元に統一されたことを示しているとも考えられる（Barber 3 頁）。アルビオンもまた、アーサー王伝説と並んで後世の文学に影響を与え、ブレイクの詩の中でも登場している。しかし、アルビオンはジェォフェリー・アッシュ（Geoffrey Ashe）によると、ブリトンに最初に存在したのはマイディンズ・プレシンクト（Myrddin's Precinct）と呼ばれる巨人たちで、ノア（Noah）の息子であるハム（Ham）の子孫として知られており、紀元前 2000 年頃にアフリカ大陸からやってきてブリテン島に定住したという（13 頁）。また、アルビオンという名は、巨人の王がアルビオンであったことから、巨人を表す名称となったとも言われているという（Ashe 13 頁）。さらに、アルビオンは、ギリシャ神話では、ポセイドムとアムピトリーテーの子供だという伝説などもある。ジェフェリーの『列王伝』において述べられているように、ブルータスが発見する以前は文明も無い野蛮な土地としてしか語られなかったブリテン島に巨石文明が存在し、それらは明らかに人間によって作られたのである。

　イシグロの『忘れられた巨人』は、このアルビオンの伝説が持つパラドックスを基として作られている。この神話のパラドックスを解読するた

第6章　カズオ・イシグロの暴力のルーツを探る神話再構築

めには、忘れられた巨人が忘れられた歴史と記憶を表わす点において中心
的な役割を果たしている。

　小説のタイトルに使われている巨人のケルンは記念碑であり、神話の持
つ潜在的で深い闇を示唆しており、この地球上に長くはびこっている悪と
結びついているというパラドックスの象徴である。記念碑に関して、『忘
れられた巨人』の中では次のように定義されている。

　　悪事の被害者のために立派な碑が建てられることがある。生きている人々
　は、その碑によって、なされた悪事を記憶にとどめつづける。簡単な木の十
　字架や石に色を塗っただけの碑もあるし、歴史の裏に隠れたままの碑もある
　だろう。いずれも太古より連綿と建てられてきた碑の行列の一部だ。巨人の
　ケルンもその一つかもしれない。たとえば、大昔、戦で大勢の無垢の若者が
　殺され、その悲劇を忘れないようにと建てられたのかもしれない。それ以外
　に、この種のものが建てられる理由をあまり思いつかない。平地でなら、何
　かの勝利や王様を記念して建てられることもあるが、これほど人里離れたこ
　れほどの高い場所で、なぜ重い石を人の背丈よりも高く積み上げたのか。そ
　こにはどんな理由があったのだろう。(345頁)

巨石は考古学者たちによって常に研究の対象であるにも関わらず、今だに
その起源や意味は解明されていない。しかし、未知の過去への限りない憧
れと関心が今だに人類を虜にさせる。同時に、それは、過去の栄光ではな
く、過去に犯した過ちや虐殺を記した道しるべなのである。

　現在のイギリスとアイルランドには、有史以前に造られた巨石が多く
残っており、考古学者たちが様々な調査を行ってきたが、決定的な起源な
どを示す証拠はまだ見つかっていない。キリスト教化が進み、近代から現
代社会に移行した後も、巨石信仰は衰えることなく、中世には巨石の下に
妖精が住む世界があるとか、悪魔の住処があるということが信じられてい
た。また、ストーンヘンジに関しては、アーサー王伝説において、アー
サー王の祖父が、サクソン人との戦いで死んでいった家臣を弔うために、
魔法使いマーリンに命じてアイルランドから運ばせたという。『忘れられた
巨人』における空間の構築は、全てこの巨人が住むところに集約されてい
ると言える。そして、忘れられた巨人は、私達の心の中に住んでいるのだ。

191

5 結 論

　『忘れられた巨人』には、古代から続く歴史の中を通して、人間の肉体と魂が常に脅かされるような大惨事や危機的状況に繰り返し対峙し続けてきたことを記憶にとどめなければならないというイシグロのメッセージが読み取れる。人類が犯してきた決定的な過ちは、実際は何が起こったのか、そしてどんな葛藤に人間が遭遇したのかということを忘れては、教訓を生かせず、新たな葛藤に身を置いてきたことである。私達が新聞やインターネットで毎日のように眼にする世界中で起きている戦争、テロ事件、大災害に慣れすぎてしまった現代において、イシグロはそれらを決して直接描くことはしない。中世という神話の世界に読者に身を置かせ、その空間と時間の中で、記憶、物語、歴史がいかに不確かで不明瞭かということを体験させている。

　イシグロは常に文学のグローバリズムに貢献してきたと言えるが、それは同時に 20 世紀後半から 21 世紀にかけて、世界が大きな局面を迎えることになったという時代性と一致する。『グローバル・コンテクストにおけるカズオ・イシグロ』（*Kazuo Ishiguro in a Global Context*）の序文で、レベッカ・L・ウォルコウィッズ（Rebecca L. Walkowitz）は、「イシグロの作品に見られるグローバルな循環と受容とをどのような視点で批評されるかということにはどのような差異があるのか」（xii 頁）ということを分析することの必要性を説いている。さらに、イシグロを含む現代イギリス作家を批評するにあたり、エミリー・ホートン（Emily Horton）は、彼らが、歴史、科学、文化をグローバルなレベルで関連づけて作用させようと試みていると述べている（217 頁）。今世紀においてグローバルなレベルで危機がより拡大し、より複雑になってきたことに対して、イシグロは作家として現代の読者が直面する事象を避けることはできないはずである。

　『忘れられた巨人』における忘却の霧を晴らすための旅は、現代社会において歴史をそのように再構築しなければならないという新たな側面を探求する旅である。その情報が信頼できるかはどうであれ、インターネットを通じて、現代人は数え切れないほどの視覚情報と文章化された情報にアクセスすることができる。しかし、記憶は簡単に忘れ去られ、戦争はまた起きるのだ。

第 6 章　カズオ・イシグロの暴力のルーツを探る神話再構築

注

本稿は、"Making a 'Once-upon-a-Time' Mythology in Kazuo Ishiguro's *The Buried Giant*" と題して、ICLLL 2016: 18th International Conference on Languages, Literature and Linguistics (Holiday Inn Paris Montparnasse, Paris, France, 24-25 Oct. 2016) においてポスター発表し、*International Science Index* 10.7 (2016): 2435-2439 に掲載された論文を大幅に加筆修正したものである。

第7章　村上春樹の心の闇への旅
―― 『騎士団長殺し』に生きるメタファー

1　序　文

　村上春樹の『騎士団長殺し』は、これまでの村上作品との異質性が常に
注目されており、その中で村上作品の特徴である物語の中の物語の存在が
欠如している点とか未完結性が欠落している作品として議論を呼んだ（黒
古168頁：山内397頁）。なぜ、村上はこの2巻に渡る今までとは異なる
特色がある大作を、この時期に世に送り出したのか？そこには、村上だけ
でなく、世界中の作家にとって、直面する21世紀のグローバル化とそれ
に伴う大惨事をいかにフィクションという形で描くのかという課題がある
からだ。村上は、あえて歴史の闇とそれをめぐる心の闇に潜入する決意を
したのである。

　この小説は、妻から別離を突然告げられて途方に暮れた36歳の肖像画
家である「私」が、突発的に、約2か月間車で東北と北海道を放浪する
が、答えは見つからないし、戻るところさえ無くなったという人生のリサ
イクル状態で始まる。美大時代の学友で夫婦共通の友人でもある雨田政彦
が心配をして、自分の父親で世界的な日本画家である雨田具彦がかつて
使っていた小田原の山の中にあるアトリエを提供し、その上、小田原駅前
にあるカルチャー・スクールの絵画教室の講師の職まで見つけてくれる。
その「私」がアトリエのある山の上で暮らした間に体験する現実と幻想が
交差した時間と空間の中で語られる。そしてその山の家の屋根裏から偶然
発見した雨田具彦の作品『騎士団長殺し』という絵に対峙する中で、「私」
は様々な時間と共生し、歴史という記憶と忘却の連鎖の中に潜入していく
のである。

　「私」は、小田原の図書館に雨田具彦の画集を探し出し、彼の創作の

軌跡を探ろうとする。そこで画家としての「私」が知ったことは、戦前、彼が20代の頃にキュービズムの影響を受けている抽象画はテクニックも優れており説得力もあることだった。しかし「今」の「私」から見ると、「何かが欠けている」（第1部78頁）と思われるのだ。そして戦後、日本画に転向した後の雨田具彦の作品を時代順に見ていくうちに、彼が試行錯誤を繰り返す中で確実に独自の世界を構築し、「その『何か』の核心に向けて、自信に満ちた足取りでまっすぐ進んで」（第1部78頁）いく姿を見出し、彼が「昇華」したことを確認する。

　この雨田具彦の戦前と戦後の変化は、その間に彼の身に起こったことが原因であることが徐々にわかってくる。一言でいうと『騎士団長殺し』には、1930年代のオーストリアのイデオロギーが描かれているのだ。そのイデオロギーとは、20世紀に世界観と人間観を大きく崩壊させることになった第二次世界大戦前夜、その暴力の根源となった全体主義、多民族国家であったオーストリアを消滅させたナチス・ドイツ台頭に端を発している。この肖像画には物語があるが、そこには忘却と記憶の交差があり、記憶に忘却が勝ると暴力の歴史は繰り返されるというメッセージが込められている。「私」は、そのメッセージを解き明かすという使命を帯びる。

　現代は地球規模の大惨事と共に進んでいる。第二次世界大戦が終結しても東西冷戦が続き、旧植民地が独立をしても内乱が続き、さらにベルリンの壁とソ連崩壊に伴う東ヨーロッパの民主化、ロシアや中国の中の資本主義緩和、そして経済のグローバル化に伴って飛躍的に発展したシンガポール、韓国、台湾、マレーシアなどアジアの小国の台頭、そして何よりもアラブの春からアメリカの経済の世界制覇に対して起こったテロリズム、9.11によって世界観が大きく変わる。中東から大量の移民がヨーロッパ大陸に渡り、それにより新たな政治的葛藤が起こり、ヨーロッパでは右翼政党が、アメリカでは白人至上主義が台頭してきている。それに伴い、地球規模の温暖化と天候不順による様々な自然の大災害が私たちを襲う。日本においては、3.11がその最も顕著な例となり、忘れ去られない経験となる。それは、自然災害でありながらも、第二次世界大戦における原爆投下と大空襲に匹敵する大惨事として人々に記憶される。地震とそれに続く津波により東北海岸線の多くの街が飲み込まれていった悲劇と、福島原発

第 7 章　村上春樹の心の闇への旅

事故による放射能汚染という最も危機的な状況を、日本全体が、そして地球全体が体験することになるのだ。その時に、作家はどうしたのか？何を表現すればよいのか？多くの作家たちが自問自答して、創作の困難さを実感し、試行錯誤を繰り返した。村上もまた、そんな作家の一人なのである。そして、その試行錯誤を、「私」にさせるのである。

　村上の作品の中で、2013 年に発表した『色彩を持たない多崎つくると、彼の巡礼の年』も或る意味で、ポスト 3.11 文学であると言える。しかし、小説の構成とその内容という点ではグローバリズムの真髄に欠ける作品であったことは否定できない。『騎士団長殺し』においては、一見、一貫性が無いように思える様々な事象が、実は時間と空間の交差がより壮大なスケールで起きて、繋がっている。過去からの使者である肖像画に纏わる隠されたストーリー、二重メタファー（上田 151 頁）、そして山の家で発見した石塚の穴の中にある神話の世界がクロスするのである。時間、歴史、そして個の心の闇へと導かれる中で、喪失と忘却、享受と記憶が何度も繰り返され、最後に失った世界を構築しようという意志が描かれることは、ある意味でこの作品もポスト 3.11 小説なのだ。

2　時間との共存

　『騎士団長殺し』の第 1 部のプロローグは、次のような「私」の肖像に対する思いで始まる。

　　いつかは無の肖像を描くことができるようになるかもしれない。ある一人の画家が『騎士団長殺し』という絵を描きあげることができたように。しかしそれまでに私は時間を必要としている。私は時間を味方につけなくてはならない。（第 1 部 12 頁）

商業肖像画家である主人公の「私」は、肖像を描くために必要な時間を求めていく過程において挫折した直後に、芸術としての肖像画と遭遇し、その肖像画の中に潜む個と歴史の闇の中に入り込む。第 2 部の最後に東日本大震災が起こった後の時間が設定されていることから、その近い過去である第 1 部には 3.11 以前の時間が流れていることになる。そしてこの小

197

説のタイトルでもある『騎士団長殺し』を描いた画家である雨田具彦は、第1部の冒頭では92歳で認知症になっており、この肖像画の中には彼の時間と歴史が閉じ込められていて、それはある意味で伝説となっているのだ。これらの時間を「私」は味方につけていくのである。

　私に時間が必要なことと反比例して、表面的には雨田具彦にとっての時間はすでに停止している。息子の政彦は、「父の過去の記憶はすべて消滅している。あるいはどこかの深い泥の底に沈みっぱなしになっている」と説明し（第1部89頁）、オペラとフライパンの違いもわからないような状態だと例えるほどである。

　しかし、雨田具彦の隠されてきた秀作『騎士団長殺し』の中に閉じ込められた時間は、歴史の闇が流れ心の闇が描かれた最も深く意味がある時間なのである。第1部の最後は、サムエル・ヴィレンベルク（Samuel Willenberg）の『トレブリンカの反乱』（*Revolt in Treblinka*）からの引用で終わるのであるが、そこには死の収容所と呼ばれた収容所でナチスの擁護を受けて家族の肖像画を描かされているユダヤ人の画家の苦悩に満ちた叫びがある。

　　「でもな、誰がなんと言おうと、わたしが描きたいのはドイツ人たちの家族なんかじゃない。私は＜隔離病棟＞に積み上げられた子供たちを、白黒の絵にしたいんだ。やつらが殺戮した人々の肖像画を描き、それを自宅に持って帰らせ、壁に飾らせたいんだよ。ちくちょうどもめ！」（第1部507頁）

トレブリンカ強制収容所は、1941年にポーランドのユダヤ人撲滅を目的に建設された絶滅収容所の一つであった。その中で反乱が起こったことにより、収容所は最終的に爆破されて、犠牲者の遺体が掘り起こされ焼かれた後、その隠ぺい工作に利用されたユダヤ人もまた全員が銃殺された恐怖の収容所であった。ヴィレンベルクがトレブリンカからの唯一の生存者であったように、雨田具彦もまたある暗殺事件の唯一の生存者であることが徐々に解き明かされていく。そしてその時の恐怖こそが、『騎士団長殺し』に込められたメッセージなのである。

　『騎士団長殺し』の中では、商業肖像画家としてある程度認められ、生

第 7 章 村上春樹の心の闇への旅

計を立てるに十分な仕事をこなすようになっていた「私」は、妻からの突
然の別離宣言で自己喪失を経験し、一度は肖像画を描くことを辞めてしま
う。しかし、筆を折った直後に、偶然にも高名な日本画家である雨田具彦
のアトリエに暮らすようになり、新たな肖像画創作に取り組み、その意味
を追求することになる。美大時代からの友人の雨田政彦に指摘されるよう
に、「私」は生活のためにではなく自分のために絵を描きたいと思う心が
彼を推し進める。それは雨田具彦の魂に取りつかれ、彼が生きた恐怖の時
間と空間へと導かれていったからなのだ。

　雨田具彦は伊豆高原の高齢者施設にいて、彼はすでに忘却の中に身を
置いているが果たして本当にそうなのか。政彦は、そんな父親のことを、
「過去の記憶はほとんど消えてしまっても、意志の力みたいなものはまだ
ちゃんとそこに留まっている」（第 2 部 92 頁）とも断言している。さら
に、「私」は、『騎士団長殺し』との出会いで、雨田具彦との神秘的なつな
がりを感じ、さらに絵画の本質探求へと向かっていく。そして、「ファン・
ゴッホが名もない田舎の郵便配達夫を、集合的記憶として今日まで生きな
がらえさせているように」（第 2 部 112 頁）、「私」は忘却と対峙し、時間
を味方につけ、現実と幻想の渦の中で『騎士団長殺し』の中にある集合的
記憶を紐解こうとするのである。

　この『騎士団長殺し』は極めて暴力的な絵として提示されている。世界
的に著名な雨田具彦の秘密とその人生をめぐる壮大な歴史が小田原の山に
あるアトリエの屋根裏部屋に隠されていた暴力的な絵に集約されている。
それは、数々の名作を世に送り出した雨田具彦が描いた世界とは大きく異
なる。この絵は、彼自身の若い頃の体験から絞り出された苦悩と怒りに満
ちたもので、人間性を歪め正気を失わせる危険な思想である全体主義や軍
国主義を批判している絵であるという真相に、「私」は気付いていく。

　この『騎士団長殺し』を発見した「私」は、そのヨーロッパ中世を思い
起こさせるタイトルに戸惑うが、その作品は明らかに日本画であり、しか
も疑いなく雨田具彦の画法がそこにあると認識する。そして、「大胆な余
白と、ダイナミックな構図」に雨田具彦の芸術性の高さを独占して楽しむ
のである（第 1 部 96 頁）。しかし、そこに描かれているのは飛鳥時代の
格好をした男女で、その時代の服装とその時代の髪型をしているのだが、

199

そこに描かれているシーンは暴力的で、雨田具彦が描く穏やかで平和な世界とは相反するものなのだ。この様に古代の世界をモチーフにすることを雨田具彦は得意としており、「古代への回帰」とか「近代の否定」と評価される一方で、「現実からの逃避」という批判もあり（第1部97頁）、それは彼の芸術観あるいは使命感の表象だと「私」は理解し、その寓話を紐解いていく。

　この絵の暴力性が最も顕著に表れているのは、胸から噴き出す血が描かれているシーンにある。若い男と白装束の年老いた男が戦っており、年老いた男の胸から血が勢いよく噴き出していて、血が白い装束を赤く染めている。そして男の表情にも残忍さ、冷酷さ、非情さが見え隠れする。年老いた男は苦しみと無念さ故、口が歪み、目が見開いており、若い男は冷酷で勝利を確信した表情をしている。そして、この絵の中には戦いの目撃者が3名いる。一人は驚きの悲鳴をあげている若い女性、一人はやはり驚いている召使のような若い男、そして最後の一人は「奇妙な目撃者」で画面の端に描き込まれており、地面についた蓋から半身を出して首だけをのぞかせている。この首だけが描かれている目撃者は、狂気にも近い鋭い洞察力でその場を見入っている。しかし、この第3の男の存在には誰も気づいていないのだ。この絵の持つ異常性に魅惑された「私」は「この絵には何か特別なものがある」（第1部98頁）と確信する。この確信によって、「私」はこの絵の謎解きと画家の人生の謎解きを始めるのだ。

　この『騎士団長殺し』の謎解きには、雨田具彦が歩んだ道を探らねばならない。このアトリエに住むようになった「私」は、様々な方法で雨田具彦の謎を解き明かそうとする。それは、ある意味、雨田具彦が固く口を閉ざした過去の記憶であり、親族にも打ち明けず、また記録されることもなかった彼だけの物語である。一般的に知られている経歴の裏には、壮絶な物語があり、それを解き明かしていくことで「私」は雨田具彦に近づき、雨田具彦に近づくことで『騎士団長殺し』の絵の解釈に近づき、そして最終的に時間が自分のところに戻ってきて、自らの肖像画の作成過程の中でその理解が表象化されるのである。

　「私」は彼が創作を行った伊豆の山のアトリエに滞在という名の避難をしている間、雨田具彦について興味を抱き、調べてみる。雨田具彦の史実

第7章　村上春樹の心の闇への旅

に興味を抱き、まず小田原市の図書館で画集3冊を見つけ、作品を鑑賞すると共に巻末の略歴を調べ、さらに画集の1冊に収録されている「雨田具彦論」という論文を読む。その短い経歴には、彼が東京芸術大学を卒業してすぐに1936年末から1939年にウィーンに留学し、第二次世界大戦が勃発する直前、1939年の初めにブレーメン港から船で日本に帰国したことが記載されていた。そこで、「私」は、その時期はヒトラーがドイツで政権を握っており、1938年にはオーストリアがドイツに併合されるアンシュルスが起こった年だと認識し、そこで彼は「様々な歴史的光景を目撃したに違いない」（第1部80頁）と思う。そして、論文を読んでいくと、雨田具彦は、帰国後、洋画を描くことを拒否し、1941年の真珠湾攻撃後には東京から故郷の阿蘇に戻り、結核ということで徴兵も免れ、豊かな実家からの支援で家も女中も与えられて、飢えに苦しむこともなく、1945年の終戦を迎えたことがわかる。この間、1点の作品も発表せず、ひたすら世間から隠遁した生活を送り、沈黙を守り、「私」はおそらく日本画の修行に明け暮れていたと想像する。そして、戦後すぐに日本画家として再出発をし、大きな成功を収めることとなる。戦時中に国策絵画を描かざるをえなかった多くの画家が、戦後になると占領軍下の中で委縮していったことと反比例し、雨田具彦の作品は戦後の画壇をリードしていき、「いわば時代が彼の味方になった」（第1部82頁）と「私」は分析する。しかし、雨田具彦は、単なる時代の寵児ではなく、その成功は破竹の勢いで世界制覇をしていくのであるが、画壇や世間との関係を一切断ち、山のアトリエに籠りひたすら創作にのみ没頭して人生を全うするのだ。しかし、これらの表面的な情報には、雨田具彦のウィーン時代のことは完全に欠落している。

　「私」にとって、雨田具彦が激動の時代のウィーンで何を体験し、何を目撃し、そしてなぜ彼は筆を折ったのであろうかということが課題となる。「私」が雨田具彦の戦前と戦後の差異に関して強く興味を抱いたのは、彼がモダニズム絵画を指向してウィーンに留学しながらも、帰国後なぜ日本画に「回帰」し、即ち、なぜ「もう一度ゼロから出発しなおさなくては」（第1部77頁）ならなかったのかを知りたいと思うようになるからだ。「私」は、第2部の最後、亡くなる前に、雨田具彦に面談させてもら

201

うが、本人の口からそれを言葉で聞くことはできなかった。しかし、息子の政彦に対しては「海の底の牡蠣のように堅く口を閉ざしていた」（第1部91頁）にも関わらず、最後に雨田具彦と会った「私」には、何かメッセージを発しているように感じられたのだ。それは、「私」が雨田具彦の時間と記憶にすでに近づいていたということの証である。「私」は、自分の力だけではなく免色渉という謎の隣人の力も借りて、この雨田具彦の時間と記憶に少しずつ近付くのである。

3 歴史との遭遇

　息子の雨田政彦が、父が何故フランスではなくオーストリアに留学したのかと疑問に思う箇所があるが、このオーストリアとその都ウィーンが大きな鍵となるのである。そして「私」は、ウィーンの街にはためくナチス・ドイツの赤と黒のハーケンクロイツの旗とその通りを歩く若い日の、沈黙して顔が見えない雨田具彦の姿を想像する（第1部83頁）。この想像上の風景こそが、雨田具彦のウィーン時代が欠落しているというその風景であり、「私」はその時期に起きたことに遭遇する。

　オーストリアという名称は、歴史的変遷の中で、一つの国も一つの民族も表しておらず、様々な民族が居住し、侵入し、移住して、そして地図が何度も塗り替えられたことを象徴している。第一次世界大戦までの間、その中心であったウィーンは、地理上において「民族の十字路」だったことと、ハプスブルク家の領土拡大の中で、領内の異民族を統治する際に、彼らの文化遺産や伝統を統合していったことにより、多民族都市として発展する（加藤 6-7頁）。先住民族のケルト人が住む地をローマ帝国が要塞としたが、ローマ帝国の崩壊と共に、アジア系アヴァール人、スラブ人、8世紀にはフランク人、10世紀にはマジャール人（ハンガリー人）が入って来た。その後、其々の宮廷文化と共にスペイン人やイタリア人が入り、チェコ人（ボヘミア人）が労働者として移住してきて、ポーランド人やトルコ人商人がやって来る。また、1848年の帝都への移住制限が撤廃されたことにより、大量のユダヤ人がウィーンに殺到したという（加藤 31頁）。オーストリアは多民族、多文化によって支えられてきた土地なのである。

第7章　村上春樹の心の闇への旅

　さらに、政治的変遷によりオーストリアの地図も名称も変化する。領土争いの中、オーストリア公領となり、周辺地域を領土として拡大していく中でオーストリア大公国となって、プロイセンの勃興によりオーストリア＝プロシアとなり、オーストリア帝国、オーストリア＝ハンガリー帝国となり、ドイツ＝オーストリア共和国、オーストリア共和国となった。そして、1938年の3月13日ナチス・ドイツによるアンシュルスによりオーストリアという国家は消滅した。貧しい時代を過ごしたオーストリアと自らが率いるドイツを、ヒトラーという独裁者が統一し、オーストリアという国はここで消滅するのである。

　このアンシュルスには、ドイツとオーストリアを含むもう一つの歴史の流れがある。それは、古くからあった小ドイツ主義と大ドイツ主義の対立が2国の運命を変えたことである。免色が雨田具彦のことを調べてくる中で、アンシュルスによるオーストリア国家の完全消滅にはある矛盾があることを指摘する。それは、アンシュルスの半年後、ドイツはオーストリアに侵入し、オーストリア・ナチス指導者を首相にするのであるが、その後このアンシュルスに国民投票で99.75％の賛成者が出たということである（第1部462-64頁）。この矛盾を含むオーストリアの歴史を雨田具彦は『騎士団長殺し』の中で語っているのである。

　オーストリアの歴史を紐解くと、神聖ローマ帝国が実質上壊滅した後に、ドイツ民族が統一するドイツ国家の復活を多くのドイツ人が望んだにも関わらず、旧神聖ローマ帝国皇帝ハプスブルク家が統治するオーストリアとホーエンツォレルン家が統治するプロイセンという2大国が、どちらも主導権を握ってドイツを統一することを目指していたという史実がある。オーストリア＝ハンガリー帝国は、少数のドイツ人支配階級に対して、多民族によって構成され、言語もドイツ語、ハンガリー語、チェコ語、ポーランド語、ルーマニア語、イタリア語などの多言語が共存する空間となった（加藤8頁）。このようにオーストリアには多くの多民族が居住していたために、ドイツ語圏民族による国家が成立しないと判断され、オーストリアを排除して統一国家を目指す「小ドイツ主義」とオーストリアを入れた統一国家を目指す「大ドイツ主義」が対立することとなった。プロイセンは1866年にオーストリアに、1871年にはフランスに勝利し、

203

プロイセン王はオーストリアを除くドイツ帝国を統一させた。

しかし、第一次世界大戦で敗戦国となり、1918年ドイツ帝国とオーストリア＝ハンガリー帝国は崩壊して、2国の運命が変わってくる。その結果、オーストリア＝ハンガリーが解体し、領内の諸民族が独立したことで、再度「大ドイツ主義」の可能性が浮上してくる。しかし、敗戦国が拡大することに反対した勝戦国は、ドイツとオーストリアの合併は認めず、1919年にサン＝ジェルマン条約により合併が禁止された。さらに国際連盟の働きかけにより、オーストリアとドイツは20年間合併しないという条件でオーストリアの独立が守られたジュネーブ議定書が締結した。しかし、戦後の経済危機を乗り越えるために、ドイツとオーストリア間において法律、税制、通信などの共通化政策が実践され一体の経済圏の確立に成功し、アンシュルス運動はすでに活発に行われていたと言われている。1931年、これは実質的なアンシュルスであり議定書違反であるとされたが、この混乱期にナチス・ドイツが台頭し、ドイツのみならず、1932年にはオーストリア・ナチス党が急速に支持を集めた。ヒトラー政権誕生と共に、オーストリア・ナチス党員による合併への動きが活発となり、1934年にはオーストリア・ナチスはクーデターを起こし首相官邸を襲撃してドルフス首相を殺害した。1936年には独墺協定が結ばれ、ドイツはオーストリアの独立を認めながらも、実際はオーストリア・ナチスへの恩赦を容認することになった。このような複雑な時期に、雨田具彦はオーストリアに渡るのである。オーストリア・ナチスの首相殺害に対する反感が起こり、ナチス・ドイツに恐れを抱いていたにも関わらず、1938年4月10日の国民投票では「大ドイツ主義」への傾倒から、99.73％以上の賛成票を集めるという結果になった（ジェラヴィッチ194頁）。これはまるで、トランプ政権誕生時に、多くのアメリカ国民が強いアメリカを再建するという公約に酔いしれて投票した結果、多民族国家であるアメリカで徹底的な移民排斥と白人至上主義が打ち立てられたことと一致すると読み取ることができよう。

しかし、国民投票で99.73％以上の支持を得たこのアンシュルスによりオーストリアはいばらの道を歩むことになる。ナチス・ドイツの支配下に置かれたオーストリアは、一千年以上ぶりにその名を失い、オストマルク

第 7 章　村上春樹の心の闇への旅

という名の州になり、最も栄えたハプスブルク帝国以降のオーストリアの
アイデンティティは完全に否定された。アンシュルスにより、ユダヤ人だ
けでなく、反社会分子、社会民主主義者などが処刑されたり強制収容所に
送られることになる。同じドイツ語を話す同志ではなく、ドイツ人より下
位のオーストリア人というレッテルを張られることになってしまったの
だ。そして、このアンシュルスにより、それまではドイツ語圏であり、ま
た多民族国家であったときもあったアイデンティティが揺れ続けたオース
トリアが、皮肉にも、初めてそのアイデンティティを認識するのである。
　しかし、歴史の闇は他者の眼には見えないが、主人公には見えており、
確実に存在するイデアである騎士団長が歴史に関して次のように言う――
――「歴史の中には、そのまま暗闇の中に置いておった方がよろしいことも
うんとある。正しい知識が人を豊かにするとは限らんぜ。客観が主観を凌
駕するとは限らんぜ。事実が妄想を吹き消すとは限らんぜ」（第 1 部 449
頁）。この暗闇の中に葬っていた方がよい歴史が、発見され、語られ、伝
えられて、最後には寓話になる。オーストリアでの雨田具彦のことが、免
色によって少しずつ詳細が明らかにされるが、そこにはアンシュルスが
雨田具彦に与えた歴史的事象を超えて公私ともに大きな意味を持つこと
が隠されている（第 1 部 421 頁）。それは、公的に記録されているわけで
も、私的に語られているわけでもなく、スキャンダルであり、噂である。
雨田具彦が、アンシュルスの直後、ウィーンである暗殺未遂事件に巻き込
まれ、政治的問題に発展しそうになったため、ベルリンの日本大使館が動
いて、秘密裏に彼を帰国させたということである。その上、彼にはウィー
ン時代に深い中になったオーストリア人の恋人がいて、彼女は大学生を中
心とする地下抗争組織の一員として、ナチスの高官を暗殺する計画を立て
たということだった。そこで、事実として、雨田具彦が強制送還されて帰
国したことと、その一年ほど前に結ばれた日独防共協定とが重ね合わされ
る。そして、事件は闇から闇へと葬り去られ、地方の有力者を父に持つ
雨田具彦は、ウィーンでの事件を口外しないということを条件に帰国し、
父の庇護のもと、自分が関わった歴史を消し去ろうとするのだ。これを
知った「私は」、『騎士団長殺し』の解釈を変え、「ウィーンで起こるべき
であった（しかし実際には起らなかった）暗殺事件」を「日本画のより象

205

徴的な画面に移し替え」、それを千年以上も前の飛鳥時代に「『翻案』」（第1部423頁）したのだと理解しようとする。そして、騎士団長はナチスの制服か親衛隊の制服を着ていたかもしれないと想像する。即ち、若い女は雨田具彦のオーストリア人の恋人で、突き刺している若者は雨田であろうか（第1部429頁）とも思う。『騎士団長殺し』から様々な「寓話」や「メッセージ」を読み取ることができるが、それは単なる「仮説」であり、歴史的事実ではなく、「風説」に過ぎないと結論付ける。

　さらに免色が調べたより詳細な歴史的バックグランドが語られて、風説に風説が加えられていく。それは、アンシュルスの半年後に起きた動乱のウィーン時代に、1938年に起こった水晶の夜（クリスタル・ナハト）のようなナチス高官の暗殺未遂事件に雨田具彦が関わったとされることである。そして、この暗殺未遂事件に関わったウィーンの大学生たちは全員逮捕されて、処刑あるいは殺害されたという。そしてその中で生き残ったのは、雨田具彦一人であったという話である。しかしこの話は謎で、事件そのものがこっそりと闇に葬られたのには何か理由があり、一説によればそのメンバーにナチス高官の実の娘が加わっていたということが推察されている。しかし、これも「真偽は確かでは」なく、仮説に仮説を重ね、寓話となっている。「私」は、雨田具彦は「その生涯にわたって沈黙を守る代わりに、『騎士団長殺し』という作品をあとに残した。彼は言葉で表すことを禁じられた出来事の真相を、あるいはそれにまつわる想いを、おそらくその絵に託したのだろう」（第1部465-66頁）と推測する。即ち、雨田具彦が抱える歴史の闇に迫ろうとすればするほど、その沈黙が寓話を創りだし、『騎士団長殺し』の意味が変わっていくのだ。

　雨田具彦のウィーンで創られた寓話は、最後に、息子である政彦が親戚から聞いていたという「信憑性」がある話を加えることにより完成する。家族の秘密であり、固く口を閉ざした父のことを政彦は最後には話したくなっているという心理の変化もまた重要である。父の恋人はウィーンの大学に通っていたオーストリア人の女性で、二人は結婚の約束をしていたことを語る。また、暗殺計画が発覚した後に、彼女は逮捕され、マウントハウゼン強制収容所に送られたことまでは聞いた話として語られているが、そこで彼女が死亡したことは推測の域を出ない。父もゲシュタポに逮捕

第7章　村上春樹の心の闇への旅

され、1939年の初めに不適格外国人として日本に強制送還されたと語る。そして、雨田具彦が帰国後何も語らなかったという理由は、国外強制退去によって命を取り留めるため何も語らないようことが条件だったと推測する。しかしそれ以上に、雨田具彦に沈黙を通すという意思があることが重要である。

　雨田具彦にとって、自由表現が抑圧され、愛が暴力で破壊されたことは壮絶な体験であり、生き残った彼にとって『騎士団長殺し』を描くことは贖罪ではなかったか。雨田具彦の恋人が収容され殺害されたとされるマウントハンゼン強制収容所はオーストリア北部に建設された政治犯や反社会分子が送り込まれ虐殺された絶滅収容所の一つである。マウントハンゼン強制収容所は、もともとオーストリア最大の花崗採石所があったため、1938年にダッハウ強制収容所から収容者が採石労働にやってきていた場所であり、そのためにこの丘に造られた収容所である。マウントハンゼン強制収容所は、最も重い第3カテゴリーの収容所となり、再教育の見込みがない反社会分子が送られ、最も過酷な刑、暴行、労働、人体実験が待ち受けており、この収容所に行くことは死を意味していたという（長谷川97頁）。

　一人生き残った雨田具彦はこの段階で精神の死を体験したのである。息子は父の信念を感じており、基本的に自由を重んじファシズムや軍国主義とは全く合わない雨田具彦にとってウィーンで体験したことは人生観も芸術観も大きく変えることだったのだ。その父について政彦は、「自らについて何かを書き残したりもしなかった。むしろ地面についた自分の足跡を、箒を使って注意深く消しながら、後ろ向きに歩いているような人だった」（第2部103頁）と述べている。その姿の中には、語ることができない、あるいは語りたくない「暗澹とした」事実があり、その人間の想像を超えるような体験が脳裏に焼き付いており、死を前にしてもまだ心の深いところで戦っている父を感じるからである。

　さらに政彦から暴露されるもう一つの秘密、すなわち雨田具彦が「地下抵抗組織に加わったことは、弟の自殺が動機かもしれない」と推測するように、弟である雨田継彦の隠された闇を知ることで寓話は完成し、最後には雨田具彦と『騎士団長殺し』は伝説となる。政彦は、雨田具彦の強制送

207

還は、実際はゲシュタポからの雨田具彦の救出であり、1938年の3月の
アンシュルス後、しかも11月のクリスタル・ナハトの流れで起こった抵
抗運動グループによる暗殺未遂事件に雨田具彦も関与して逮捕されたと語
る（第2部 79-80頁）。雨田具彦はオーストリア人の恋人がいたので一緒
に地下組織に加わったのではないかという、もう一つの伝説がそこに絡
まっていたからである。それは、1938年の前年、1937年に盧溝橋事件が、
同年12月には南京虐殺事件が中国大陸で起こり、そこでの残忍な殺人行
為に雨田継彦が関わったことと関係がある。しかし、「神経をずたずたに
破壊されて」、雨田継彦は、1年後の1938年に1年間の兵役を終えて帰国
したが、実家の屋根裏部屋で自殺したのだ。雨田具彦がウィーンに留学し
た有望な画家だったことに対して、雨田継彦は当時まだ20歳で東京音楽
学校の学生であり、将来を嘱望されていたピアニストだった。この叔父の
ことは、軍国主義時代において家族の恥とされ、自殺したことも不名誉な
こととして隠され、家族にも抹殺されたのだ。

　雨田具彦と雨田継彦はそれぞれ画家と音楽家という芸術でつながってい
る兄弟であり、彼らの精神性には共通するものがあった。それであるが故
に、まだ20歳で人一倍繊細な神経の持ち主であった弟が、何かの手違い
で徴兵されることになり、最も荒っぽいとされた熊本第6師団に入団し、
しかも最も残虐な策略行為が続いた中国大陸へ送られ、南京攻略戦に参加
したことは、兄であり一足早くウィーンに留学した雨田具彦にとって、わ
が身に起こったことほどの痛みであったに違いない。そして二人の絆の深
さは、戦地から厳しい検閲を潜り抜けて届いた継彦の手紙を、兄が真意を
読み取り、その苦悩を感じることから理解できる。そして、二人とも、家
族の恥となり、その体験を誰にも語ることができないまま人生を終わるこ
とになる。

　継彦が残した検閲済みの手紙と遺書は、『騎士団長殺し』と同様に伝
説であると同時に、一対で一つの寓話を創り上げる。雨田具彦は、継彦
の「抑圧された文面」から弟の心の動きを読み取り、「上手に偽装された
文脈」から本意を推測して理解したという（第2部 96頁）。その中には、
南京市内のキリスト教会にすばらしいパイプオルガンが無傷で残されてい
ることが書かれているものがあったというが、オルガンについての長い描

写は検閲官によって黒く塗りつぶされていたという。なぜ、オルガンの描写が軍事機密になるのか、また塗りつぶす必要がないと思われるところまでが黒く抹消され、そしてそのオルガンを継彦が弾くことができたのかどうかもわからないまま終わっていた。そして継彦が残した長い手記とも言える遺書には、戦地でのすさまじい体験が書かれており、それは継彦の両親と雨田具彦を含む兄弟二人によって読まれた後、焼き捨てられたという。その封印された遺書に書かれてあったことに関して、雨田具彦が政彦に口を滑らせて語っていた。それは、叔父が捕虜の首を、日本刀を渡されて切るように命令されたことであったが、それは殺人に慣れるために3度も首を切らされるという通過儀礼であったという。雨田具彦がウィーンでの暗殺計画後に恋人を含む全員が殺害されたことと同様、継彦は南京で捕虜の殺害に関与し、イデオロギーに基づく「それなりの意義や正当性を与えられ」、「暴力的なシステムの中に放り込まれ」ていったのだ（第2部100-01頁）。

　雨田具彦の『騎士団長殺し』の中で描かれている胸から血が噴き出して白い装束を赤く染めている場面は、まさにピアニストの弟が手首を切って自殺をした結果、屋根裏部屋が「血の海」（第2部96頁）になったことへと続く。屋根裏部屋から発見された『騎士団長殺し』の絵は、屋根裏部屋で自殺した弟への哀歌でもなかったのか。最後になって、雨田政彦の口から父のことも叔父のことも語られるのは、家族のことは秘密であったが、そこにある真実を知ることに意味があり、誰かにそれを語ることでその寓話の真実性を確認しなければならないという彼の使命感があるからだ。そしてそれを「私」がまとめていくのだ。絵の中にある暴力は、歴史的事実として現実に起きた暴力であるとともに、人間の精神を破壊し、歴史の闇から生まれた寓話の中に真実を探すことを可能としたのだ。

4　芸術の都ウィーンという肖像

　オーストリアが受けた屈辱の歴史は、首都であり芸術の街であったウィーンが受けた屈辱の歴史でもある。そこで画家である雨田具彦の隠された過去が明らかになるのである。オーストリアのウィーンは、紀元前5世紀にケルト人が居住する村であったところにローマ帝国の北の拠点とな

り、宿営地が造られたことが起源とされており、ヨーロッパを東西に渡る
道と南北に渡る道の交差する要所であった。ドナウ川のほとりにあり交通
の要所であり、このような地理的な理由から、多民族を包括する交易都市
として栄えた。そのウィーンが最も発展するのは、1155 年に当時オース
トリアを統治していたバーベンベルグ家がウィーンに遷都した後に、都市
を獲得し、さらに新たな統治者であるオーストリア公となったハプスブル
ク家の支配下の元、都市整備が行われ、シュテファン寺院やウィーン大学
が建設された。16 世紀になると、ハプスブルク家は政略結婚を繰り返し、
ボヘミアやハンガリーなどの王国を支配下におさめ、帝位を独占した結
果、ヨーロッパ最大のドイツ系帝国が築かれた。16 世紀から 17 世紀にか
けて、2 回にわたりイスラム教の脅威であるオスマン帝国のウィーン包囲
を受けて危機的な状況に陥るにも関わらず、それを撃退して、都市として
さらに発展し、王宮や宮殿が建設され、華やかな貴族文化が栄え、特に音
楽と美術の中心地となる。また、産業革命により農村から都市ウィーンへ
の人口流入により、大都市化が加速した。1873 年にはウィーン万国博覧
会も開催された。

　ウィーンにはあらゆる地方から多くの芸術家が集まり、芸術の都として
崇められていた。19 世紀のウィーンの大都市化の中で、ウィーン美術ア
カデミーの新しい学舎が 1877 年に、ウィーン宮廷歌劇場が 1869 年に建
てられた。現在のウィーン美術アカデミーは、17 世紀から現代に至るま
でオーストリアだけでなくヨーロッパにおける美術教育の最高機関として
君臨している。雨田具彦が留学したと想定されるのがこのウィーン美術ア
カデミーであるが、同時にこのアカデミーの入試に二度失敗して大きな挫
折を味わったのがヒトラーであることが皮肉な取り合わせである。また、
音楽の都と歌われたウィーンは、多くの音楽家を育てて世に送り出し、オ
ペラの中心となった。音楽の分野ではウィーン国立歌劇場がオペラの中心
として栄え、ウィーンはオペラの都、音楽の都となっていったが、ナチ
ス・ドイツによって音楽が利用され大きく歪められることになる。

　また、ウィーンでのことをほとんど話さなかった雨田具彦が、何かの拍
子に子供だった政彦に動物園、食べ物、そして歌劇場の話はしてくれたこ
とを覚えているという。そこには、ウィーンでの豊かで平和な生活が伺え

第 7 章　村上春樹の心の闇への旅

るが、その中でも歌劇場にオペラ鑑賞に行ったことが語られている。芸術の都ウィーンで本来であれば美術の勉強をして、音楽にも傾倒した平和で精神性が高い生活を送るはずだった時間と空間は、雨田具彦が渡墺したときにはナチスの台頭によりウィーンでの勉学に曇りが見えており、それはアンシュルスによって絶望的になったのだった。

　ウィーン美術アカデミーは、同公式サイトによると、1692 年にハプスブルク家の宮廷画家として活躍したペーター・シュトゥーデルの私塾として開校して後継者の教育に力を注いだが、彼の死後一度は閉校となった。それを、1725 年に当時のハプスブルク家カール 6 世が、新たに宮廷画家であるジャコブ・シューペンに白羽の矢を立てて、閉校となっていたウィーン美術アカデミーを再開させ、1751 年にはマリア・テレジアにより近代的で体系的な美術の高等教育機関として再編されて大きな発展を遂げた。その後何度かの改革を経て、名称も「帝国総合美術アカデミー」、「帝国美術アカデミー」と改名された。1872 年には美術教育の最高教育機関として布告され、1877 年にウィーン国立歌劇場を考案した建築家エドゥアウト・ファン・デア・ニルとアウグスト・シカート・フォン・ジッカルツブルクにより新しい建物が創られて、現在に至る。それ以降、19 世紀から 20 世紀にかけて、世紀末芸術活動に関わった芸術家を排出し、アカデミーは世界に名を轟かせることになった。その中には、グスタフ・クリムト、オスカー・ココシュカ、エゴン・シーレに加え建築家となったオットー・ワーグナーもいた。

　そして、ウィーン美術アカデミーは、美術教育の場だけでなく、美術アカデミー付属絵画館を持ち、そのコレクションには、ルネッサンス時代から現代にいたるまでの名品が名を連ねている。このコレクションはアカデミーの発展に大きな貢献をしたマリア・テレジアに仕えたランベルク伯爵の遺品の寄贈からなる 740 点の絵画が基礎となり、ハプスブルク統治時代の黄金期の芸術がそこに凝縮されていると言えよう。当時はモーツァルトやシューベルトが音楽の世界で活躍しており、ウィーンは名実ともに芸術の都となった。

　ウィーンの世紀末芸術、ユーゲント・シュティールを代表する画家であるグスタフ・クリムトは 1862 年にオーストリア帝国に生まれ、1918 年に

211

オーストリア＝ハンガリー帝国で亡くなった。父はボヘミア出身で母は
ウィーン出身、兄弟と共に工芸やデザインに携わり、劇場装飾も手掛け
た。1894年のウィーン大学大講堂の天井画は論議を醸し出し、契約を破
棄して、作品は売却された後、ナチスに没収され、1945年に所蔵されて
いたインメンドルフ城が親衛隊に放火された結果、1点を除き焼失する。
保守的な美術家組合に対して、1897年に前衛芸術家によるウィーン分離
派が結成され、クリムトが初代会長を務めた。この分離派として制作した
作品は不評を買ったり、反感を抱かせることがあったが、1904年にオー
ストリア芸術家連盟を結成し、壁画制作と共に上流階級の女性たちの肖像
画を多く描いた。その官能的で耽美的な作風は一世を風靡し、黄金時代に
は金箔を多くほどこす手法で、豪華で妖艶な世界を創り上げた。また、ク
リムトは日本や東アジアの文化の影響を受けており、1900年に分離派会
館で開催されたジャポニズム展は大きな反響を呼び、クリムトが浮世絵や
琳派の影響を受けた点は、当時のヨーロッパ芸術界においても重要な点で
ある。このような高いレベルの活発な芸術運動とジャポニズムの影響もあ
るウィーンに雨田具彦は留学することになるのである。

　クリムトの代表作、『アデーレ・ブロッホ＝バウアーの肖像』（1907年）
は、　クリムトが3年をかけて完成させたウィーンの世紀末芸術を代表す
る作品であるだけでなく、その肖像画が辿った数奇な運命は、ドキュメン
タリー・フィルムや映画にもなった。モデルは、ウィーンのユダヤ系実業
家で芸術家たちのパロトンであったフェルディナント・ブロッホ＝バウ
アーの依頼で、彼の妻アデーレ（1881-1925）である。アデーレは、ユダ
ヤ系銀行家モーリッツ・バウアーの娘で、同じユダヤ系の実業家である
フェルディナントと1901年に結婚し、アデーレのサロンにはウィーン在
住の裕福なユダヤ系の人々、芸術家、文筆家、社会民主党のカール・レン
ナーなどの政治家などが出入りをしており、特に分離派の芸術家のパトロ
ンであったという（ウィットフォート12頁）。クリムトはアデーレの肖
像画を1907年と1912年の二度完成させている。

　アン‐マリエ・オコーナー（Anne-Marie O'connor）によると、アデー
レが1925年に亡くなり、遺言が夫に残されるが、彼女の遺言と、1938年
のアンシュルスでオーストリアからスイスに身一つで脱出した夫と、そし

第 7 章　村上春樹の心の闇への旅

てその彼が遺言を残した甥姪、そしてオーストリア政府の間でこの名作を
巡り所有権で問題が起き、2006 年まで裁判が続いた。彼らは、裕福なユ
ダヤ人であったため、ナチス・ドイツの標的になっただけでなく、彼らが
愛したオーストリアにも裏切られることとなった。アデーレは自分の死後
に、自分を描いた作品、即ちクリムトの肖像画 2 作品をオーストリアの
ベルヴェデーレ美術館に寄贈してほしいという遺言を夫に残す。しかし、
フェルディナントはそれらの肖像画は自分の所有だとして、その遺言を執
行しなかった。そして 1938 年のアンシュルス後に、その 2 枚の絵画だけ
でなく全ての私物をウィーンに残してスイスに亡命したが、それらの絵
画と資産全てはナチスに没収される。第二次世界大戦後、1945 年にこの
肖像画はフェルディナントに返還される。彼は自分の資産を甥姪に残すと
遺言を残したが、その中の姪マリア・アルトマンが 1907 年のアデーレの
肖像画の相続人となっていた。アメリカに移住していたアルトマンは、そ
の作品をアデーレの遺言に基づきオーストリアに所有権があると主張する
オーストリア政府と対峙することになり、アメリカとオーストリアの国
家間の問題に発展して、裁判が続いた。その結果、アルトマンに 1907 年
のアデーレの肖像画を含むクリムトの絵画 5 点の所有権を認めた。この
1907 年のアデーレの肖像は、その後、ノイエ・ガレリエ（Neue Galerie）
に収集されており、長い戦いの後、安住の地に落ち着いた。

　第二次世界大戦中に、ナチス・ドイツはユダヤ人から多くの貴重な美術
品や貴重品を略奪して私物化したが、戦後それらを取り戻して所蔵したの
がノイエ・ガレリエである。ノイエ・ガレリエのホームページによると、
同館は、2001 年にニューヨークのメトロポリタン美術館近くにある歴史
的建築物に造られた小さな美術館であるが、20 世紀初頭のドイツとオー
ストリア美術品のコレクションが収められている。創始者は、エスティ・
ローダーの息子、オーストリア大使も務めたロナルド・ローダーで、彼が
アデーレの肖像をはじめクリムトの絵を購入した。アルトマンは、ロナル
ド・ローダーに深い信頼の念を抱いており、アデーレの肖像画が所蔵され
るのにノイエ・ガレリエが最も適していると認めていた。世界的に有名な
アメリカの化粧品会社エスティローダーは、ハンガリーのブタペスト出身
の東欧系ユダヤ人であるエスティ・ローダーが、1946 年に医者である叔

213

父のアドバイスを得て立ち上げた。その後、高級化粧品会社としてイギリスやアジアにも進出し、現在に至っている。その息子のロナルドは、オーストリア大使だった時からナチスが略奪したユダヤ人の美術品を取り戻すことに取り組み、「ユダヤ人損害賠償世界機構」の一員であり、クリントン政権下においてはナチス・ドイツの略奪に関する査問委員会のメンバーとなった。第二次世界大戦中のナチス・ドイツの略奪された美術品を取り戻す行為は、ユダヤ系の人々のアイデンティティを再構築することである。オーストリアの美術界は、ナチス・ドイツにより歪められ、雨田具彦はその変貌に対峙して永久に心の闇に葬り去ったのである。

　絵画を代表とする美術品だけでなく、音楽にもまたドイツ・ナチスの弾圧の矛先が向く。『騎士団長殺し』は、雨田具彦が好んだモーツァルトのオペラ『ドン・ジョバンニ』の中の冒頭「騎士団長殺し」から来ている。モーツァルトの『ドン・ジョバンニ』の冒頭に「騎士団長殺し」があったことが作中で語られるのだが、「私は」「雨田具彦はモーツァルトのオペラの世界をそのまま飛鳥時代に「『翻案』」した」（第1部102頁）と解釈する。その解釈の中では、放蕩者ドン・ジョバンニが、年長の男である名誉ある騎士団長を殺し、若い女は騎士団長の美しい娘、ドンナ・アンナ、召使はドン・ジョバンニに仕えるレポレロであるという。でも、穴から顔を出している男は誰なのか？悪鬼か？と疑問を抱く（第1部103頁）。しかし、雨田具彦のウィーンでのナチス高官の暗殺計画への関与と、仲間の殺害、生き残った者として帰国したという寓話が出来上がっていくにつれて、『ドン・ジョバンニ』の本筋から新たな解釈が加えられていく。最後に、ピアニスト雨田継彦の手首を切って自殺した意味が加えられる。

　『ドン・ジョバンニ』は、ウィーン宮廷歌劇場が1869年に建設された時のこけら落としに演奏されたオペラであり、モーツァルトの名作であるが、それはウィーンの音楽が多民族の音楽が融合したものであることを象徴する作品でもある（ホフマン50頁）。雨田具彦がアトリエに置いているレコードの多くはドイツ系オーストリア系古典音楽で、その中にはドイツ・オペラもある。「私」は、その過去からの贈り物のようなレコードを楽しむのであるが、その中に『ドン・ジョバンニ』があるのだ。

　「私」に肖像画の創作を依頼する免色は、雨田具彦の収集していたレ

214

第 7 章　村上春樹の心の闇への旅

コードにオペラが多いことを知り、プラハで共産党政権が倒れてまもなく
小さな歌劇場で聴いた『ドン・ジョバンニ』がどの演奏よりも心に残って
いることを語る（第 1 部 127 頁）。免色は世界中、様々な都市で、様々な
指揮者による『ドン・ジョバンニ』を聴いたというが、なぜプラハなの
か？第二次世界大戦後、チェコ・スロバキアにおいては 1968 年のプラハ
の春を始め自由化・民主化運動が活発であり、弾圧されながらも共産党体
制の崩壊から独立していった。『ドン・ジョバンニ』は、1787 年にプラハ
で初演されたが、17 世紀のスペインを舞台に伝説上の人物である放蕩者
の騎士ドン・ジョバンニを主人公とするイタリア語によるオペラである。
そして何よりも、このオペラは、自分を襲って犯そうとし、父である騎士
団長を殺したドン・ジョバンニへの復讐劇でもあるのだ。女たらしのド
ン・ジョバンニの乱行は喜劇的に描かれているが、背後には底なしの暴力
が存在する。

　ウィーンと音楽に関して重要なことは、ウィーンの音楽と音楽家たちが
多文化の背景を持つということであり、「政治的な地図は変化しようとも、
文化の地図はそう簡単に塗り替わらな」いどころか、ウィーン・フィルに
代表されるように、「一定の求心力を保ち続けてゆく」ことである（小宮
159 頁）。現在のウィーン国立歌劇場のルーツは、1498 年にハプスブルク
のマクシミリアン 1 世がウィーンに宮廷楽団を設立したことにある。略
奪した「神聖ローマ帝国皇帝」の称号を受け継いで、巨大帝国を造るとい
う野心を持ち、政略結婚で領土拡大に励み、宮廷における祝典や宴会に必
要な質が高い音楽集団として生まれたのが、宮廷楽団であった（小宮 162
頁）。礼拝やミサのために礼拝堂で奏される教会音楽とは別に、宮廷楽団
が必要となり、帝国内の各都市の宮廷楽団から有能な人材がウィーンに集
められた。これは、この巨大化する帝国の中央集権的機能をウィーンが
担ったことの象徴であるという。そして歴代の皇帝が、この宮廷楽団を成
長させ、オペラの本場であるイタリアやヨーロッパ各地から優秀な音楽家
が集められ、ウィーン宮廷歌劇場管弦楽団、現在のウィーン・フィルの前
身が創設されることになった（ホフマン 48 頁）。ハプスブルク帝国の栄
華をウィーン・フィルの前身である宮廷楽団が象徴し、帝国の巨大権力に
よって音楽が保護され発展した。

このウィーンの音楽史の中で最も一般的に知られているのが、『ドン・ジョバンニ』が誕生した時代、即ち18世紀後半のウィーン古典派以降の音楽で、ハイドン、モーツァルト、ベートーヴェンなどの音楽家が宮廷から独立してより自由な作曲や演奏活動をするようになった時である。これは皮肉にもハプルブルク帝国の衰退と共に、宮廷劇場の実質的な管理がウィーン市へと移行し、18世紀の革命の時代になるとナポレオンの登場により、保守に対して寛容で自由な空気がウィーンの音楽界に流入する。その中でモーツァルトはザルツブルグから、ベートーヴェンはドイツのボンからウィーンに移り、新しいパトロンの元で新たな音楽を創作した。

　ウィーンに集まってくる音楽家の中にはユダヤ人も多く、厳しい差別がある中で、次第に才能が開花していき、ウィーンの音楽界に大きな貢献をする。ヨハン・シュトラウス一家は庶民の出であるだけでなく、ユダヤ人であり、彼ら親子の成功はウィーンが多民族都市であったことにも起因している。庶民の踊りであったワルツを宮廷文化の中に取り入れ、優美な形式美を加えて、宮廷においてもウィーンの格式ある舞踏会においても大流行となる（ホフマン48頁）。さらに、19世紀末にウィーン宮廷歌劇場の総監督になったグスタフ・マーラーもまたボヘミアの貧しい村の出身のユダヤ人であった。のちにウィーン国立歌劇場が一般市民にも開放されるようになり、名実共に音楽の都と呼ばれるには、階級や民族の違いを受け入れてきたウィーン音楽界の歴史が絶対だったのだ。ウィーン・フィルが奏でる音楽を「オルガン・トーン」と呼び、それはパイプオルガンの奏でる複雑で微妙な音の組み合わせにより、「巨大建築物のごとき威容が現れ、鳴動する大山のごとき響きがもたらされる」と解説され、その宇宙的なスケールで調和に満ちた世界が出現すると評価されている（小宮156頁）。雨田継彦が南京に残されていたこの壮大な音楽を奏でるパイプオルガンを発見した時には、大きな喜びに包まれていたに違いない。検閲が厳しい中で、パイプオルガンのことを綿々と書き綴ったことは、パイプオルガンが持つ音楽の深さと荘厳さ、そして様々な要因が一つの世界を創るという壮大さに自らの音楽家としての気持ちを投影したのではないか。戦場という最も残忍で非情な環境の中で、パイプオルガンが持つ可能性を融和や平和という思想に繋げていったに違いない。

第 7 章　村上春樹の心の闇への旅

　この雨田継彦が中国大陸で体験したことは、ヨーロッパにおけるナチ
ス・ドイツの音楽に対する暴力と一致する。1911 年にマーラーは生涯を
閉じたが、その後もマーラーの音楽はヨーロッパで絶賛され、1921 年に
はドイツでマーラー祭が開催され、1931 年には没後 20 周年記念祭では
ウィーン国立歌劇場内にロダン作のマーラー像が設置された（ホフマン
189 頁）。しかし、1933 年にヒトラー政権が成立すると、その中でユダヤ
人による音楽が弾圧され、最終的には完全に禁止となる。その後もマー
ラーを演奏し続けたフルトベングラーは、反ナチス思想保持者としてゲ
シュタポに監視されることになった。また、アンシュルスにより、マー
ラーの自筆譜は焼かれ、資金等も全てヒトラーに没収された。それに対し
て、反ユダヤ論者でゲルマン民族の至上主義者であったワーグナーが、ヒ
トラーによって再興し、ヘルベルト・フォン・カラヤンはナチスに入党し
て、ヒトラー政権の庇護のもとに力をつけてゆく。古典音楽が好きな免
色が肖像画を描いてもらっている間に、雨田具彦のコレクションから選
んできたレコードは、リヒャルト・シュトラウスの『薔薇の騎士』4 枚組
の LP でウィーン・フィルによるものだった。『薔薇の騎士』は 18 世紀の
ウィーンを舞台に繰り広げられる貴族の情愛が描かれている作品である。
免色は、皮肉にも、リヒャルト・シュトラウスがワーグナーの影響を受け
ながら独自の音楽を確立したと評価し、さらにカラヤンかエーリッヒ・ク
ライバーが指揮したものが好きで、雨田具彦のコレクションであるゲオル
グ・ショルティによる指揮は初めてだと言う（第 1 部 152 頁）。この LP
は、リヒャルト・シュトラウスとカラヤンという親ナチスのペアではな
く、ユダヤ人であるショルティによる指揮の演奏である点が重要なのであ
る。

　リヒャルト・シュトラウスは、ドイツの帝国音楽院の総裁の地位に就
き、ナチス政権に応じて音楽活動を行っていた一方で、ユダヤ系の親族が
いたこと、またユダヤ人音楽家を擁護したということもあり、戦後連合国
に裁判にかけられたが無罪となっている。一方で、指揮者のショルティ
は、『ショルティ自伝』によると、ハンガリー系ユダヤ人であったために、
第二次世界大戦中はナチスの迫害から逃れてスイスへ、最後はイギリスに
渡ることになる。その上、ショルティがブタペスト歌劇場で『フィガロの

217

結婚』の指揮者としてデビューした1938年3月11日は、アンシュルス
が起こった日であり、これ以降、彼は音楽活動が自由にできなくなってし
まった。ピアニストでもあったショルティは亡命先ジュネーブで認めら
れ、戦後、1946年にはミュンヘンで音楽監督に就き、リヒャルト・シュ
トラウスから指揮の指導を受ける。1959年には『薔薇の騎士』でイギリ
スのコヴェント・ガーデン王立歌劇場で成功を収め、1961年に同音楽監
督に就任した。ウィーン・フィルとの共演も多く、1969年には『薔薇の
騎士』の録音を行っており、現在はCD化もされている。1972年イギリ
スに帰化し、ナイトの称号を授与されるなど音楽家として成功を収めてい
く。1992年には、チャールズ皇太子と故元ダイアナ妃主催でバッキンガ
ム宮殿においてショルティ80歳記念演奏会が開かれたが、その場で、音
楽が平和の力になるという信念に基づく「ワールド・オーケストラ・フォ
ア・ピース (World Orchestra for Peace)」を発表した。同公式サイトによ
ると、このオーケストラは、1995年の国連創設50年を記念して活動が開
始され、1997年にショルティが亡くなった後は、ショルティの遺志を継
いだヴァレリー・ゲルギエフが指揮を務めてきている。このオーケストラ
は、ベルリン・フィルやウィーン・フィルなど世界中のオーケストラに所
属する演奏家によって構成され、平和に関する行事や式典の時のみ編成
される。雨田具彦が何故カラヤンではなくショルティを選んだかは、彼
が自分と同様に第二次世界大戦を生き残り、戦後、復興と平和のメッセ
ンジャーとして生きたからではないだろうか。『薔薇の騎士』には、音楽
家がイデオロギーに翻弄された結果、皮肉にも、反ユダヤ主義、ユダヤ
人、ナチス党員という矛盾する背景が存在したのだ。しかし、そこには、
ウィーン音楽の多民族性とナチス・ドイツにより弾圧と迫害という歴史、
そして戦後の平和への道を読み取ることができるのだ。

　ユダヤ人からの美術品等の略奪やユダヤ人音楽を禁止しただけでなく、
ナチス・ドイツはドイツ社会やアーリア民族に反し人種を堕落させる近
代美術を退廃芸術として禁止した。1933年にナチスが政権を確立すると、
当時のプロイセン芸術院から反ナチ言動をする作家たちを追放し、その中
には、トーマス・マンもいた。また、同年には非ドイツ的である書物に対
する禁書がドイツ各地で行われた。画壇からはユダヤ系の画家が追放さ

第7章　村上春樹の心の闇への旅

れ、退廃芸術家もプロイセン芸術院から追放された。プロイセン芸術院に代わり、ナチスは新たな芸術組織を造り、芸術活動を自分たちの支配下に置き、新たに帝国文化院と全国造形美術院が創設され、芸術そのものの価値と進化を完全に葬り去った。その結果、芸術的評価が低いとされた画家、アドルフ・ツィーグラーがヒトラーの体制下で、徐々に頭角を現し、ナチスお気に入りの芸術家としてのし上がっていく（関6-8頁）。1920年代にはナチスの造形美術部門の責任者となり、さらに、ヒトラー政権にはいると美術界の中枢に鎮座するようになった。反ナチスを唱える芸術家に対して、ナチス・ドイツの理想を創り上げる芸術家として君臨して、彼自身も退廃芸術撲滅に参加する（関92-97頁）。このようなナチス・ドイツの退廃芸術弾圧は、この時代のウィーン芸術を徹底的に破壊していったのだ。

　オーストリア出身で、画家としての夢を追ってこのアカデミーの入学試験に1907年と1908年に二度落ちたヒトラーは、ウィーン美術アカデミーと社会的に認められた美術教育やその画家たちに対してコンプレックスを抱き、その結果、後の退廃芸術追放運動を起こすことになったとも言われている（関5-6頁）。ユダヤ系の画家や音楽家をことごとく弾圧し、活動を禁じたのだ。そんな時代にキュービズムの洗礼を受けた雨田具彦は、オーストリア・ナチスに犯されていくオーストリアに留学する。彼が理想とするウィーン美術はすでにナチス・ドイツに抑圧され、行き場が無い状態だったのだ。第二次世界大戦のイデオロギーに翻弄されて、雨田具彦は「公に明らかにはできないものごとを、個人的に暗号化することを目的として、あの絵を描」き、「人物と舞台設定を別の時代に置き換え、彼が新しく身につけた日本画という手法を用いることによって、彼はいわば隠喩としての告白を行っているように感じ」（第1部449-50頁）るのである。戦後の雨田具彦は、一度は闇に葬られた芸術の都ウィーンの復興を願っていたに違いない。その思いが、『騎士団長殺し』とドイツ系（ドイツとオーストリア）古典音楽、特にオペラのレコードに込められているのである。

219

5 自己の闇

　「私」が新たな肖像画に取り組むことになったことは、雨田具彦の『騎士団長殺し』に出会っただけでなく、自分自身の心の闇に潜入していったからである。村上の『1Q84』において個人の次元とそれを超えた次元は分離していたが、『騎士団長殺し』においては、「悪や暴力の世界は、架空のものや抽象的なものではなくて、たとえばナチスの暴力や南京虐殺という具体的で歴史的なものになっている」点において今までの作品と異なるという論がある（河合264頁）。しかし、そのナチスの暴力も南京虐殺も、直接に体験してその暴力と対峙した犠牲者の声で語られてはいない。雨田具彦は、ナチス台頭で捕えられたオーストリアでの最後の時期のことは決して言葉で残していないし、第二次世界大戦中での残虐な軍隊での経験から精神を病んだまま若くして自死してしまう雨田の弟のことも、家族が知っていることはその事実に限られており、彼の言葉は残っていない。言葉で表現することができない心の闇が作品に表象化されるのである。この闇に関して、「絵に導かれ、抽象と具象をこえた、無と有のすきまを、『私』は這い進んで行く。戦争、災害、病、スズメバチ。『二重メタファー』（虚数×虚数＝マイナスの実数）の『冷ややかな触手』にとらわれ、闇の底に引きずり込まれそうになる」（いしい203頁）とも言えよう。『騎士団長殺し』において「私」は、絵が持つ闇に入り込むと同時に、自らの闇を発見していくのだ。

　職業肖像画家である「私」の描き方は、効率的で実務的な方法で人を見極めるという方法であった。それは、クライアントと1時間から3時間ばかりの面談をし、本人の写っているスナップ写真5、6枚を入手するか、自ら小型カメラで数枚の顔写真を撮る場合もあるが、それらの情報のみで2週間で肖像画が仕上がるということだ。本人を前に座らせて描き続けることはしない。その際、心掛けていることは、クライアントに対して少しの愛情を持つことである。「私」は「ずっと奥の方までのぞき込めば、どんな人間の中にも必ず何かしらきらりと光るものはある」（第1部25頁）と信じている。しかし、この心の奥とは、本来、3時間かそこらの面談でわかるものではない。「私」は、自分が視覚的記憶能力に優れており、これが職業上有効な武器となり、肖像画家として成功していると確信してい

る。この視覚的記憶能力に関して次のように言う——「私が必要とするの
は目の前の本人よりは、その鮮やかな記憶だった（本人の存在はむしろ画
作の邪魔になることさえあった）。立体的なたたずまいとしての記憶だ」
（第1部24-25頁）。この立体的な記憶という理念は、「私」にとって未解
決課題であることを認識していない。

　「私」が『騎士団長殺し』を、偶然、屋根裏部屋で発見したことによ
り、雨田具彦が伝えようとする立体的記憶と対峙することになる。屋根裏
部屋への入り口は、客用の寝室の奥にあるクローゼットの天井にあり、二
つの通風口の一つの金網が破れているため、みみずくが生息しており、絵
画と思われる何重にも紐かかっている大きな包みはその入口近くに置かれ
ていた。それは、屋根裏部屋に運び込まれる大きさ——縦横1メートル
と1メートル半ほど——で、自分の作品を決して手元に残さないとされ
ている雨田具彦が何か個人的な理由で隠してきた作品だと確信する。そこ
にはプライバシーという決して触れてはいけない領域があると同時に、高
名な画家の未発表作品の発見という重要な意義もある。しかし、「私」は、
息子である政彦には知らせず、私と雨田具彦との「あくまで個人的な、一
対一の問題であるかのような気がした」（第1部96頁）と直感的に思い、
『騎士団長殺し』という1枚の絵から心の闇へと入っていく。なぜなら、
この絵自体が、「見る人の心の深い部分に訴え、その想像力をどこか別の
場所に誘うような示唆的な何かがそこには込められている」（第1部104
頁）からである。そして「私の心は思った以上に深い傷を負い、血を流
していた。雨田具彦の絵の中の、騎士団長の刺された心臓のように」（第
1部433頁）と語っているように、「私」自身が肖像画の持つ底なしの可
能性を発見する。この絵に描かれている穴が、ほこらの穴と重なり、「私」
を個人的に地下の世界に誘っているように感じ、「私」は自分探しの旅に
出ることになるのだ。

　雨田具彦のアトリエで「私」は4枚の肖像画を描くことになるが、それ
らの肖像画は自分のために描くものとなり、そしてその過程で未完成の表
象が持つ意味を探求することになる。4枚の肖像画とは、免色渉、秋川ま
りえ、白いスバル・フォレスターの男、そして穴であるが、其々が「私」
の心の闇を映し出していくのである。

免色からエイジェントを通して肖像画の依頼が舞い込んだことから、「私」はもう一度肖像画を描くことになるのであるが、この時から「私」は従来使ってきた方法では肖像画を描くことが不可能となっている。その理由は、自己と他者との関係とは何かということと、免色の存在の中心にあるものが何かということが把握できていないからであると確信する。「私」は、隣人である免色という秘密めいた人物に興味を抱き、次第に惹かれていき、彼の人生の中に引き込まれていく。そして、2作目は、免色から依頼された彼の娘かもしれない13歳の秋川まりえの肖像画である。この少女に、「私」は11歳で亡くなった妹を重ねていく。そして3作目が、東北を車で放浪していた時に出会った白いスバル・フォレスターに乗った謎の男であるが、免色の肖像画が完成する頃に、この男が実は「私」自身だと気付く。そして最後の穴の絵は、秋川まりえの肖像画を描き始めた頃に風景画として描き始めるのであるが、それが単なる風景画ではないことを悟る。

免色がどのような人生を送ってきたかということを「私」は集約しようと試みるが、グーグルではヒットしない。わかっていることは54歳、独身で、近くの大きな屋敷に一人で暮らしており、暇つぶしに株と為替をネットで動かす以外は、基本的に無職ということである。以前はIT関係の会社を経営していたが、持ち株を全て売却して引退しているという。「私」は、細い鉛筆で描いた骨格に浮かんできた色、緑、オレンジと5色を重ねていき、「ある部分では色と色が微妙に混じり合い、ある部分では色が色を圧倒し、凌駕」するという経験をする（第1部263頁）。この暴力性が潜む絵の中に、足りないものは「情念を統合するイデア」のようなものだとわかる（第1部263頁）。誰かが移動させたスツールから見ると、免色の肖像画は二つの角度では見え方が異なり、それは二つの異なった人格をそこに発見するのだが、その時に、彼の白髪が彼の人格を表す一つの事実だと認識する。それは、まだ54歳で、みごとなまでも真っ白になった髪の毛が、短期間で頂点に上りつめて人生が終わったことを示唆しているようだからである。免色が象徴するように、彼の人格の中心には白髪が物語るものが存在するのだ。

なぜ免色が集約された人格の中心が白髪なのかという理由は明確でない

第 7 章　村上春樹の心の闇への旅

まま、「私」はその答えが正解であったことを確認していく。「私」は、人
妻のガールフレンドがより高度なネット検索の結果仕入れてきてくれた情
報から、免色が以前インサイダー取引の発覚により東京拘置所に収監され
ていたことがあることと、引退後に強引に今の家を買い取ったことがわか
る。その波乱に満ちた免色の人生は栄華と没落、歓喜と落胆、交遊と孤独
という二面性を持ち、さらに現在の生活は経済的豊かさに対して孤高の
隠居生活という二面性を持つ。彼は、戦前と戦後で作風が変わった雨田
具彦の人生を自分自身の人生と重ね合わせて、「大胆な転機が必要とされ
る時期が、おそらく誰の人生にもあります。そういうポイントがやって
きたら、素速くその尻尾を摑まなくてはなりません」（第 1 部 158 頁）と
言い切ることができる。免色は、実在する IT 企業創業者を思い起こすほ
ど、現代の新しい分野で一気にのし上がってきては、次の瞬間には底辺に
まで転げ落ちていくという悪夢を経験している。そして結婚も家族も否定
していた免色は、30 代後半に付き合った女性との間に娘がいることから、
その娘が住む家を眺めることができる家を強引に買い取って住むという矛
盾する行動を取っている。免色の子供を産むことを決意した女性が、性行
為の直後に他の男性と結婚して子供を産み、そして彼女はスズメバチに刺
されて死んでしまう。しかも、彼はこっそりとその女性、即ち秋川まりえ
の母親が着ていた洋服を大事に保管しているのである。免色はまるで浦島
太郎のように玉手箱を開けようとするが、残酷にもその前に彼の髪の毛は
真っ白になっているのだ。

　免色の肖像画が未完成の完成を迎えて、免色の家に飾られることになっ
ても、免色の存在の意味は変わらない。「私」が、「絵の具の魂をそのまま
画面にぶっつけたひとつの『形象』としか呼びようのないもの」の中に免
色という人間が実在している（第 1 部 298 頁）と感じるように、免色の
肖像画は未完成であるが故の実存なのである。そして、自分の娘かもしれ
ない秋川まりえに面と向かって会っても、自分の家に招待してその肖像画
を見せても、何かを得たというよりは何かを失ったという感じから逃れら
れず、自分の存在の無力さと無意味さに愕然とする。どんなに成功して
も、「ワンセットの遺伝子を誰かから引き継いで、それを次の誰かに引き
渡すためだけの便宜的な、過渡的な存在に過ぎない」（第 2 部 132 頁）と

223

自分の人生を振り返って結論付ける。

　免色が「私」に依頼するのが秋川まりえの肖像画であるが、そこには計算された陰謀のようなものがあり、「私」は、その企ての中に巻き込まれていく。秋川まりえとの出会いは「私」にある意味を持たせ、そして変えていくのだ。その中で、父親かもしれない免色と秋川まりえとの関係は深まらない一方で、「私」と秋川まりえとの関係は深くなる。それは、彼女が絵のモデルとしてユニークで、何らかの「可能性」を感じる（第1部446頁）だけでなく、彼女が『騎士団長殺し』を見てしまい、同じイデアとの出会いを経験するからである。たまたま、まりえが初めてアトリエに来た時に、『騎士団長殺し』をしまい忘れていたのだが、そこで秘密を共有したことにより、二人は心理的に近くなり、法律上の父との関係も疎遠であるまりえは「私」の子供時代の妹であり、「私」の若いころのガールフレンドのようであり、「私」の未来の娘のようになっていく。

　免色の肖像画を描き終わった「私」は、人物を描くということは相手を理解し解釈することだと学び、免色の依頼とは別に、自発的にまりえの実存を追い求めて肖像画を描きたいと切望する。なぜなら、6歳の時にスズメバチに刺されて母が死んだ後、家に帰らぬ父と自分の面倒を見るために同居する叔母のもとで過ごしてきたまりえには、他の少女とは異なる何かがあるからだ。「私」は、彼女という存在をいったん自分の内側に取り込んでしまうことに集中し、3枚のデッサンを描くが、まりえの姿と妹のコミの姿がひとつになっていく感じを体験する。そして「私」が13歳で妹のコミが11歳の時に山梨にある親戚の家に遊びに行った夏に、『不思議の国のアリス』に出てくるような富士の風穴の中に入り込んだように、まだ子供の頃から山全体が遊び場だった秋川まりえには山の中に自分だけの秘密の通路があり、そこを通り抜けてアトリエまでこっそりやって来る。そして最後に、騎士団長のイデアの導きにより、闇の中から生還するのである。秋川まりえの肖像画は、「彼女の何かを譲るために」未完のまま留める必要がある（第2部409頁）と「私」は確信するのだ。

　3作目の肖像画が自分の肖像画だと気付いた「私」は、自分の中にある闇の部分に到達する。それは夢と現実の間を行き来する意識の流れの中で、脳裏にしっかりと刻まれた『白いスバル・フォレスターの男』には暴

第 7 章　村上春樹の心の闇への旅

力性と破壊性が潜んでいる。ホテルで名前も知らない女を絞め殺そうとす
るこの男が、自分だと認識し、夢と現実が交差する中で自分の中にある暴
力的な欲求（第 1 部 504 頁）が内在していることを認識する。まりえが、
直感的にこの絵には何かを訴えかけている強い意志があると指摘している
ように、そこには「私」の声に出せない心の闇が存在しているのだ。この
車に乗っていた中年男の肖像画を描くことは、自画像を描くべき時が来た
ことを意味する。それは自分の闇の部分を知っているもう一人の自分が自
分を見ている姿なのである。ユズとの離婚、二人の人妻との不倫、妄想
の中でのユズとの性行為と「私」は現実逃避をして、その苦悩を歪めてき
た。その男の存在の意味を問いながら未完なまま完成させた（第 1 部 441
頁）「私」の自画像は、免色の肖像画とまりえの肖像画によって手が届い
てきた実在を描いたものなのだ。

　そして最後の『雑木林の中の穴』の風景画は、より深い世界に「私」を
導き、ボーダレスな世界観を体験させてくれる。「私」はアトリエがある
山荘の敷地内に不思議な石塚を発見し、免色の助けでそこを掘り返してし
まう。そこには、直径 2 メートル近くの円形の穴があり、それは丸い石
室だと判断された。秋川まりえの肖像画を描き始めたころに、穴の絵のス
ケッチを描き始めるのであるが、「私」はその特別な空間に心惹かれてい
く。

　　私はそこに描かれた光景に次第に心を惹かれていった。雑木林の中に人知れ
　　ず口を開けた謎めいた石室。（中略）…その穴は、まるで私を何かに──ある
　　いはどこかに──強く誘っているようだった。その穴は私に描かれるのを求
　　めているのだ、私はそう感じた。（第 2 部 106-07 頁）

この山荘は、1955 年に雨田具彦が家付きで土地を購入したとされている
が、それ以前の所有者は、戦前には大臣も務めた有名な政治家が戦後引退
して過ごしていたという。この辺りは昔から多くの政治家が山荘を持って
いたとされており、密談を行うには最適な場所だったという。そしてさら
に、あたり一帯の土地はかつて大地主であった秋川家のものであったが、
第二次世界大戦後の農地改革により所有する土地は半分に減ったという。

それでも戦後から現在まで、資産運用による収入で十分に暮らしているとされている。秋川まりえの父が現在の当主であるが、まりえの母が梅林でスズメバチに刺されて亡くなって以来、梅林の梅を全て切り、宗教団体に入会して、娘とも親密な親子関係を築いていない。そのような土地に存在する石塚には何か秘密めいたものがあり、「私」を魅了していくのだ。

　石塚の穴は、地上のボーダーとは異なる次元の世界であり、そこにはイデアが閉じ込められている。この石塚を掘り起こした時に、「私と免色は二人で、あの奇妙な穴の底から騎士団長を——あるいは騎士団長の姿かたちをとったイデアを——解きはなってしまった」（第1部354頁）と言っているように、その穴の中はイデアの出口となったのだ。日本にもともと即身仏という、僧侶が飲食を断ち、念仏を唱えながら入定してミイラ化する（第1部364頁）ことで成仏したという慣習があった。しかし、鈴の音と共に、この穴から出てきた騎士団長は、「ただのイデア」で、「一日のうちで限られた時間しか形体化することができない」（第1部352頁）という条件に基づいて穴に閉じ込められており、記憶がないので不自由も苦悩も感じない（第1部353頁）。他者に認識されることによって初めてイデアとして成立するわけであるが、このイデアが見えるのは「私」と秋川まりえのみである。それは二人には騎士団長のイデアが必要であり、イデアを正しい方向に導く力があるからである。イデアを説明する際に、原子爆弾を例に、「E=mc^{2}という概念は本来中立であるはずなのに、それは結果的に原子爆弾を生み出すことになった。そしてそれは広島と長崎に実際に投下された」（第2部121頁）と騎士団長は言う。『トロイの木馬』の例を挙げて、「おなかの空洞に一群の武装した兵士を忍ばせ、贈り物に見せかけて敵方の城の中に運び込まれるようにした、例のギリシャの木馬です。特定の目的を持って作られた、偽装された容れ物」（第2部128頁）のことを語る。もともとは中立的な概念が、人間によって悪にも善にも変わりうるというのだ。そしてそれが最も悪意に満ちたイデオロギーと共に働くと、世界破壊へとつながる危険がある。イデアとの出会いにより、「私」は、心の闇とどのように対峙するべきかという答えを出さなければならない。

　また、「私」が通り抜ける穴へ抜ける通路は寓話の世界であり、地上の

第7章　村上春樹の心の闇への旅

世界が持つ境界線や国境が無い世界である。雨田具彦の部屋に表れた騎士団長を視察することで、その犠牲のもとに、「私」は闇の世界に潜り込み、最終的に秋川まりえの解放が可能となる。塚と石室の穴には、歴史性が認められないとことが印象的だという論（河合264頁）があるが、それはこの塚や石室が神話の世界を象徴しているからではないか。穴の中の世界は、恐怖の世界であると同時に精神性が自由で柔軟であり、「私」はそこで3日間地底の横断を行っていた。そして、秋川まりえは秘密の通路を通り抜けて、4日間、免色の家に侵入して潜んでいた。妹のコミが富士の風穴に閉じ込められたこと、「私」が穴に閉じ込められたことは、「この小説における意識と存在のゼロポイント」（河合226頁）だと言えるかもしれない。それよりも、秋川まりえが免色が何故毎晩自分の家を双眼鏡で覗いているのかを知るために、彼の屋敷に忍び込んだ結果、自分の意思で閉じ込められたこともまた、存在のゼロポイントだったと言えよう。「地底の穴もしくは井戸が超自然的な異世界の『通路』となるという仕組みは、『ねじまき鳥クロニクル』ですでに書かれたもの」だという指摘があるが、それは未解決な幕切れを表す村上春樹の『一種の伝統芸』であり、『騎士団長殺し』における現実の安全な世界に帰還できるものではなかった（清水38頁）。「私」と秋川まりえは表面的には安全な世界に帰還したが、彼らは心の闇に遭遇して答えがでたのであろうか。少なくとも秋川まりえは、免色の豪邸で4番目に探検した部屋のクローゼットの中に大切に保管されている一昔前の小さなサイズの女性用の洋服に守られるという体験をするが、それが何を意味するかを知ることはない。まるで渡り鳥たちが国境という概念をもたないのと同様に、人の心は流動的で、自由に羽ばたき、移動する（第1部471頁）。「私」が穴から救出された週、3日間の昏睡状態の後に雨田具彦は息を引き取る。心に闇を抱えながらも安らかな死に方であったと「私」は知る。国境線が無い自由な空間の中で心が自由に移動するプロセスが重要ではなかったか、それが寓話の世界で語られるのだ。

　第2部の最後の64章「恩寵のひとつのかたちとして」は、エピローグのような役割を果たし、物語の完結を述べている。語られることで「時間と空間が取り戻され」（椹木137頁）、そこで、第1部の最初に進行して

いた時間が明確になり、時間の推移が示唆される。それは、3.11が起こった時に繰り返しテレビやネットで流れ続けた衝撃的な映像を背景に、私は自分がお払い箱になったプジョーを残してきたあたりが、原発メルトダウン状態になった海岸線であるという事実に「あの時の今」が急速に自分に近づいてくる。

　　それらの地域を旅してまわっていたとき、私は決して幸福ではなかった。どこまでも孤独で、切ない割り切れない思いを身のうちに抱えていた。多くの意味あいにおいて、私は失われていたと思う。しかしそれでも私は旅を続けながら、見知らぬ多くの人々のあいだに身を置き、彼らの送っている生活の諸相を通り抜けてきた。そしてそれはそのとき私が考えていたよりは、ずっと大事な意味を持つことだったのかもしれない。私はその途中で――多くの場合は無意識のうちに――いくつかのものごとを棄て、いくつかのものごとを拾い上げることになった。それらの場所を通り過ぎたあとでは、私はそのまえと少しだけ違う人間になっていた。（第2部530頁）

　最後に、肖像画は燃え落ちてしまう。これは、東日本大震災が起きて2カ月経ったゴールデンウイークに、無人となっていた山の家から出火して全て焼け落ちてしまう結果による。「私」は、芸術性が高く自己を投影し始めていた抽象画の肖像画創作を放棄し、もとの商業肖像画に戻り、妻とよりを戻し、子供ができるという結末を迎える。後日談で、山の家で暮らした数年後に東日本大震災が起き、私と妻は室（むろ）と名付けた娘と暮らしていることになっている。

6　結　論

　『騎士団長殺し』という肖像画は、時間との共存を促し、歴史と遭遇して、ウィーンという都市の肖像を構築した後に、心の闇に導く。この『騎士団長殺し』には、村上文学の醍醐味である「未解決のまま断ち切られた余白」なく、完結しているところに不可解さが残るという議論がある（清水37頁）。しかし、その完結は未完結である。未完であるからこそ、そこに描かれた葛藤や矛盾、苦悩や絶望は完全に忘却の淵に埋もれることはないのだ。心の闇への旅は終わりが無く、現代人は何度も心の闇に遭遇し、対峙し、そして超越していくのである。

注

本論は、2017 年 12 月 10 日に京都市ウェスティン都ホテルにおいて開催された 2017 International Conference on Languages, Literature and Linguistics における招聘基調講演 "Painters at War in Kazuo Ishiguro's *An Artist of the Floating World* and Murakami Haruki's *A Murder of the Leader of Knights*" の一部を加筆修正したものである。また、本論の一部は、2018 年 5 月 31 日に、オーストリアのグラーツ大学で開催された第 11 回 MESEA(Multi-Ethic Studies: Europe and the Americas) において口頭発表をした。

あとがき

　本書は約4年前から国際学会で発表してきた論文をまとめたり、書き溜めたりしたものを今回1冊の本にする目的で完成させたが、その間にも新たな文学作品が各国で次々に生まれ、グローバル文学の新たな思潮を追い続けなければならなかった。今では、英語と日本語による作品以外も、ポーランド語や、ドイツ語や、クロアチア語、あるいはマレー語や中国語で書かれている作品をどれほど読まなければならないかというジレンマに苦しむほどである。

　私が大学院生活を送った多民族国家であるアメリカでは、1960年代のアフリカ系アメリカ人による公民権運動後も、1970年代後半からアジア系アメリカ人による運動が活発となり、大学におけるエスニック・スタディーズ学科創設に向けて大きな動きがあった。その後もネイティブ・アメリカンやヒスパニックへの研究が盛んとなり、大学で職を得る際は、マイノリティと女性は "Welcome" という時代になっていった。アジア系でも、中国系、日系、韓国系という3大アジア系だけでなく、ベトナム系、インド系、フィリピン系というように南アジアおよび東南アジア系の移民とその子孫に関しての体系的な研究も行われるようになった。文学の世界においても、アメリカ文学の中心が白人系作家ではなく非白人作家の文学が主流となり、それが現代アメリカ文学の特質となっている。フェミニズムの台頭と共に、マイノリティ問題は政治的にも大きな変革をもたらした。しかし言語はあくまで英語であり、そこに様々な文化的、民族的、宗教的差異が表現され、異質な経験が共有する経験となってきていると言えよう。

　これに対して、ヨーロッパではアフリカ系ドイツ人とか日系イギリス人というような名称は無いし、それに伴ってイシグロの文学を日系イギリス

人文学とは言わない。2016年にドイツで開催されたMLA国際シンポジアムで論文を発表した時に、招聘作家として講演を行った多和田葉子氏が、ドイツでは自分は日系ドイツ人作家とは呼ばれないということを言われていた。彼女は日本語でもドイツ語でも作品を書いていて、日本では日本作家でありドイツではドイツ作家なのである。それはある意味、ヨーロッパ全体が民族の大移動をヨーロッパ大陸の歴史と同じ時間経験しており、民族と国家とが常に入れ替わったり、変化したりしてきたからでもあろう。民族と言語と国籍が一致しないという体験をヨーロッパという大陸は体験してきたのである。また、歴史を通して様々な民族移動があっただけでなく、旧植民地からの移民、そして現代では戦火のイスラム圏からの移民と、異民族が共存しているのがヨーロッパである。

　また、イギリスの文学研究においては、アメリカにおける文学研究とは異なり、イギリスで活動する旧植民地出身の作家だけでなく英国外で様々なバックグランドを持つ作家と彼らの作品を、特にポストコロニアル理論に基づいて研究する領域が World Literature と名付けられており、オックスフォード大学でもこの分野の専門家がいる。この World Literature はアメリカにおいては、サバルタン研究の第一人者であるホミ・バーバも関わっているハーバード大学に World Literature Institute がある。それは、アメリカ中心主義の文学研究ではなく、世界規模の文学研究を中心としており、文学のグローバル化に基づく研究として区別されていると思われる。この World Literature は、アフリカ文学であったり、インド文学であったりと、特に英語圏である旧植民地の文学を中心に研究が進んでいる。

　しかし、この数年、アメリカやイギリスだけでなく、東ヨーロッパやアジアで開催される国際学会で論文発表を盛んに行ってきて知ったことは、英語という言語が世界文学の中心にあるわけでもないし、また逆に第一言語での表現以外に英語という異なる言語での表現をあえてする文学があることも知った。ヨーロッパではドイツ語圏やオランダ語圏という国をまたがって使用される言語がある一方で、英語と同様に、スペイン語やポルトガル語のように特に南アメリカやカリブ海などの旧植民地に広がった言語領域を含む文学圏もある。アジアでは、旧植民地であり多民族国家である

あとがき

マレーシア、シンガポール、フィリピンなどで英語による文学作品が発表されている。

　このように考えていくと、本書は、まだ始まったばかりのグローバル文学研究の第一弾でしかない。このような中で、現在ヨーロッパやアメリカが反グローバリゼーションへと時代を後戻りしようとしている。中東やアジアからのイスラム系移民の大量流入と自国の経済的安定や国民の安全を天秤にかけた時、守るべきものは自国であるからである。しかし、国という概念はグローバリゼーションの中で一度は放棄したはずではなかったか。

　本書を書くにあたり、文学作品の邦文引用は翻訳を参考にさせていただいた。参考文献においては、翻訳されたものに関しては翻訳本から邦文引用を行い、英文等の外国語で書かれた参考文献に関しては、本書が研究書である点を考慮して、できるだけ原文で引用した。その中で一部、本書を読み進める際に日本語に直したほうが良いと判断した箇所に関しては、著者が日本語訳を行ったものもある点をご理解いただきたい。また、公式サイト等一部の参考文献は、参考文献リストに記載することを省略させていただいた。参考文献リストは、*MLA Handbook* 第 8 版を基本とし、Web 情報に関してのみ旧版を参照した。

　最後に、何度も海外への出張をする中で、それを支えてくれた家族に感謝の意を表したいと思う。

参考文献

第 1 章

Aikin, K. W. W. *The Last Years of Liberal England 1900-1914*. 1972. Harper Collins, 1992.

Barker, Hannah. *Newspapers, Politics, and Public Opinion in Late Eighteenth Century England*. 1998. Oxford UP, 2003.

Cain, P.J., and A.G. Hopkins. *British Imperialism: Crisis and Deconstruction 1914-1990*. Longman, 1993.

Crawford, Martin. *The Anglo-American Crisis of the Mid-Nineteenth Century: "The Times" and America, 1850-1862*. U of Georgia P, 1987.

Edmondson, Annalee. "Narrating Characters in *Mrs. Dalloway.*" *The Journal of Modern Literature*, vol. 36, no.1, pp. 17-36.

Golden, Catherine J. *Posting It: The Victorian Revolution in Letter Writing*. UP of Florida, 2009.

Goldstein, Claire. "Love Letter: Discourses of Gender and Writing in the Criticism of the *Letters Portugaises.*" *The Romantic Review*, vol. 88, no.4, Nov. 1997, pp. 571-90.

Hall, Catherine. "Culture and Identity in Imperial Britain." Stockwell, pp. 199-218.

How, James. *Epistolary Spaces: English Letter-Writing from the Foundation of the Post Office to Richardson's "Clarissa."* Ashgate, 2003.

Inglis, Fred. *Media Theory: An Introduction*. 1990. Blackwell, 1993.

Jolly, Margaretta. *In Love and Struggle: Letters in Contemporary Feminism*. Columbia UP, 2008.

Lake, Brian. *British Newspapers: A History and Guide for Collectors*. Sheppard, 1984.

Littleton, Jacob. "Mrs. Dalloway: Portrait of the Artist as a Middle-Aged Woman." *Twentieth Century Literature,* vol.41, no.1, Spring 1995, pp. 36-53. *ProQuest Research Library*. 28 Feb. 2014.

Reed, Donna K. "Merging Voices: *Mrs. Dalloway* and *No Place on Earth.*" *Comparative Literature*, vol. 47, no.2, Spring 1995, pp.118-35. *ProQuest Research Library*. Accessed 28 Feb. 2014.

記憶と共生するボーダレス文学

Schneer, Jonathan. *London 1900: the Imperial Metropolis*. Yale UP, 1999.

Showalter, Elaine. Introduction. Woolf, pp. xi-xlviii.

Steinback, Susie L. *Understanding the Victorians: Politics, Culture, and Society in Nineteenth-Century Britain*. Routledge, 2012.

Stockwell, Sarah, ed. *The British Empire: Themes and Perspectives*. Blackwell, 2008.

Stokes, John. *In the Nineties*. Harvester Wheatsheaf, 1989.

Thomas, Kate. *Postal Pleasures: Sex, Scandal, and Victorian Letters*. Oxford UP, 2012.

Ward, Stuart. "Imperial Identities Abroad." Stockwell, pp. 219-45.

Wolfe, Jesse. "The Same Woman in the Attic: Sexuality and Self-Authorship in *Mrs. Dalloway*." *Modern Fiction Studies*, vol. 51, no.1, Spring 2005, pp. 34-59. *ProQuest Research Library*. Accessed 28 Feb. 2014.

Wood, A. "Walking the Web in the Lost London of Mrs. Dalloway." *Mosaic*, vol. 36, no.2, June 2003, pp. 19-32. *ProQuest Research Library*. Accessed 28 Feb. 2014.

Woolf, Virginia. *Mrs. Dalloway*. 1925. Penguin, 1992.

Zwerdling, Alex. *Virginia Woolf and the Real World*. U of California P, 1986.

ウルフ、ヴァージニア『ダロウェイ夫人』、近藤いね子訳、みすず書房、1976 年。（テクストからの引用はカッコ内の頁数のみで示す。引用の翻訳は近藤いね子訳を参照した。）

第 2 章

Berberich, Christine. "Kazuo Ishiguro's *The Remains of the Day*: Working through England's Traumatic Past as a Critique of Thatcherism." Groes and Lewis, pp.118-30.

Buchanon, Ian, and Bill Mallon. *Historical Dictionary of the Olympic Movement*. Scarecrow Press, 2006.

Cooper, Lydia R. "Novelistic Practice and Ethical Philosophy in Kazuo Ishiguro's *The Remains of the Day*." Groes and Lewis, pp. 106-17.

Feldman, David. *Englishmen and Jews: Social Relations and Political Culture 1840-1914*. Yale UP, 1994.

Garter, Lloyd P. *The Jewish Immigrant in England 1870-1914*. Vallentine Mitchell, 1960.

Groes, Sebastian, and Barry Lewis, eds. *Kazuo Ishiguro: New Critical Visions of the Novels*. Palgrave MacMillan, 2011.

———, and Sean Matthews, eds. *Kazuo Ishiguro: Contemporary Critical Perspectives*. Continuum, 2009.

Hammond, Meghan Marie. "'I can't even say I made my own mistake': the Ethics of Genre in Kazuo Ishiguro's *The Remains of the Day*." Groes and Lewis, pp. 95-105.

参考文献

Inglis, Fred. *Media Theory: An Introduction.* Oxford: Blackwell, 1990.

Ishiguro, Kazuo. *The Remains of the Day.* Faber and Faber, 1989.

Krinder, Dylan Otto."Rooted in a Small Space: An Interview with Kazuo Ishiguro." *The Kenyon Review*, vol. 20, no. 2, Spring 1998, pp. 146-54.

Lang, James M. "Public Memory, Private History: Kazuo Ishiguro's *The Remains of the Day*." *Clio*, vol. 29, no.2 ,Winter, 2000, pp.143-65.

Rothfork, John. "Zen Comedy in Postcolonial Literature: Kazuo Ishiguro's *The Remains of the Day*." *Mosaic*, vol. 29, no.1, Mar.1996, pp. 79-102.

Sato, Tadayuki. *Eikoku Yudayajin* [*Anglo-Jews*]. Kodansha, 1995.

Shaffer, Brian, and Cynthia F. Wong. *Conversations with Kazuo Ishiguro.* U P of Mississippi, 2008.

Sim, Wai-chew. "Kazuo Ishiguro." *Review of Contemporary Fiction*, vol. 25, no.1, Spring 2005, pp. 80-115.

──. *Kazuo Ishiguro*. Routledge, 2010.

Teo, Yugin. *Kazuo Ishiguro and Memory.* Palgrave MacMillan, 2014.

United States Holocaust Memorial Museum. "The Nazi Olympics Berlin 1936." *United States Holocaust Memorial Museum Org.* Accessed 19 Nov. 2014.

Volz-Lebzelter, Gisela. *Political Anti-Semitism in England 1918-1939.* The British Library Document Supply Center, 1997.

Vorda, Allan, ed. *Face to Face: Interviews with Contemporary Novelists.* Rice UP, 1993.

Westerman, Molly. "Is the Butler Home? Narrative and the Split Subject in *The Remains of the Day*." Mosaic, vol. 37, no.3, Sep. 2004, pp. 157-70. *ProQuest Research Library*. Accessed 10 Oct. 2014.

Wong, Cynthia F. "Like Idealism is to the Intellect: An Interview with Kazuo Ishiguro." *Clio*, vol. 30, no.3, Spring 2001, pp. 309-25.

──. "Kazuo Ishiguro's *The Remains of the Day*." Ed.Brian W. Shaffer. *A Companion to the British and Irish Novel 1945-2000.* Blackwell, 2005, pp.493-503.

イシグロ、カズオ『日の名残り』、土屋政雄訳、早川書房、2001 年。
　　（テクストからの引用はカッコ内の頁数のみで示す。引用の翻訳は土屋政雄訳
　　を参照した。）

──『わたしを離さないで』、土屋政雄訳、早川書房、2008 年。

佐藤唯行『英国ユダヤ人：共生をめざした流転の民の苦闘』、講談社、1995 年。

度会好一『ユダヤ人とイギリス帝国』、岩波書店、2007 年。

第 3 章

Boeckmann, Cathy. *A Question of Character: Scientific Racism and the Genres of American Fiction, 1892-1912.* U of Alabama U, 2000.

Craig, Layne Parish. *When Sex Changed: Birth Control Politics and Literature between the World Wars.* Rutgers UP, 2013.

Childs, Donald J. *Modernism and Eugenics: Woolf, Eliot, Yeats, and the of Degeneration.* Cambridge UP, 2001.

Kawato, Yuko, Robert Pekkanen, and Yutaka Tsuhinaka. "Civil Society and the Triple Disasters." *Natural Disaster and Nuclear Crisis in Japan.* Ed. Jeff Kingston. Routledge, 2012, pp. 78-93.

Kline, Wendy. *Building a Better Race: Gender, Sexuality, and Eugenics from the Turn of the Century to the Baby Boom.* U of California P, 2001.

Kuhl, Stefan. *The Nazi Connection: Eugenics, American Racism, and German National Socialism.* Oxford UP, 1994.

MacKenzie, Donald. "Eugenics in Britain." *Social Studies of Science, vols.* 6, nos. 3 & 4, 1975-1976, pp. 499-532.

Nies, Betsy L. *Eugenic Fantasies: Racial Ideology in the Literature and Popular Culture of the 1920's.* Routledge, 2002.

Smith, Angela M. *Hideous Progeny: Disability, Eugenics, and Classic Horror Cinema.* Columbia UP, 2011.

Stachura, Peter D. *Nazi Youth in the Weimar Republic.* Clio Press, 1975.

Usui, Masami. "Voices against Violations: Eugenics in Literature. *International Proceedings of Economics Development and Research IPEDR,* no. 85, 2016, Originally presented at the 2016 International Conference on Languages, Literature and Linguistics, Mercure Sydney Hotel, Sydney, Australia, 25 Nov. 2016.

Weikart, Richard. *Hitler's Ethic: the Nazi Pursuit of Evolutionary Progress.* 2009. Palgrave Macmillan, 2011.

浅野弘敦『ゆらぐ記憶：認知症を理解する』、批評社、2008 年。

アダムズ、マーク・B『比較「優生学」史』、佐藤雅彦訳、現代書館、1998 年。

アップルヤード、ブライアン『優生学の復活』、山下篤子訳、毎日新聞社、1999 年。

藤目ゆき『性の歴史学──公娼制度・堕胎罪体制からの売春防止法・優生保護法体制へ』、不二出版、1997 年。

藤野豊『日本ファシズムと優生思想』、かもがわ出版、1998 年。

ギャラファー、ヒュー・G『ナチスドイツと障害者「安楽死」計画』、長瀬修訳 現代書館、1996 年。

川村哉湊「" ジャッカ・ドフニ " 論──津島佑子の「大切」なもの」、『すばる』、38 巻 6 号、2016 年 6 月、183-95 頁。

ケブルズ、ダニエル・J『優生学の名のもとに──「人類改良」の悪夢の百年』、西俣総平訳、朝日新聞社、1993 年。

中村満紀男編『優生学と障害者』、明石書店、2000 年。

中西義久司『ナチスドイツと聴覚障碍者──断種と「安楽死」政策を検証する』、

文理閣、2002 年。

西村圭史「強制不妊手術問題　救済法案、来年視野に」、『朝日新聞』、2018 年 3 月 30 日、総合 3、3 頁。

根岸泰子　「女性作家の福島——津島佑子の『ヤマネコ・ドーム』と金原ひとみの『持たざる者』」、『社会文学』43 号、2016 年、81-92 頁。

ル・クレジオ、今福龍太　「追悼　津島佑子——境界線の想像力と『ジャッカ・ドフニ』」、『すばる』38 巻 6 号、2016 年 6 月、161-69 頁。

津島佑子　『ジャッカ・ドフニ　海の記憶の物語』、集英社、2016 年。

——『快楽の本棚——言葉から自由になるための読書案内』、中央公論社、2002 年。

——『狩りの時代』、文藝春秋、2016 年。

——『ヤマネコ・ドーム』、講談社、2013 年。

臼井雅美「クローン人間創世記——カズオ・イシグロの『わたしを離さないで』」、『幻想と怪奇の英文学』、下楠昌哉、東雅夫編、春風社、2014 年。266-89 頁。

第 4 章

Anthony, Andrew. "Perfect Delivery." *The Guardian* 7 Sep. 2008. *Theguardian.com*. Accessed 30 Aug. 2017.

Bacon, Katie. "The Great Irish-Dutch-American Novel." Interview of Joseph O'Neill. *The Atlantic,* May 2008. *Theatlantic.com*. Accessed 22 Nov. 2015.

Cochy, Nathalie, et Olivier Gaudin. "An Interview with Joseph O'Neill." *Transatlantica* Jan. 2013. *Transatlantica. Revues, org*. Accessed 22 Nov.2015.

Corrigan, Maurren. "Joseph O'Neill, the New Immigrant Experience. " Interview of Joseph O'Neill. *The NPR Books,* 15 July 2011. *Npr.org*. Accessed 22 Nov. 2015.

Garner, Dwight. "The Ashes. " Review of *Netherland* by Joseph O'Neill. *The New York Times,* 18 May 2008. *Nytimes.com*. Accessed 22 Nov. 2015.

Golimowska, Karolina. "Cricket as a Cure: Post-9/11 Urban Trauma and Displacement in Joseph O'Neill's Novel *Netherland*." *The Journal of American Culture,* vol.36, no. 3, Sep. 2013, pp. 230-37.

Holt, Richard. *Sport and the British: A Modern History*. Clarendon, 1989.

Interview of Joseph O'Neill. *The Elegant Variation,* 13 July 2009. *Marksarvas. blogs. com*. Accessed 22 Nov. 2015.

Kim, Heerak Christian. *'Netherland by Joseph O'Neill and President Barak Obama's America: A Historical-Literary Examination*. The Hermit Kingdom Press, 2010.

Kunkel, Benjamin. "Men in White." Review of *Netherland* by Joseph O'Neill. *London Review of Books,* vol. 30, no.14, 17 July 2008. *lrb.co*. Accessed 22 Nov. 2015.

Lee, Jonathan. "Nothing Happened." Interview of Joseph O'Neill. *The Paris Review,* 3 Oct. 2014. *Theparisreciw.org*. Accessed 30 Aug. 2017.

Leonard, Tom. "Joseph O'Neill: 'I wasn't Disappointed." *Telegraph,* 9 Feb. 2009.

Thetelegraph. com. Accessed 22 Nov. 2015.

Llena, Garmen Zamorano. "Transnational Movements and the Limits of Citizenship: Redefinitions of National Belonging in Joseph O'Neill's *Netherland.*" *Cross / Cultures,* no. 167, 2013, pp. 3-25.

O'Neill, Joseph. *Netherland.* Pantheon, 2008.

Skidelsky, William. "Joseph O'Neill." Interview of Joseph O'Neill. *The Guardian,* 10 Aug. 2014. *Theguardian.com.* Accessed 22 Nov. 2015.

Smith, Zadie. "Two Paths for the Novel," Review of *Netherland* by Joseph O'Neill and *Remainder* by Tom McCarthy. *The New York Review of Books,* 20 Nov. 2008. *Nybooks.com.* Accessed 22 Nov. 2015.

Tayler, Christopher. "Howzat?" Review of *Netherland* by Joseph O'Neill. *The Guardian,* 14 June 2008. *Theguardian.com.* Accessed 22 Nov. 2015.

Wood, James. "Beyond a Boundary." Review of *Netherland* by Joseph O'Neill. *The New Yorker,* 26 May 2008. *Newyorker.com.* Accessed 22 Nov. 2015.

グッドマン・アレン『スポーツと帝国：近代スポーツと文化帝国主義』、谷川稔他訳、昭和堂、1997 年。

ジェームズ、C. L. R.『境界を越えて』、本橋哲也訳、月曜社、2015 年。

加茂雄三『地中海からカリブ海へ』、平凡社、1996 年。

メイソン、トニー『英国スポーツの文化』、松村高夫、山内文明訳　同文館、1991 年。

内藤雅雄「カリブ海地域における「東インド人」社会――特にトリニダードを中心に」、『移民から市民へ：世界インド系コミュニティ』、古賀正則、内藤雅雄、浜口恒夫編、東京出版、2000 年。27-43 頁。

オニール、ジョセフ『ネザーランド』、古屋美登里訳、早川書房、2011 年。
（テクストからの引用はカッコ内の頁数のみで示す。引用の翻訳は古屋美登里訳を参照した。）

第 5 章

Auchter, Jessica. *The Politics of Haunting and Memory in International Relations.* Routledge, 2014.

Benitez, G. "Why Victims' Families Are Furious About 9/11 Memorial Museum," *ABC News,* 19 May 2014. *ABC News Digital.* Accessed 23 July 2017.

Gary, Richard. *After the Fall: American Literature since 9/11.* Wiley-Blackwell, 2011.

Greenberg, Judith, ed. *Trauma at Home: After 9/11.* U of Nebraska P, 2003.

Harby, Jennifer. "The Coventry Blitz: 'Hysteria, Terror and Neurosis." *BBC News,* 13 Nov. 2015.

Harrison, Robert Pogue. *Gardens: An Essay on the Human Conditions.* U of Chicago P, 2008.

Kakutani, Michiko. "The Right Architect with the Wrong Name." Review of

Submission by Amy Waldman. *New York Times*, 16 Aug. 2011, p. C1.

Kaplan, E. Ann. *Trauma Culture: The 2000 Politics of Terror and Loss in Media and Literature*. Rutgers UP, 2005.

Lin, Maya. "Making the Memorial." *The New York Review of Books*, 2 Nov. 2000. *Mybooks. com*. Accessed 23 July 2017.

Messud, Claire. "A Novel of Grief, Memorials and a Muslim Architect in Post-9/11 America." *New York Times*, 21 Aug. 2011, p. BR21.

Miller, Sara Cedar. *Seeing Central Park: The Official Guide to the World's Greatest Urban Park*. Abrams, 2009.

Ng, Franklin. "Maya Lin and the Vietnam Veterans Memorial." Ed. Franklin Ng. *Asian American Women and Gender*. Garland, 1998, pp. 61-81.

Randall, Martin. *9/11 and the Literature of Terror*. Edinburgh UP, 2011.

Shamsie, Kamila. "*The Submission* by Amy Waldman – Review." *The Guardian,* 24 Aug, 2011. *Theguardian. com*. Accessed 23 July 2017.

Waldman, Amy. *The Submission*. Farrar, 2011.

Wear, A. "The American Family is Making a Comeback," *The Atlantic,* 1 Oct. 2014, *Theatlantic. com*. Accessed 1 Oct. 2014.

ブルックス、ジョン『楽園のデザイン：イスラムの庭園文化』、神谷武夫訳、鹿島出版社、1989 年。

頴原澄子『原爆ドーム：物産陳列館から広島平和記念碑へ』、吉川弘文館、2016年。

福間良明『「戦跡」の戦後史：せめぎあう遺構とモニュメント』、岩波現代全書、2015 年。

岩切正介『ヨーロッパの庭園：美の楽園をめぐる旅』、中公新書、2008 年。

高原至、横手一彦『長崎 旧浦上天主堂：1945-58 失われた被爆遺産』、岩波書店、2010 年。

白幡洋三郎『近代都市公園史の研究──欧化の系統』、思文閣出版、1995 年。

高瀬毅『ナガサキ：消えたもう一つの「原爆ドーム」』、2009 年初版、文藝春秋、2013 年。

ウォールドマン・エイミー『サブミッション』、上岡伸雄訳、岩波書店、2013 年。（テクストからの引用はカッコ内の頁数のみで示す。引用の翻訳は上岡伸雄訳を参照した。）

第 6 章

Alter, A. "For Kazuo Ishiguro's *The Buried Giant*." A Review of Kazuo Ishiguro's *The Buried Giant*. *New York Times,* 19 Feb. 2015. *NyTimes. com*. Accessed 24 Jan. 2016.

Ashe, Geoffrey. *Mythology of the British Isles*. Methuen London, 1990.

Barber, Richard, ed. *Myths and Legends of the British Isles*. Boydell, 1999.

記憶と共生するボーダレス文学

Bord, Janet, and Colin Bord. *Ancient Mysteries of Britain*. Grafton, 1986.

Boyer, Robert H, and Kenneth J. Zahorski, eds. *The Fantastic Imagination:An Anthology of High Fantasy*. Avon Books, 1977.

Chang, Elysha. "A Language that Conceals: an Interview with Kazuo Ishiguro, Author of *The Buried Giant*." An Interview with Kazuo Ishiguro. *Electric Literature,* 27 March 2015. *Electricliterature. com*. Accessed 24 Jan. 2016.

Day, David. *The Search for King Arthur*. Facts on File, 1995.

Fee, Christopher R., with David A. Leeming. *Gods, Heroes, and Kings: the Battle for Mythic Britain*. Oxford UP, 2001.

Finke, Laurie A., and Martin B. Shichtman. *King Arthur and the Myth of History*. UP of Florida, 2004.

Gaiman, Neil. "Kazuo Ishiguro's 'The Buried Giant.'" A Review of Kazuo Ishiguro's *The Buried Giant. New York Times,* 25 Feb. 2015. *NYTimes. com*. Accessed 12 Dec. 2015.

Garland-Thomson Rosemarie. "Eugenic World Building and Disability: The Strange World of Kazuo Ishiguro's *Never Let Me Go." The Journal of Medical Humanities,* 2015, pp. 1-13.

Groes, Sebastian, and Barry Lewis, eds. *Kazuo Ishiguro: New Critical Visions of the Novels*. Palgrave MacMillan, 2011.

——, and Sean Matthews, eds. *Kazuo Ishiguro: Contemporary Critical Perspectives*. Continuum, 2009.

Horton, Emily. *Contemporary Crisis Fiction: Affect and Ethics in the Modern British Novel*. Palgrave Macmillan, 2014.

Ishiguro, Kazuo. *The Buried Giant*. Faber and Faber, 2015.

——. *Never Let Me Go*. Faber and Faber, 2005.

Jenkins, Elizabeth. *The Myth of King Arthur*. Coward, McCann & Geophegan, 1975.

Morris-Suzuki, Tessa. *The Past within Us: Media, Memory, History*. Verso, 2005.

Ricoeur, Paul. *Memory, History, and Forgetting*. Trans. from *La Mémoire, L'Histoire, L'Oubli*, by Kathleen Blamey and David Pellauer. U of Chicago P, 2000.

Shaffer, Brian W. , and Cynthia F. Wong. *Conversations with Kazuo Ishiguro*. U P of Mississippi, 2008.

Sim, Wai-chew. "Kazuo Ishiguro." *Review of Contemporary Fiction,* vol.25, no.1, Spring, 2005, pp. 80-115.

——. *Kazuo Ishiguro*. Routledge, 2010.

Simon, Scott. "The Persistence – And Impermanence – of Memory in 'The Buried Giant.'" Interview with Kazuo Ishiguro. *NPR. Org*. 28 Feb. 2015. Accessed 24 Jan. 2016.

Teo, Yugin. *Kazuo Ishiguro and Memory*. Palgrave MacMillan, 2014.

Walkowitz, Rebecca L. Preface: Global Ishiguro. Cynthia F. Wong and H. Yildiz, eds.

参考文献

Kazuo Ishiguro in a Global Context. Ashgate, 2015, pp. xi-xv.

White, John J. *Mythology in the Modern Novel: A Study of Prefigurative Techniques*. Princeton UP, 1971.

Wood, G. "Most Countries Have Got Big Things They've Buried." A Review of Kazuo Ishiguro's *The Buried Giant. Telegraph,* 27 Feb. 2015. *Thetelegraph. com.* Accessed 24 Jan. 2016.

イシグロ、カズオ『忘れられた巨人』、土屋政雄訳、早川書房、2015 年。
　　（テクストからの引用はカッコ内の頁数のみで示す。引用の翻訳は土屋政雄訳を参照した。）

ヒース、ロビン『ストーンヘンジ：巨石文明の謎を解く』、桃山まや訳、創元社、2009 年。

モーリス - スズキ、テッサ『過去は死なない：メディア・記憶・歴史』、田代泰子訳、岩波書店、2004 年。

山田英春『巨石：イギリス・アイルランドの古代を歩く』、早川書房、2006 年。

第 7 章

O' Connor, Anne-Marie. *The Lady in Gold: The Extraordinary Tale of Gustav Klimt's Masterpiece, Portrait of Adele Bloch-Bauer*. Knopf, 2012.

饗庭孝雄、伊藤哲夫、加藤雅彦、小宮正安、西原稔、檜山哲彦、平田達治『ウィーン──多民族文化のフーガ』、大修館書店、2010 年。

ジェラヴィッチ、バーバラ『近代オーストリアの歴史と文化』、矢田俊隆訳、山川出版社、1994 年。

長谷川公昭『ナチ強制収容所』、草思社、1996 年。

ホフマン、ポール『ウィーン──栄光・黄昏・亡命』、持田鋼一郎訳、作品社、2014 年。

いしいしんじ、「絵を生きる：村上春樹『騎士団長殺し』を読む」、『新潮』第 114巻、第 4 号、平成 29 年 4 月号、200-204 頁。

加藤雅彦「1 多民族文化の都」、饗庭 3-42 頁。

河合俊雄「『騎士団長殺し』における絵画の鎮魂とリアリティ」、『新潮』第 114巻、第 7 号、平成 29 年 7 月号、255-68 頁。

小宮正安「4『音楽の都』ウィーンの秘密：宮廷と『多民族』音楽都市」、饗庭 155-88 頁。

黒古一夫「話題の本を読む：村上春樹著『騎士団長殺し』」、『大法輪』第 84 巻、7号、2017 年 7 月、164-68 頁。

村上春樹『騎士団長殺し：第一部顕れるイデア編』、新潮社、2017 年。
───『騎士団長殺し：第二部遷ろうメタファー編』、新潮社、2017 年。

椹木野衣「暗殺と 森^{フォレスト}：村上春樹の『騎士団長殺し』を透視する」、『新潮』第 114 巻、第 5 号、平成 29 年 5 月、134-45 頁。

関楠生『ヒトラーと退廃芸術』、河出書房新社、1992 年。

清水良典「自画像と『父』なるもの──村上春樹『騎士団長殺し』論」、『群像』
　　第 72 巻、第 5 号、2017 年 5 月、37-46 頁。
ショルティ、ゲオルグ『ショルティ自伝』、木村博江訳、草思社、1998 年。
上田岳広「『僕』も『私』もやれやれできない：村上春樹『騎士団長殺し』を読
　　む」、『新潮』第 114 巻、第 5 号、2017 年 5 月、146-52 頁。
ヴィレンベルク・サムエル『トレブリンカ叛乱：死の収容所で起こったこと
　　1942 － 43』、近藤康子訳、みすず書房、2015 年。
ウィットフォード、フランク『クリムト』、関根秀一他訳、洋販出版株式会社、
　　1992 年。
山内昌之、片山杜秀、村田沙耶香「文藝春秋ＢＯＯＫ倶楽部鼎談書評（40）」、『文
　　藝春秋』第 95 巻、第 5 号、2007 年 5 月、394-401 頁。

著者紹介

臼井 雅美　1959年神戸市生まれ　博士（文学）
現在、同志社大学文学部教授
神戸女学院大学卒業後、同大学院修士課程修了、ミシガン州立大学修士課程修了
（M.A.）、1989年博士課程修了（Ph.D.）。ミシガン州立大学客員研究員を経て1990年、
広島大学総合科学部に専任講師として赴任。広島大学助教授、同志社大学文学部助教
授を経て、2002年より現職。

著　書
A Passage to Self in Virginia Woolf's Works and Life（2017年）、三部作*Asian /Pacific
American Literature I: Fiction, II: Poetry, III: Drama*（2018年）。

共　著
Virginia Woolf and War: Fiction, Reality, and Myth（1991年）、*Virginia Woolf Themes
and Variations*（1993年）、*Re:Reading, Re: Writing, Re-Teaching Virginia Woolf*（1995年）、
『梶 葉』（1999年）、*Asian American Playwrights: A Bio-Bibliographical Critical Sourcebook*
（2002年）、*Across the Generations*（2003年）、『表象と生のはざまで―葛藤する米英文学』
（2004年）、『アジア系アメリカ文学を学ぶ人のために』（2011年）、*Literatures in English:
New Ethnical, Cultural, and Transnational Perspective*（2013年）、*Virginia Woolf and
December 1910: Studies in Rhetoric and Context*（2014 年）、『幻想と怪奇の英文学』（2014
年）、『幻想と怪奇の英文学II−増殖進化編』（2016年）。

共　訳
『質的研究のためのハンドブック』第1巻、第3巻（2002年）

趣　味
華道、茶道、書道、和裁、ガーデニングなど。

記憶と共生するボーダレス文学
9.11 プレリュードから 3.11 プロローグへ
Borderless Literature and Memory: From a 9/11 Prelude to a 3/11 Prologue

2018 年 8 月 15 日　印　刷　　　　　　2018 年 8 月 30 日　発　行

著　　者 ©　臼　井　雅　美
（Masami Usui）

発 行 者　佐　々　木　元

発 行 所　株式会社　英　宝　社
〒101-0032 東京都千代田区岩本町 2-7-7
TEL 03 (5833) 5870-1 FAX 03 (5833) 5872

ISBN 978-4-269-76021-9 C1023

［製版：伊谷企画／印刷・製本：日本ハイコム株式会社］